画说汽车

汽车历史·发明·结构·原理·技术图典

◎主编 胡欢贵

1886

19

1958

1919

20

2011

HYUN

U0347161

机械工业出版社
CHINA MACHINE PRESS

本书以时间为主线，将汽车的品牌文化历史、科技发明、结构原理及技术知识串联起来，以图解的形式，辅之以动画演示及视频讲解的助阅方式，向读者介绍汽车的相关专业知识，为读者开启汽车认知之旅。本书内容以汽车的结构原理及技术知识为主，包括了燃油汽车与新能源汽车（主要是混合动力汽车、电动汽车、燃料电池汽车）的类型特点、工作模式（原理），燃油车主要总成（发动机、变速器）与新能源汽车主要总成（动力电池、驱动电机、高压电控），还有不同类型的底盘与车身电气系统；帮助读者在学习和了解系统知识的同时，进而也能够掌握一些汽车技术的原理和特征，如进气增压、缸内直喷、可闭气缸、固态电池、一体化车身、智能座舱、自动驾驶等。当然，除了以上内容，汽车发展历程中的品牌文化、技术发明与创造也是必不可少的点缀，不同时段各式各样的车标、车型，以及不断进化、改良的发明创造都可以给读者带来思想上的启迪，点亮创新的火花。

本书内容系统全面，图解直观，好看易懂，结合了知识性、实用性、趣味性、系统性，适用于广大汽车爱好者阅读，同时，也可以作为汽车专业院校、职业培训的汽车知识入门读物使用。

图书在版编目（CIP）数据

画说汽车：汽车历史·发明·结构·原理·技术图典 / 胡欢贵主编. -- 北京：机械工业出版社，2024.

6. -- ISBN 978-7-111-75996-6

Ⅰ. F416.471-49

中国国家版本馆CIP数据核字第2024S0W66号

机械工业出版社（北京市百万庄大街22号　邮政编码100037）
策划编辑：王　婕　　　　　　责任编辑：王　婕
责任校对：张爱妮　张亚楠　　责任印制：李　昂
中煤（北京）印务有限公司印刷
2024年9月第1版第1次印刷
210mm×297mm·17.75印张·2插页·719千字
标准书号：ISBN 978-7-111-75996-6
定价：99.90元

电话服务　　　　　　　　　　网络服务
客服电话：010-88361066　　机 工 官 网：www.cmpbook.com
　　　　　010-88379833　　机 工 官 博：weibo.com/cmp1952
　　　　　010-68326294　　金 书 网：www.golden-book.com
封底无防伪标均为盗版　　机工教育服务网：www.cmpedu.com

前言 PREFACE

　　从 19 世纪末期到 1920 年间，在早期的汽车消费市场上电动汽车比内燃机汽车有着更多优势，而随着石油开采量的提升与发动机技术的成熟，电动汽车从 1920 年逐渐丧失优势并被燃油汽车取而代之，只有少数城市交通仍使用有轨电车或无轨电车，以及有限场地的特殊车辆，如旅游观光车、高尔夫球场车等采用了电动技术。

　　从 20 世纪 90 年代开始，环境污染、气候变暖、石油短缺成为我们每个地球人需要共同面对的问题，减少汽车排放、节省化石能源的最好方法就是大力发展新能源汽车，减产和禁用燃油汽车。于是，电动汽车又重新回到了人们的视野。

　　随着新能源汽车保有量的不断增长，与汽车新技术的不断发展，人们对燃油汽车与电动汽车的技术知识的了解的需求也不断增加，包括从其他非汽车行业进入汽车领域的从业人员，原来从事燃油汽车相关工作的技术与服务人员，想了解和购买汽车的准车主们，以及对电动汽车这一热门事物感兴趣的人们，都迫切寻求相关的资讯，提高自己的认知与辨识能力。

　　本书的内容简而概之，主要分为历史、发明、结构、原理、技术五个方面。历史方面包括汽车品牌的历史，如某年某品牌诞生；汽车车标的历史，如车标的演变；发明的历史，如某年发明某项技术、某项技术得以应用。发明方面简要介绍某位科学家发明某项技术，这是一个引子，一个火花，背后的小故事，还有很多的知识需要你去深入探索。结构与原理方面主要讲解燃油汽车（发动机与变速器）、新能源汽车（电池、电机、电控）以及汽车底盘（传动系统、行驶系统、转向系统、制动系统）、车身、电气（电源、照明、电动装置、车机、车身控制、车载网络、自动驾驶）等的总成构造及工作原理。技术方面则主要介绍一些汽车上常见技术，如进气增压、缸内直喷、可变气缸、固态电池、一体化车身、PEPS、ADAS 等的特点。结构、原理与技术的内容会根据发明及应用的年份，穿插在各个页面中以独立小节的方式编排，为了展现系统的完整性，本书按总成结构与系统分类制作了导览图，方便快速检索相关知识。

　　本书具有以下六大特点：

　　1）知识性。本书主要介绍燃油汽车与新能源汽车上主要系统总成的内部结构、部件作用、工作原理，让人知道这些系统总成是什么、由什么构成、起什么作用，以及如何作用。让人从"车盲"一跃而成"车通"。

　　2）实用性。本书知识小到对车标的认识，大到汽车上各种英文标识及独特技术的来由、含义，以及各种编码如车架号、轮胎技术参数等的解读，汽车车牌类型与编号解读，这些在现实生活中都有很强的实用性。学以致用，知行合一，我们在强调传播知识的同时，更强调将其与实际工作、生活相结合。

　　3）趣味性。本书在讲解汽车专业知识的同时，整合了汽车名人、汽车品牌车型及车标和汽车发明创造的小知识，极大地拓展了本书的趣味性，让读者轻轻松松地就接受吸纳了很多汽车专业知识。

　　4）系统性。本书以时间为主线进行编排，是一场汽车发展历程的进化之旅、汽车技术的进步之旅。结构上"杂而不乱"，强调汽车知识的系统全面性，这本书的知识体系可以通过副目录"汽车技术导览图"完整地体现出来。

　　5）通俗性。本书以通俗易懂的语言、形象生动的比喻，讲解汽车的结构与原理及相关技术特点。"专而不深"的讲解，配合动画演示与视频讲解等助阅方式，让即使对汽车一无所知的人阅读本书也毫不费力，一看就懂。

　　6）直观性。本书以图解为主要表达方式，一图胜千言，以图识物，以图明理，通过各种三维透视图、结构剖视图、原理示意图、实物展示图、工作流程图等不同形式的图片，直截了当地展示系统组成、总成结构与系统功能、工作原理。

　　本书由胡欢贵主编，参与编写的还有朱如盛、周金洪、刘滨、彭启凤、章军旗、满亚林、彭斌。在全书编写过程中，参考了大量厂家技术文献和网络信息资料，在此，谨向这些资料信息的原创者表示衷心的感谢！

　　由于涉及知识点多、技术更新快，加上编者水平有限，错漏之处在所难免，还请广大读者批评指正，以使本书在再版修订时更为完善。

资源总码

编者

2023 年于羊城

目 录 CONTENTS

前言

5

本书涉及的汽车技术导览

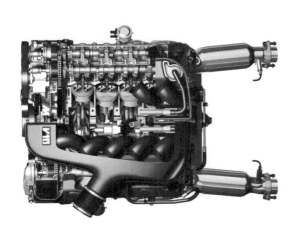

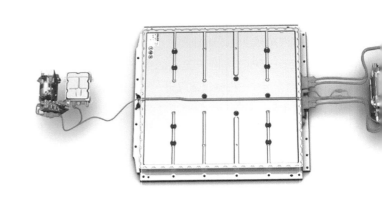

新能源汽车

汽车综览

低压电气系统

车身系统

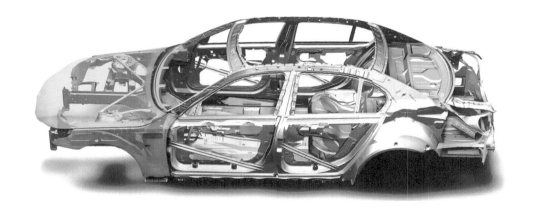

1886 汽车元年—汽车组成

古斯塔夫·特鲁维发明的电动车（1881）

1881 年，由法国工程师古斯塔夫·特鲁维发明的电动三轮车使用可充电的铅酸电池作为动力。

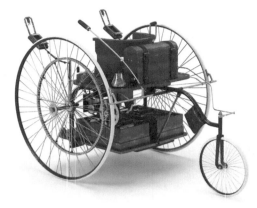

1881 年，英国发明家艾尔顿和佩里造出了带有车灯、串联了 10 个铅酸电池的三轮电动汽车。

电动汽车的组成

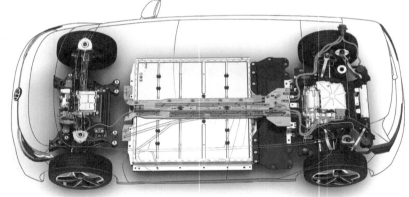

电动汽车组成

高压系统（电动化部件）： 高压系统由动力电池、驱动电机、电池及电机控制系统（BMS 和 MCU）、热管理系统、充配电系统（OBC 和 PDU）、直流（DC/DC）变换器、电动空调压缩机、电加热器（PTC）等组成，是电动汽车的核心部件。其作用相当于传统燃油汽车的动力系统。

底盘系统： 电动汽车的底盘系统由行驶系统（悬架与车轮组成）、转向系统（带电动助力功能）、制动系统（带能量回收功能）等系统组成。与燃油车比，其结构更加简洁，特别是传动系统，不需要复杂的变速器，分布式电动四驱也不用分动器和前后传动轴等部件。

电动汽车（EV）： 电动汽车是以电为能源，用电机驱动行驶的车辆。

低压电气系统： 电动汽车的低压电气系统由低压蓄电池及直流变换器供电。低压电器包括照明及信号灯光设备、各种电动装置、空调系统、车机系统、智能座舱与驾驶辅助部件、车身控制系统与车载网络总线。

车身： 电动汽车车身结构及材料与燃油汽车相似，为了提高空间利用率和结构安全性，动力电池有与车身底盘一体化设计的趋势，即 CTB/CTC 封装。

世界上第一辆汽车

1886 年，德国人卡尔·本茨获得了世界上第一辆汽车的专利，这辆三轮车于 1885 年制造成功。

1886 年，德国人戈特利布·戴姆勒发明了世界上第一辆四轮汽车。

燃油汽车的组成

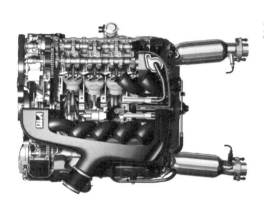

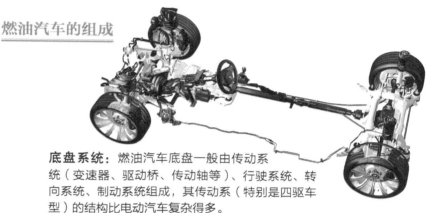

底盘系统：燃油汽车底盘一般由传动系统（变速器、驱动桥、传动轴等）、行驶系统、转向系统、制动系统组成，其传动系（特别是四驱车型）的结构比电动汽车复杂得多。

动力系统：燃油车动力系统采用汽油或柴油发动机。如今的新能源汽车常使用发动机加电动机两种动力装置组成混合动力的形式。油电混动以燃油为主，插电混动也以燃油为主但可外接充电，增程混动以电动为主，发动机作为增程器发电转换能量使用。

燃油汽车组成

燃油汽车：燃油汽车是以化石能源为能源，通过发动机驱动行驶的车辆。

车身：汽车车身由白车身、车身内外饰件等组成。不同用途的车型具有不同的车身形式。根据其结构的不同可分为单厢车、两厢车、三厢车等，根据其用途又可分为轿车、SUV、MPV、旅行车、跑车、敞篷车等。

电气系统：汽车电气系统一般由电源（蓄电池和发电机）、配电器（熔丝、继电器与线束）、用电器（各种电动装置、空调、音响、灯光、传感器、执行器、控制器与车载网络）组成。

- 1887 年，卡尔·本茨将他的第一辆汽车卖给了法国人埃米尔·罗杰斯，这是世界上第一起现代汽车的销售行为（1883 年，卡尔·本茨在德国曼海姆创立了奔驰汽车公司）。

根据汽车的用途可将汽车分为乘用车和商用车两大类。乘用车即我们平时说的轿车或小车，也包括了轿车的各种变形车，如越野车、SUV 和 MPV。除乘用车之外的其他车都称之为商用车，商用车又被划分为三类：货车、客车和特种车。

新能源汽车按动力与能源的组成及搭配方式可分为（纯）电动汽车、混动汽车——多指油电混动，按混动中电动化的强弱程度，又可分为轻混

乘用车的类型

轿车（sedan，saloon）

双门轿跑车（coupe）

旅行车（station wagon）

SUV（Sport Utility Vehicle）

越野车（ORV，Off-Road Vehicle）

MPV（Multi-Purpose Vehicle）

跨界车（crossover）

乘用车的级别

微型车（A00 级）

小型车（A0 级）

紧凑型车（A 级）

中型车（B 级）

中大型车（C 级）

豪华型车（D 级）

新能源汽车的类型

电动汽车（EV）

增程电动汽车（REEV）

插电混动汽车（PHEV）

油电混动汽车（HEV）

燃料电池汽车（FCEV）

太阳能汽车（SPEV）

各种类型汽车
英文名称

（MHEV）与全混（FHEV）；在全混的基础上添加外插充电功能即为插电混动。电动汽车外加氢能源与太阳能源即为氢燃料电动汽车与太阳能电动汽车。

特种车辆指经过改装、添加特殊装置用于特殊用途或专业作业的车辆。如用轿车改装的警车和出租车、救护车等；用客车改装的公交车、校车；用货车改装的消防车、罐车、吊车、自卸车、矿车、垃圾车、洒水车等。

货车的类型

拖车，牵引车（tractor）

半挂车（semi-trailer）

厢式货车（box truck）

自卸车（dump truck）

轻卡（light truck）

皮卡（pickup truck）

客车的类型

面包车（minibus）

中巴车（middle bus）

大巴车（coach，big bus）

铰接客车（articulated bus）

公交车（bus）

校车（school bus）

特种车辆的类型

警车（police car）

救护车（ambulance）

消防车（fire engine）

罐车（tanker）

吊车（crane）

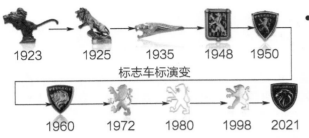

1923　1925　1935　1948　1950

标志车标演变

1960　1972　1980　1998　2021

标致新品牌标志

- 法国标致（Peugeot）公司成立，该公司的前身是以制造锯条（1820 年起）和咖啡磨（1840 年起）为主的。

- 英国兽医 J.B. 邓禄普（Dunlop）发明了世界上第一条充气轮胎，其初衷是为了满足儿子强尼骑行三轮自行车更快速更舒适的愿望。

- 1839 年，美国人查尔斯·古德伊尔发明了硫化橡胶，于是有了使用橡胶制成的实心轮胎。固特异（GOODYEAR）轮胎的命名就是为了纪念这位发明者。

1886 年研制的采用链条传动的自行车。

最早的车轮都是采用木料或铁条，既不耐用行驶起来也很颠簸。在轮胎橡胶发明之后，便有了实心橡胶轮胎，早期的充气轮胎使用涂有橡胶的帆布制成，寿命很短。1903 年，寿命更长的斜交轮胎出现了。1930 年，米其林制造了第一个无内胎轮胎，1946 年，该公司又发明了子午线轮胎，目前汽车上普遍应用的大多为子午线轮胎。

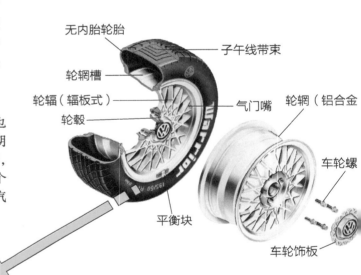

无内胎轮胎　子午线带束　轮辋槽　轮辐（辐板式）　气门嘴　轮辋（铝合金　轮毂　车轮螺　平衡块　车轮饰板

断面宽度（W）

轮辋直径

断面高度（H）

汽车轮胎参数解读

载重指数　速度级别

195 / 60 R14 86 H

断面宽度（W）　扁平比（AR）　轮辋直径

$$扁平比 = \frac{断面高度}{断面宽度}（\%）$$

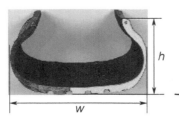

h

w

轮胎型号代码含义表

载重指数	每条轮胎载重/kg	载重指数	每条轮胎载重/kg	载重指数	每条轮胎载重/kg	载重指数	每条轮胎载重/kg	载重指数	每条轮胎载重/kg	速度符号	速度/(km/h)
										J	100
										K	110
										L	120
62	265	75	387	88	560	101	825	114	1180	M	130
63	272	76	400	89	580	102	850	115	1215	N	140
64	280	77	412	90	600	103	875	116	1250	P	150
65	290	78	425	91	615	104	900	117	1285	Q	160
66	300	79	437	92	630	105	925	118	1320	R	170
67	307	80	450	93	650	106	950	119	1360	S	180
68	315	81	462	94	670	107	975	120	1400	T	190
69	325	82	475	95	690	108	1000	121	1450	H	210
70	335	83	487	96	710	109	1030	122	1500	V	240
71	345	84	500	97	730	110	1060	123	1550	W	270
72	355	85	515	98	750	111	1090	124	1600	Y	300
73	365	86	530	99	775	112	1120	125	1650	VR	>210
74	375	87	545	100	800	113	1150			ZR	>240

1889 年生产的第一辆以标致命名的汽车。

1932 年，流线型的汽车标致 301 诞生。

1934 年，标致第一款硬顶敞篷车 401 诞生。

标致 401 硬顶
敞篷车

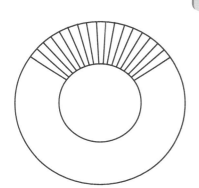

子午线轮胎帘线排列

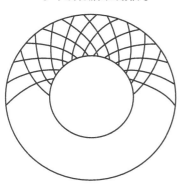

斜交轮胎帘线排列

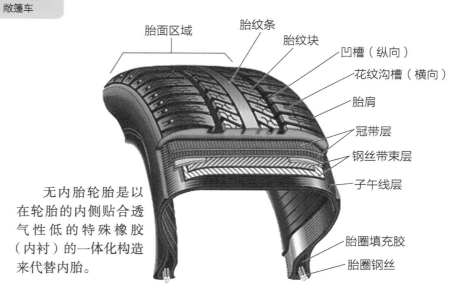

胎面区域　胎纹条
胎纹块
凹槽（纵向）
花纹沟槽（横向）
胎肩
冠带层
钢丝带束层
子午线层
胎圈填充胶
胎圈钢丝

无内胎轮胎是以在轮胎的内侧贴合透气性低的特殊橡胶（内衬）的一体化构造来代替内胎。

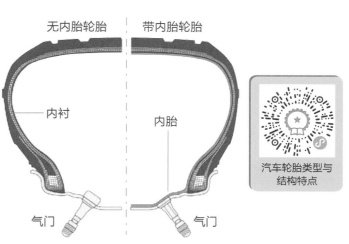

无内胎轮胎　带内胎轮胎
内衬　内胎
气门　气门

汽车轮胎类型与
结构特点

　　轮胎按车种可以分为汽车轮胎（PC）、轻型载货汽车轮胎（LT）、载货汽车及大客车胎（TB）、农用车轮胎（AG）、工程车轮胎（OTR）、工业用车轮胎（ID）、飞机轮胎（AC）和摩托车轮胎（MC）八种类型。汽车轮胎根据用途分为公路轮胎（HT）、全地形轮胎（AT）、越野泥胎（MT）和雪地轮胎等。

- 戴姆勒在他设计的汽车上采用装有滑动小齿轮的 4 速齿轮传动装置;
- 法国人标致成功研制齿轮变速器和差速装置;
- 标致发明了世界上首个变速器,这台变速器只有两个档位。

驱动桥的主要组成部件为差速器与减速器总成(简称"差减总成")。后驱车型的差减总成安装在后桥上,前驱车型安装在前桥上,通常与变速器集成在一起。

万向节壳体

球笼式等速万向节

内圈

发动机

前半轴

三枢轴式等速万向

传动轴

后半轴

汽车传动轴

汽车半轴

差速器主要由差速器壳、行星齿轮、半轴齿轮、行星齿轮轴等组成,差速器是实现左、右驱动轮不同转速转动的机构。

减速器主要由主动锥齿轮、从动锥齿轮、轴承座与减速器壳等组成,通过小轮带大轮达到减速增矩的作用。

传动轴是由轴管、伸缩套和万向节组成。伸缩套能自动调节变速器与驱动桥之间距离的变化。万向节的作用是保证变速器输出轴与驱动桥输入轴两轴线夹角的变化,并实现两轴的等角速传动。驱动轴也称半轴,一般位于车辆差减总成与左右驱动轮之间。

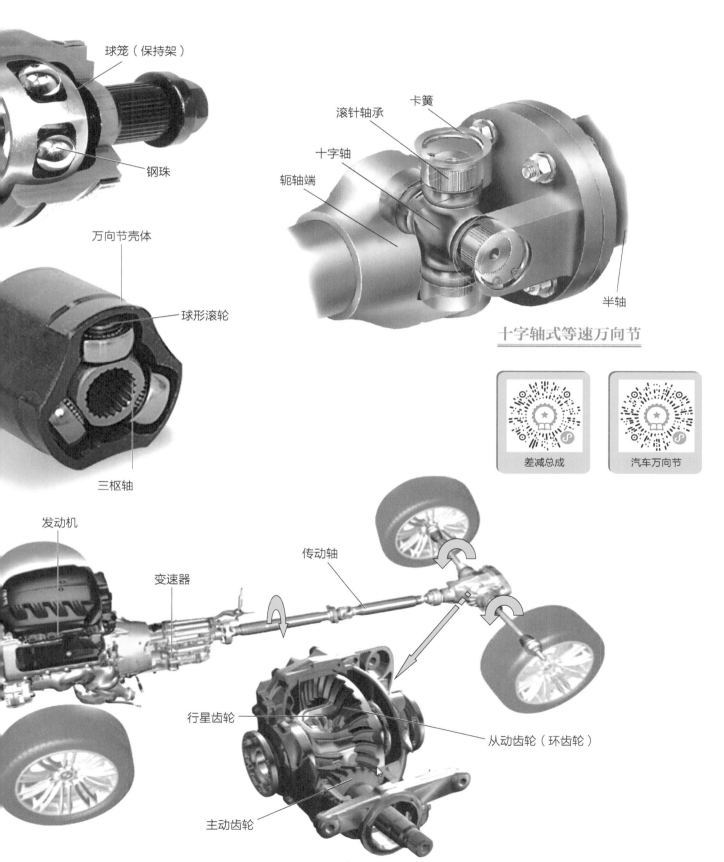

球笼（保持架）

钢珠

万向节壳体

球形滚轮

三枢轴

滚针轴承

卡簧

十字轴

轭轴端

半轴

十字轴式等速万向节

差减总成

汽车万向节

发动机

变速器

传动轴

行星齿轮

从动齿轮（环齿轮）

主动齿轮

- 戴姆勒成立公司，美国人奥兹建立汽油发动机生产厂。

进气行程

吸入油气混合体（歧管喷油）或新鲜空气（缸内喷油）

压缩行程

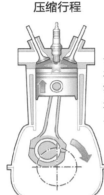

油气混合体被压缩成高温高压气体并被火花塞点燃

做功行程

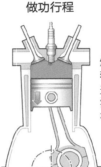

燃烧的气体转化为热能并膨胀推动活塞向下运行做功

排气行程

上行的活塞将燃烧后产生的废气排出气缸并进入下一个循环

四冲程汽油机分为进气、压缩、做功、排气四个行程，只有做功行程对外做功，其他三个行程都是辅助行程，活塞要靠安装在曲轴上的飞轮转动的惯性来保持运动。

直列4缸发动机缸体

飞轮

直列4缸发动机曲柄连杆

水平对置式6缸发动机曲柄连杆

汽车发动机
类型演示

V形6缸发动机缸体

V形6缸发动机曲轴连杆

VR 6缸发动机曲柄连杆

直列四缸丨汽油
机运行原理

VR 6缸发动机缸体

W形12缸发动机缸体

W形12缸发动机曲柄连杆

不同结构的发动机

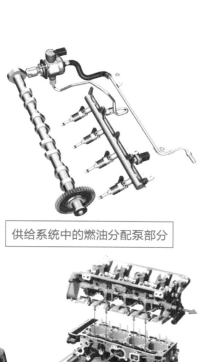

供给系统中的燃油分配泵部分

冷却系统的水道

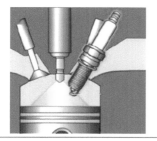

润滑系统中的机油泵部分

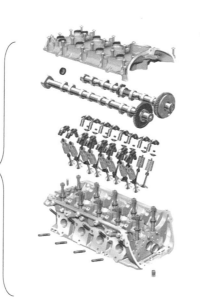

气缸盖

曲柄连杆机构

油底壳

点火系统的火花塞部分

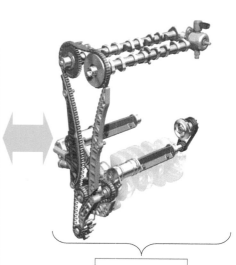

配气机构

直列四缸汽油机结构组成

　　汽油发动机由两大机构五大系统组成：两大机构指曲柄连杆机构和配气机构，五大系统指燃料供给系统、点火系统、起动系统、润滑系统及冷却系统。

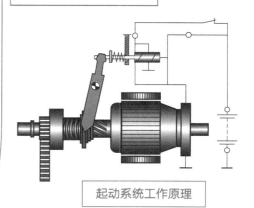

起动系统工作原理

- 法国人潘赫德和莱瓦索尔设计了发动机前置、后轮驱动的结构形式，并设计了专用底盘。这一结构奠定了汽车传动的基本形式，在相当长的时间内被全世界广泛仿效。米其林获得可拆卸轮胎专利。

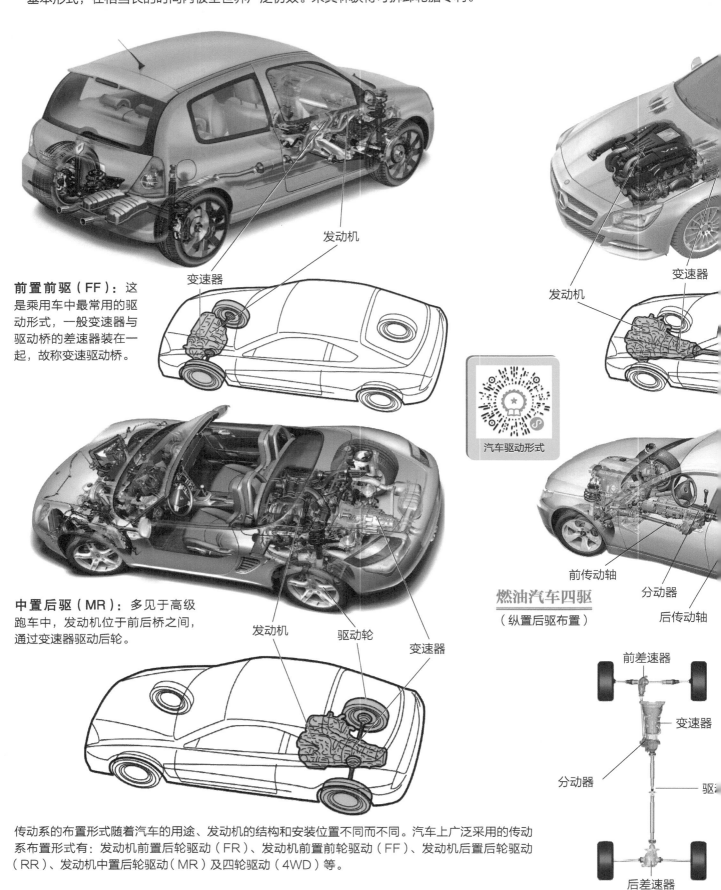

前置前驱（FF）： 这是乘用车中最常用的驱动形式，一般变速器与驱动桥的差速器装在一起，故称变速驱动桥。

发动机
变速器

中置后驱（MR）： 多见于高级跑车中，发动机位于前后桥之间，通过变速器驱动后轮。

发动机
驱动轮
变速器

汽车驱动形式

发动机
变速器

燃油汽车四驱
（纵置后驱布置）

前传动轴
分动器
后传动轴

前差速器
变速器
分动器
驱动
后差速器

传动系的布置形式随着汽车的用途、发动机的结构和安装位置不同而不同。汽车上广泛采用的传动系布置形式有：发动机前置后轮驱动（FR）、发动机前置前轮驱动（FF）、发动机后置后轮驱动（RR）、发动机中置后轮驱动（MR）及四轮驱动（4WD）等。

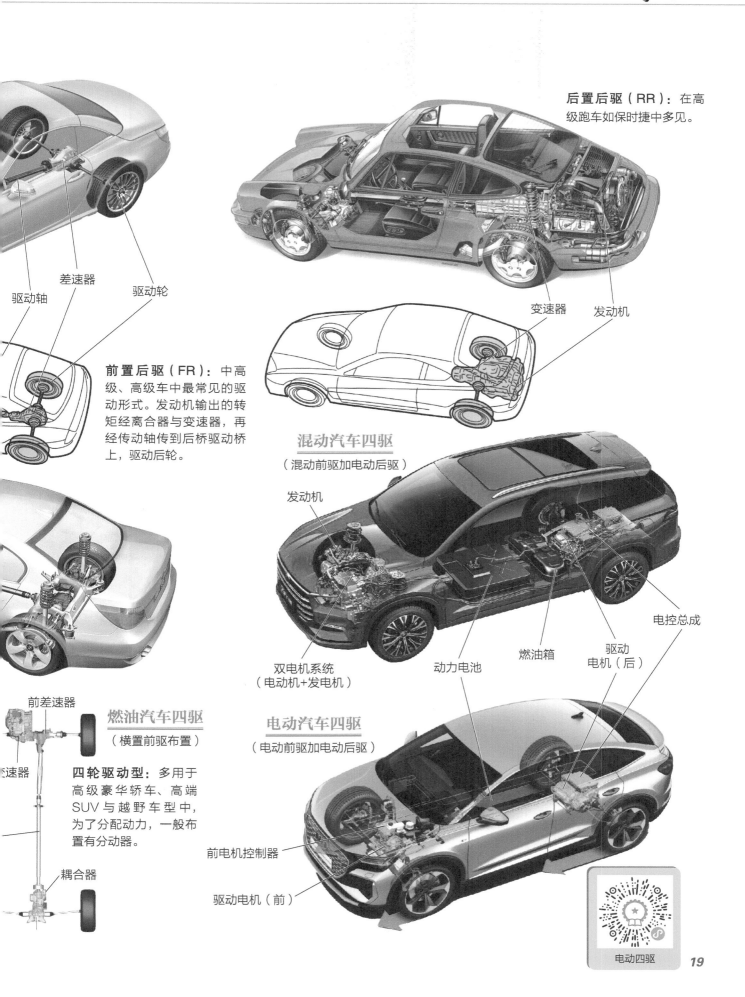

差速器

驱动轴

驱动轮

前置后驱（FR）：中高级、高级车中最常见的驱动形式。发动机输出的转矩经离合器与变速器，再经传动轴传到后桥驱动桥上，驱动后轮。

后置后驱（RR）：在高级跑车如保时捷中多见。

变速器

发动机

混动汽车四驱
（混动前驱加电动后驱）

发动机

电控总成

双电机系统
（电动机+发电机）

动力电池

燃油箱

驱动电机（后）

前差速器

燃油汽车四驱
（横置前驱布置）

速器

四轮驱动型：多用于高级豪华轿车、高端SUV与越野车型中，为了分配动力，一般布置有分动器。

耦合器

电动汽车四驱
（电动前驱加电动后驱）

前电机控制器

驱动电机（前）

电动四驱

● 美国人杜里埃发明喉管型喷雾化油器。在 20 世纪八九十年代，中国道路上绝大部分车型搭载的都是使用化油器的汽油发动机。

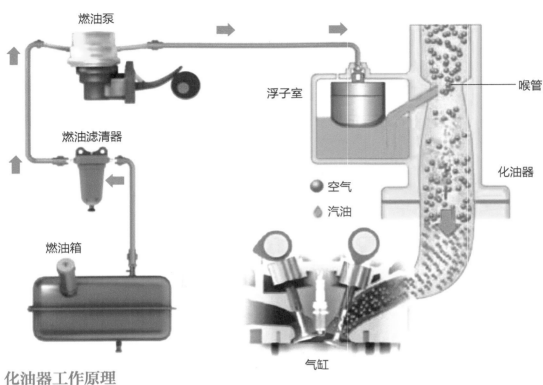

燃油泵

浮子室

喉管

化油器

○ 空气
◍ 汽油

燃油滤清器

燃油箱

气缸

曲柄连杆机构

由活塞连杆、曲轴飞轮组成，有的还配有平衡轴组件。

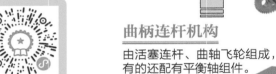

化油器工作原理

　　早期，汽油是通过化油器与空气进行混合。对于化油器式发动机而言，被吸入发动机进气管的空气流经喉管时，因横截面积减小而流速增大，因此产生负压将汽油从设在此处的化油器喷口中吸出，汽油进入喉管后被高速气流雾化随之蒸发，由此形成油气混合气。这种早期的化油器式发动机因为没有任何电控反馈和执行系统，所以无法对混合气浓度进行调整和修正，从而导致经济性和排放性能均不太好，加上喉管本身对进气气流的阻碍，动力性能也被限制。

化油器汽车

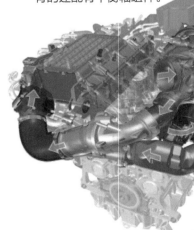

进气系统

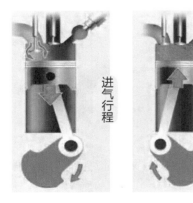
进气行程

压缩行程

做功行程

排气行程

柴油机工作原理
（解说）

　　柴油机的工作过程是由进气、压缩、燃烧膨胀（做功）和排气这四个行程组成，这四个行程构成了一个工作循环。活塞走完四个行程才能完成一个工作循环的柴油机称为四冲程柴油机。柴油机采用压缩自燃方式着火，没有火花塞，现代柴油机普遍都有用于助燃的预热塞，其作用与火花塞类似。

• 德国工程师狄塞尔（Rudolf Diesel）发明了压燃式发动机（即柴油机），实现了内燃机历史上的第二次重大突破。由于采用高压缩比和膨胀比，热效率比当时其他发动机提高了一倍。

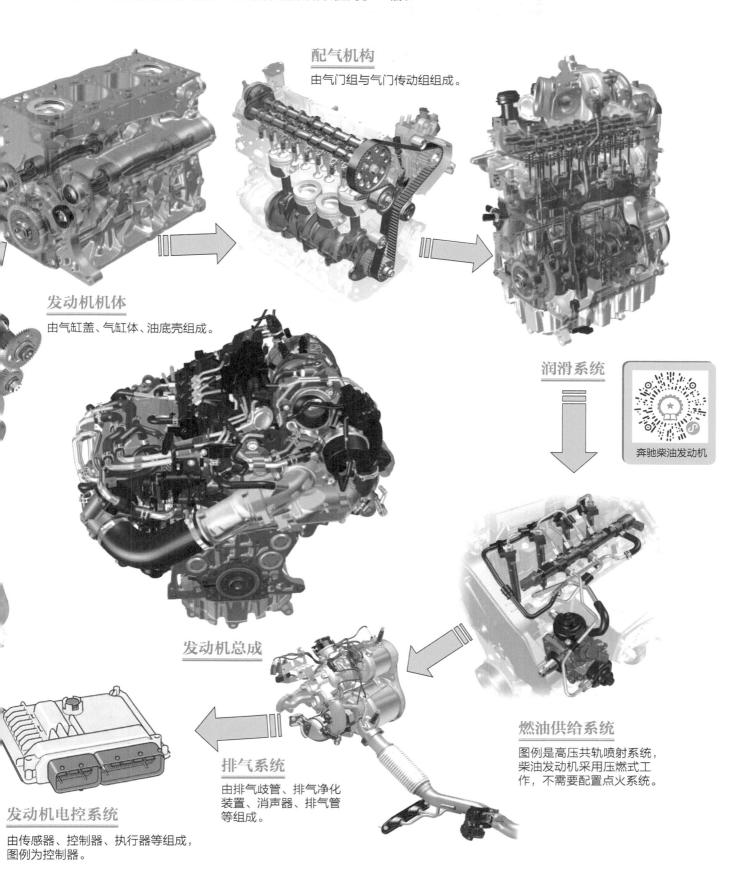

配气机构
由气门组与气门传动组组成。

发动机机体
由气缸盖、气缸体、油底壳组成。

润滑系统

奔驰柴油发动机

发动机总成

燃油供给系统
图例是高压共轨喷射系统，柴油发动机采用压燃式工作，不需要配置点火系统。

排气系统
由排气歧管、排气净化装置、消声器、排气管等组成。

发动机电控系统
由传感器、控制器、执行器等组成，图例为控制器。

- 德国人狄塞尔在其论文《转动式热机原理和结构》中，首次论述了柴油发动机原理。
- 法国巴黎开始实行车辆登记、使用车牌并发放驾驶证。

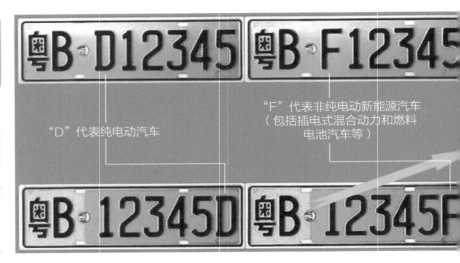

"D" 代表纯电动汽车

"F" 代表非纯电动新能源汽车（包括插电式混合动力和燃料电池汽车等）

车牌颜色

我国使用不同底色及字体颜色的车牌来对车型进行分类。蓝底白字车牌使用车型以私家车、出租车和单位用车为主；黄底黑字车牌专用于大型车辆的车牌，但像车长超过 6.2m 的奔驰迈巴赫 62 和驾校的教练用车也用此类车牌。白底黑字车牌一般用于军队、公安、武警的车辆。

新能源车牌

与普通汽车号牌相比，新能源汽车号牌号码由 5 位升为 6 位。字母"D""A""B""C""E"代表纯电动汽车，字母"F""G""H""J""K"代表非纯电动新能源汽车（包括插电式混合动力和燃料电池汽车等）。小型车车牌用渐变绿色，大型车用黄绿双拼色。

世界制造厂识别代号（WMI）

WMI 是 VIN 代号的第一部分，用以标示车辆的制造厂，由三位字码组成。如一汽大众的 WMI 代号为 LFV，上汽大众为 LSV。

第一位国家代码：
1、4——美国；2——加拿大；3——墨西哥
6——澳大利亚；9——巴西；J——日本；
K——韩国；L——中国；S——英国；
T——瑞士；V——法国；W——德国；
Y——瑞典；Z——意大利

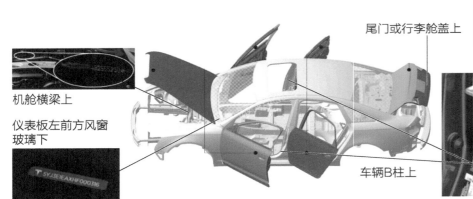

机舱横梁上

仪表板左前方风窗玻璃下

尾门或行李舱盖上

车辆 B 柱上

车辆识别码（VIN）常见标示位置

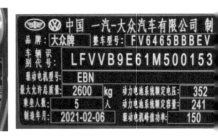

车辆识别码（VIN）

制造厂为了识别而给一辆车指定的一组字码，由 17 位字码组成，包括三个部分：第一部分为世界制造厂识别代号（WMI）；第二部分为车辆说明部分（VDS）；第三部分为车辆指示部分（VIS）。在汽车配件或维修等行业，17 位 VIN 码俗称底盘号或车架号。

● 杜里埃研制出美国历史上的第一辆汽油发动机汽车。

<table>
<tr><td colspan="4" align="center">准驾车型代号规定</td></tr>
<tr><td>A1</td><td>大型客车和A3、B1、B2</td><td>C4</td><td>三轮汽车</td></tr>
<tr><td>A2</td><td>牵引车和B1、B2</td><td>C5</td><td>残疾人专用小型自动挡载客汽车</td></tr>
<tr><td>A3</td><td>城市公交车和C1</td><td>D</td><td>普通三轮摩托车和E</td></tr>
<tr><td>B1</td><td>中型客车和C1、M</td><td>E</td><td>普通二轮摩托车和F</td></tr>
<tr><td>B2</td><td>大型货车和C1、M</td><td>F</td><td>轻便摩托车</td></tr>
<tr><td>C1</td><td>小型汽车和C2、C3</td><td>M</td><td>轮式自行机械车</td></tr>
<tr><td>C2</td><td>小型自动挡汽车</td><td>N</td><td>无轨电车</td></tr>
<tr><td>C3</td><td>低速载货汽车和C4</td><td>P</td><td>有轨电车</td></tr>
</table>

我国现行驾驶证模板

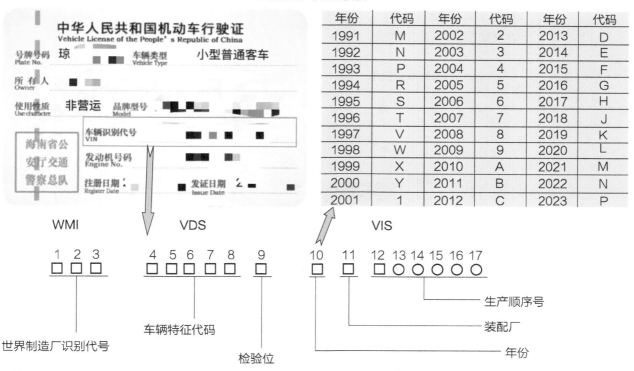

年份	代码	年份	代码	年份	代码
1991	M	2002	2	2013	D
1992	N	2003	3	2014	E
1993	P	2004	4	2015	F
1994	R	2005	5	2016	G
1995	S	2006	6	2017	H
1996	T	2007	7	2018	J
1997	V	2008	8	2019	K
1998	W	2009	9	2020	L
1999	X	2010	A	2021	M
2000	Y	2011	B	2022	N
2001	1	2012	C	2023	P

注：□——代表大写英文字母（I、O、Q 不能使用）或数字；　○——代表数字

车辆说明部分（VDS）

　　VDS 是 VIN 代号的第二部分，它提供说明车辆一般特征的资料，由六位字码组成。一汽大众公司 VDS 部分：第一位字母表示车辆的发动机排量或电机峰值功率，第二位字母表示车身类型，第三位字码表示动力系统类型，第四位数字和第五位字母表示车型代码，最后一位为检验位。

车辆指示部分（VIS）

　　VIS 是 VIN 代号的最后部分，是制造厂为了区别不同车辆而指定的一组字码，共有八位字码组成，其中第一位表示生产年份，第二位表示生产车辆的装配厂，最后六位为生产顺序号。

- 法国人米其林兄弟发明充气式橡胶轮胎。
- 奔驰公司生产了 135 辆维多利亚牌汽车，并采用了米其林发明的可拆卸式充气轮胎。

车高

汽车最高点至地面间的距离

前轮距
汽车左右前轮胎胎面中心线间的距离

后轮距
汽车左右后轮胎胎面中心线间的距离

车宽（齐两侧固定突出体）
汽车宽度方向两极端点的距离

车宽（齐两侧外后视镜）
汽车宽度方向两极端点的距离

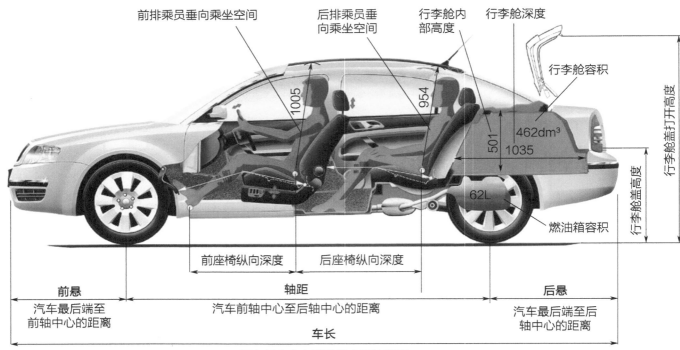

前排乘员垂向乘坐空间

后排乘员垂向乘坐空间

行李舱内部高度

行李舱深度

行李舱容积

行李舱盖打开高度

1005

954

501

462dm³

1035

行李舱盖高度

62L

燃油箱容积

前座椅纵向深度

后座椅纵向深度

前悬
汽车最后端至前轴中心的距离

轴距
汽车前轴中心至后轴中心的距离

后悬
汽车最后端至后轴中心的距离

车长

汽车长度方向两极端点间的距离

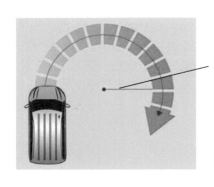

转弯半径
指的是汽车转向时，汽车外侧向轮的中心平面在车辆支撑平面上的轨迹圆半径。转向盘转到极限位置时的转弯半径为最小转弯半径。

最高车速
汽车在平直道路上行驶时能够达到的最大速度。

加速性能
通常以汽车时速从 0km/h 到 100km/h 最短加速时间作为指标。

- 狄塞尔展出他研制的第一台商品型柴油发动机。

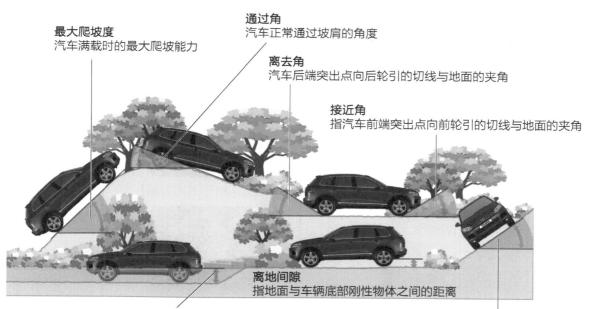

最大爬坡度
汽车满载时的最大爬坡能力

通过角
汽车正常通过坡肩的角度

离去角
汽车后端突出点向后轮引的切线与地面的夹角

接近角
指汽车前端突出点向前轮引的切线与地面的夹角

离地间隙
指地面与车辆底部刚性物体之间的距离

最大涉水深度
汽车可以在水中正常工作的深度，主要由发动机进气口位置及高度决定

最大倾斜角
汽车可以侧立于坡面行驶的最大角度

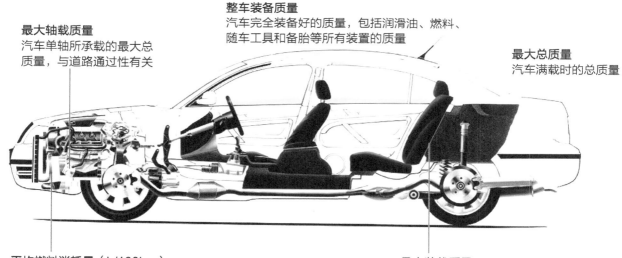

最大轴载质量
汽车单轴所承载的最大总质量，与道路通过性有关

整车装备质量
汽车完全装备好的质量，包括润滑油、燃料、随车工具和备胎等所有装置的质量

最大总质量
汽车满载时的总质量

平均燃料消耗量（L/100km）
汽车在道路上行驶时每100km平均燃料消耗量

最大装载质量
汽车在道路上行驶时的最大装载质量

制动性能
通常以汽车时速 100km/h 时全力制动到完全静止时行驶的最短距离作为指标。

车轮数和驱动轮数（$n \times m$）
n代表汽车的车轮总数，m代表驱动轮数。如 4×4 表示四轮驱动，6×4 表示共 6 个车轮，其中有 4 个驱动轮。

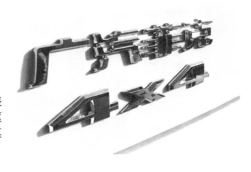

- 法国人莱瓦索尔研制出用手操纵的齿轮变速传动装置。
- 世界上第一本汽车杂志《无马时代》在美国出版发行。

斯柯达汽车公司总部位于捷克共和国，由机械师 Vaclav Laurin 和商人 Vaclav Klement 创立于 1895 年，1991 年被大众集团收购。

ŠKODA

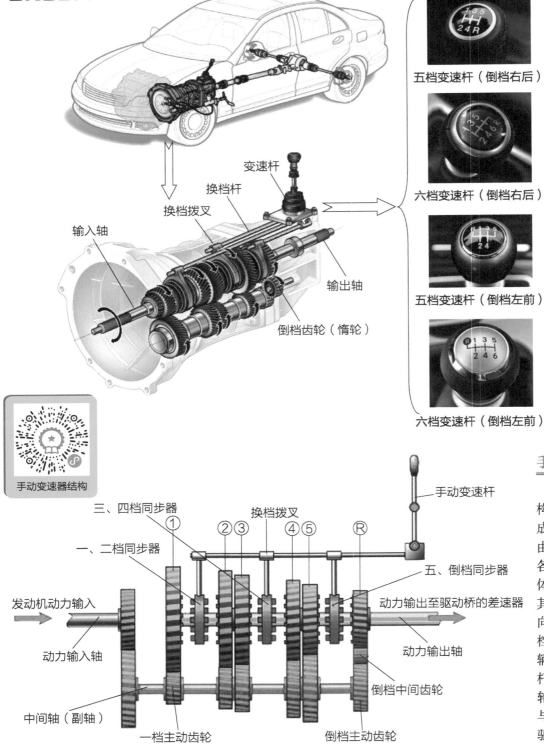

变速杆
换档杆
换档拨叉
输入轴
输出轴
倒档齿轮（惰轮）

五档变速杆（倒档右后）
六档变速杆（倒档右后）
五档变速杆（倒档左前）
六档变速杆（倒档左前）

手动变速器结构

三、四档同步器
一、二档同步器
① ②③ ④⑤ Ⓡ
换档拨叉
手动变速杆
五、倒档同步器
发动机动力输入
动力输入轴
中间轴（副轴）
一档主动齿轮
倒档主动齿轮
倒档中间齿轮
动力输出轴
动力输出至驱动桥的差速器

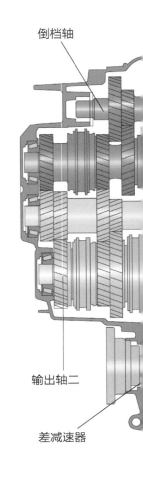

倒档轴
输出轴二
差减速器

手动变速器工作原理

　　手动变速器由变速传动机构和变速操纵机构两部分组成，其中，变速传动机构主要由输入轴、输出轴、倒档轴、各档齿轮、同步器、轴承及壳体等组成，有的还有中间轴，其作用是改变转矩和转速及方向；为了避免齿间冲击，在换档装置中都设置有同步器。车辆行驶时驾驶员通过拨动变速杆，切换中间轴上的主动齿轮，通过大小不同的齿轮组合与动力输出轴结合，从而改变驱动轮的转矩和转速。

- 美国首次举行汽车比赛，获得冠军者用 9h 跑完 50mile（80.45km）的路程。

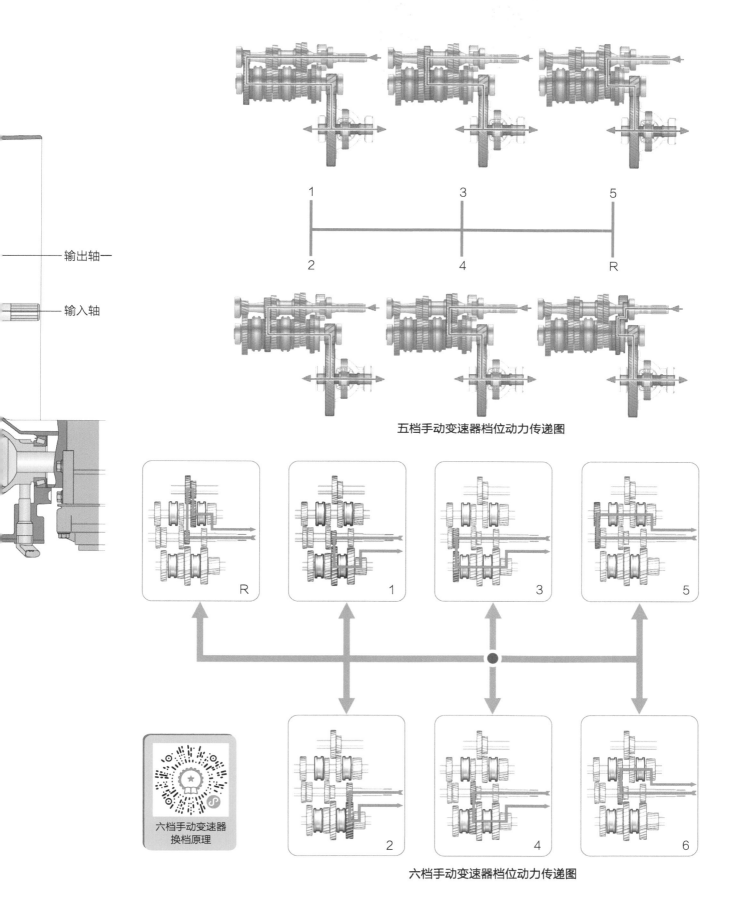

输出轴—

输入轴

五档手动变速器档位动力传递图

六档手动变速器
换档原理

六档手动变速器档位动力传递图

油灯用作汽车照明—汽车制动器

- 美国人将油灯用于汽车照明。
- 英国人首次使用石棉制动片。
- 德国首次使用汽车计程表。

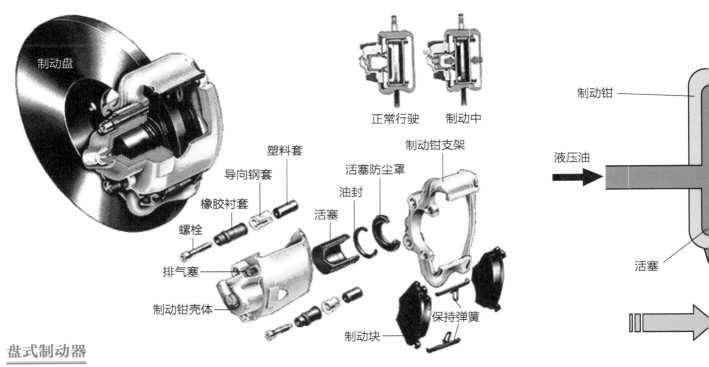

盘式制动器

　　盘式制动器主要由制动盘、制动钳、摩擦片、分泵、油管等部分构成。盘式制动器通过液压系统把压力施加到制动钳上，使制动摩擦片与随车轮转动的制动盘发生摩擦，从而达到制动的目的。

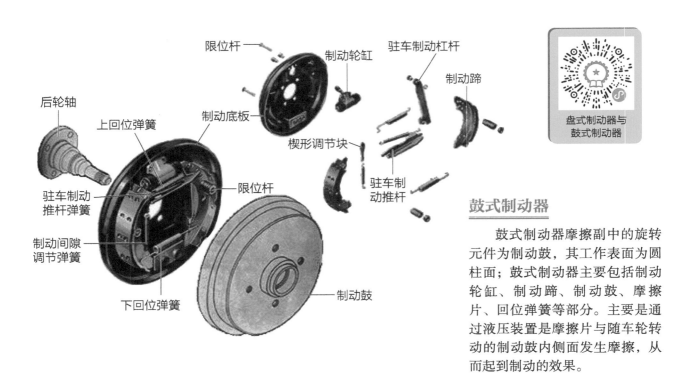

盘式制动器与鼓式制动器

鼓式制动器

　　鼓式制动器摩擦副中的旋转元件为制动鼓，其工作表面为圆柱面；鼓式制动器主要包括制动轮缸、制动蹄、制动鼓、摩擦片、回位弹簧等部分。主要是通过液压装置是摩擦片与随车轮转动的制动鼓内侧面发生摩擦，从而起到制动的效果。

- 美国出版物中首次使用"汽车"（Automobile）这一单词。
- 伦敦首次举办国际汽车博览会，展出了小轿车、客货两用车和电动汽车。

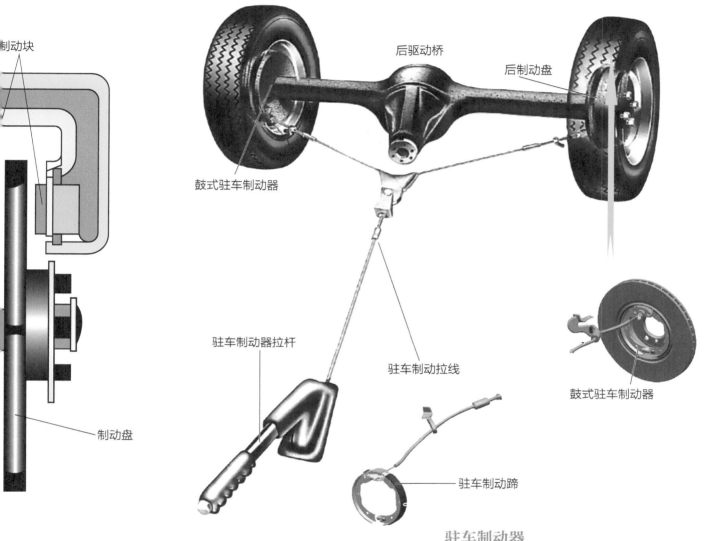

制动块

制动盘

后驱动桥

后制动盘

鼓式驻车制动器

驻车制动器拉杆

驻车制动拉线

鼓式驻车制动器

驻车制动蹄

制动轮缸

制动蹄

摩擦衬片

制动力

制动毂

回位弹簧

驻车制动器

　　驻车制动器也称手制动器，俗称"手刹"，在车辆停稳后用于稳定车辆，避免车辆在斜坡路面停车时由于溜车造成事故。常见的驻车制动器拉杆一般置于驾驶员右手下垂位置，便于使用。部分自动档车型在驾驶员左脚外侧设计了驻车制动踏板。

手动驻车制动器与
电子驻车制动器

- 美国兰索姆·奥兹和弗兰克·克拉克创建了奥兹莫比尔汽车公司。奥兹莫比尔是美国第一个大量生产并销售汽车的企业，以产中档车为主，1908 年并入通用公司。
- 英国兰切斯特牌汽车采用了高压润滑系统，发明人因此获得了专利。

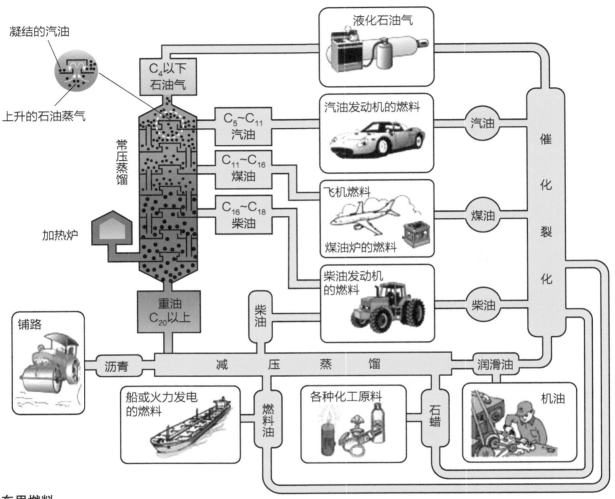

车用燃料

汽车的主要燃料包括石油、汽油、柴油和其他代用燃料。目前汽车上使用的燃料仍主要是汽油和柴油。石油又称原油，是一种黏稠的液体，易燃烧，有特殊的气味，颜色非常丰富，有红、金、墨绿、黑、褐红、淡白色等，汽车上用到的汽油、柴油、石油气、润滑油、制动液以及塑料、纤维等，都是从石油中提炼出来的。石油的主要化学元素是碳和氢，它们组成不同的碳氢化合物，这些碳氢化合物都有不同的沸点，因此随着对石油逐步加热，不同的温度使不同沸点的成分蒸发分离出来。

汽油标号

汽油标号是实际汽油抗爆性与标准汽油的抗爆性的比值。标准汽油是由异辛烷和正庚烷组成。异辛烷的抗爆性好，其辛烷值定为 100；正庚烷的抗爆性差，其辛烷值定为 0。如 92 号汽油标号，表示该标号汽油与含异辛烷 92%、正庚烷 8% 的标准汽油具有相同的抗爆性，辛烷值（Research Octane Number，RON）为 92，其他标号以此类推。

API 润滑油标准

API（美国石油学会的标准）油质量等级 S 字母代表汽油动机用油（如果是 C 则代表油发动机用油），N 字母代表量等级。按英文字母顺序每递一个字母，机油的性能都会优前一种，比如 SB 优于 SA，次类推，SN 优于 SL，通常能更好的机油中会有更多用来护发动机的添加剂。

- 美国举办首次汽车刊物展览（5月13日）。
- 美国首次实行汽车保险，鲁密斯对其生产的单缸汽车按 0.75% 的费率进行了财产保险。
- 英国成立了世界上最早的汽车协会——皇家汽车俱乐部，即现在的 R.A.C 前身。

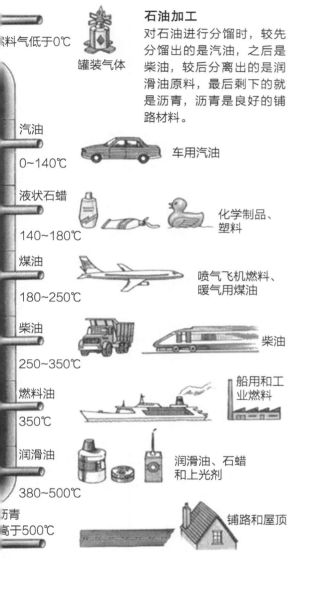

石油加工

对石油进行分馏时，较先分馏出的是汽油，之后是柴油，较后分离出的是润滑油原料，最后剩下的就是沥青，沥青是良好的铺路材料。

料气低于0℃ — 罐装气体

汽油 0~140℃ — 车用汽油

液状石蜡 140~180℃ — 化学制品、塑料

煤油 180~250℃ — 喷气飞机燃料、暖气用煤油

柴油 250~350℃ — 柴油

燃料油 350℃ — 船用和工业燃料

润滑油 380~500℃ — 润滑油、石蜡和上光剂

沥青 高于500℃ — 铺路和屋顶

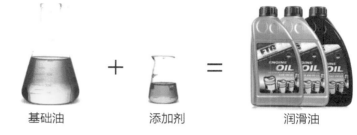

基础油　　添加剂　　润滑油

润滑油（机油）

基础油是润滑油的主要成分，它决定了润滑油的基本性质，添加剂则可弥补和改善基础油性能方面的不足，赋予某些新的性能，是润滑油的重要组成部分。

机油的三个种类 »　矿物质机油　半合成机油　全合成机油

对应的保养周期 »　5000km　7500km　10000km

润滑油种类与更换周期

根据基础油的不同，机油可以简单地分为矿物质油和合成油两种，其中合成油中又可分为半合成机油和全合成机油。矿物质机油和合成机油最大差别在于合成油使用的温度更广、使用期限更长，但成本更高。这三类机油的更换周期也各不相同。一般来说，矿物油的更换周期是半年或 5000km，半合成油是半年或者 7500km，全合成油则是半年或者 10000km。

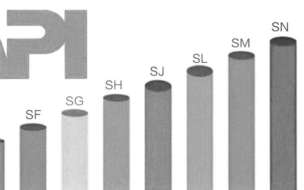

SF　SG　SH　SJ　SL　SM　SN

高等级机油　　冬夏通用型

S L　5 W　30

机油质量等级
从SA开始，到SN结束，越往后等级越高。

低温黏度等级
表示Winter冬季可使用，范围是0~25，数字越小，低温流动性越好。

高温黏度等级
范围是20~60，数字越大说明高温黏度越好。

SAE 润滑油标准

SAE（美国汽车工程师学会）标准黏度值的 W 代表冬天（WINTER），W 前面的数字代表低温时的流动性能，数值越小低温时的启动性能越好。W 后面的数字代表机油在高温时的稳定性能（即变稀的可能性），数值越大说明机油高温的稳定性能越好。

雷诺公司诞生—柴油发动机电控系统

- 英国人制成柴油发动机汽车。
- 雷诺公司成立。
- 法国人雷诺将万向节首先用于汽车传动，并发明伞齿轮式主减速器传动装置，取代了链条传动。
- 法国雷诺 1898 年 10 月由路易·雷诺在比扬古创立，1945 年被收归国有。

高压共轨系统（CRS）

低压燃油泵将燃油充油箱输入至高压油泵，高压油泵将燃油加压送入高压共轨管，高压共轨管中的压力有电控单元根据压力传感器以及需要进行调节，高压共轨管内的燃油经过高压油管，根据柴油机的运行状态，由电控单元决定何时的喷油时间，最后由电子阀喷油器向缸内喷射。

柴油机高压共轨系统

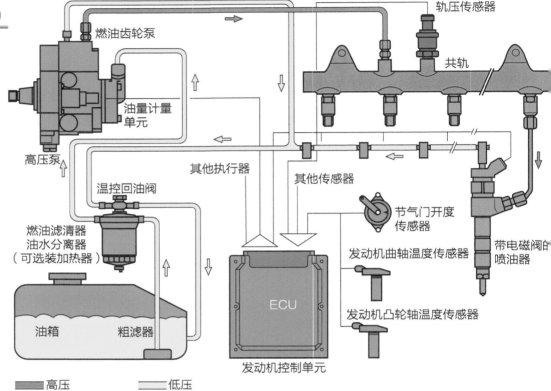

柴油发动机后处理系统

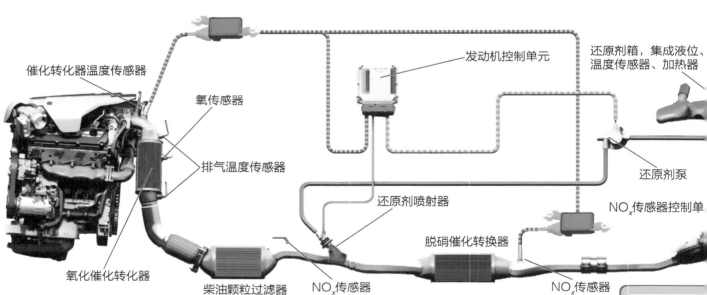

后处理系统是废气再循环系统的一部分。废气再处理系统由以下部件组成：还原剂箱系统（带有水冷式还原剂喷射阀），一个安装在发动机附近的加热式催化净化器，一个有 SCR- 涂层的柴油微尘过滤器和一个捕集式催化净化器（在主消声器前）。涡轮增压器前、后多个温度传感器、氧化式催化净化器、柴油微尘过滤器以及氧传感器和 NO_x 传感器，都安装在排气系统上。通过传感器来控制废气再处理过程。

柴油机后处理系统

06　1919　1923　1925　1946　1959　1972　1992　2004　2015　2021

泵喷嘴系统（UIS）

泵喷嘴系统（Unit Inject System，UIS）是由高压泵和喷嘴组成的一个紧凑的独立单元，安装于发动机缸盖的气门之间，无须冗长的高压传输管路。泵喷嘴系统由发动机顶置凸轮轴提供安装在缸盖内单体喷油器（UI）所需的驱动力，通过机械和液压的方式可以使全喷油量分成预喷和主喷两部分。

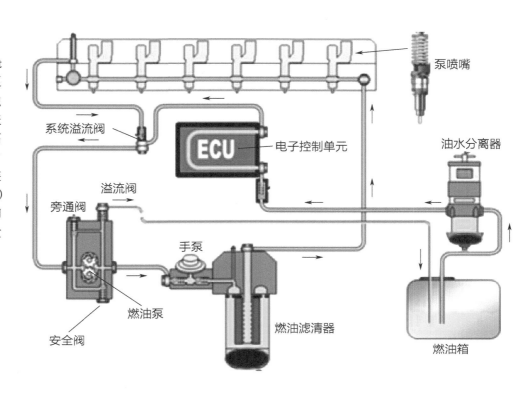

泵喷嘴

系统溢流阀

电子控制单元

油水分离器

溢流阀

旁通阀

手泵

燃油泵

燃油滤清器

安全阀

燃油箱

柴油机泵喷嘴系统

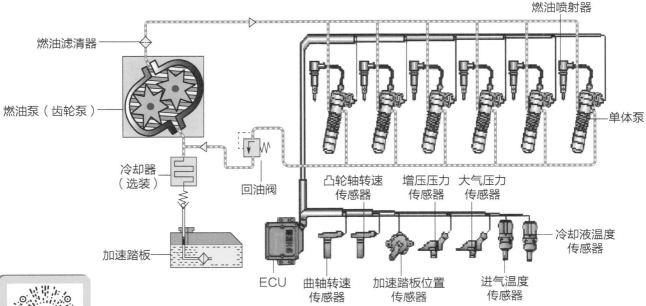

燃油滤清器

燃油泵（齿轮泵）

冷却器（选装）

回油阀

加速踏板

ECU　曲轴转速传感器

凸轮轴转速传感器

增压压力传感器

大气压力传感器

加速踏板位置传感器

进气温度传感器

冷却液温度传感器

燃油喷射器

单体泵

柴油机单体泵系统

单体泵系统（UPS）

燃油高压供给由各单体泵来完成，每个气缸配备一个单体泵。单体泵由凸轮轴的凸轮挺杆驱动，并通过短的高压管和耐压连接件与喷嘴座组合件中的喷油嘴相连。每个单体泵包括一个用于调节喷射开始和控制喷油量的快动电磁阀。

1899

奥迪、菲亚特汽车诞生—轮毂电机

- 带有整体水箱的蜂窝式散热器、多档变速器和脚踏式加速器首先由戴姆勒应用。
- 费迪南德·保时捷发明了一台轮毂电动机。

奥古斯特·霍希（August Horch）创立 Horch & Cie. 汽车公司，后又创立 August Horch 汽车公司，但因公司名称雷同被控告，所以改用 Horch（德文听觉的意思）的拉丁文"Audi"为公司名称。

奥古斯特·霍希（1868—1951）
奥迪汽车的商标"四环"系源自创立早期的四家公司即 1932 年德国四大车厂 Audi、DKW、Horch 及 Wanderer 合并为"汽车联盟"（Auto Union）。

Lohner–Porsche
费迪南德·保时捷开发了 Lohner-Porsche 电动车，该车采用铅酸蓄电池作为动力源，由前轮内的轮毂电动机直接驱动。后来在后轮上又装载两个轮毂电动机，由此世界第一辆四轮驱动电动车诞生。

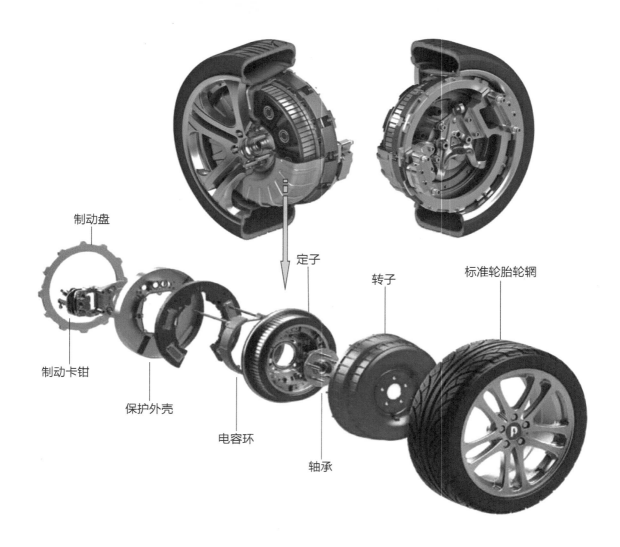

制动盘

定子

转子

标准轮胎轮辋

制动卡钳

保护外壳

电容环

轴承

1949 年老汽车联盟部分骨干在英戈尔斯塔特成立了一家新的汽车联盟股份有限公司（Auto Union GMBH）。

乔瓦尼·阿涅利
（1866—1945）
菲亚特汽车公司（Fabbrica Italiana Automobili Torino, F.I.A.T.）成立于 1899 年，总部位于意大利都灵。创始人为乔瓦尼·阿涅利。

| 1899 | 1901 | 1904 | 1921 | 1923 | 1925 | 1929 | 1931 | 1932 | 1938 | 1949 |

| 1959 | 1965 | 1968 / 1972 | 1982 | 1991 | 1999 | 2003 | 2006 | 2020 |

菲亚特汽车标志演变　菲亚特首款车型 4 HP 配有手动折叠车顶，装备一台双缸 679mL 发动机和一台 3 速变速器（无倒档），最高时速 35km/h，油耗为 8L/100km。

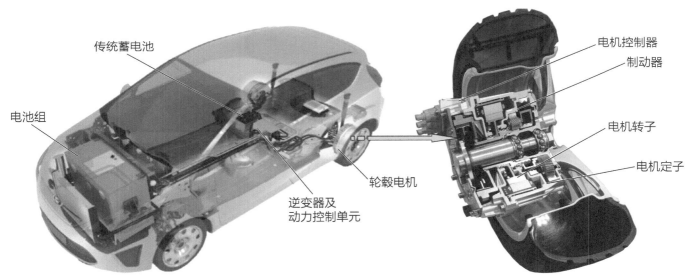

传统蓄电池
电池组
电机控制器
制动器
电机转子
电机定子
轮毂电机
逆变器及动力控制单元

轮毂电机

　　纯电动汽车采用轮毂电机是将动力、传动以及控制装置都集中在轮毂中，将车辆的机械部分大大简化，轮毂电机的结构主要由定子、微型逆变器、线圈、转子以及车轮轴承等组成。轮毂电机技术目前并未量产应用于乘用车上，随着技术的突破，一些豪华运动型电动汽车或将逐步采用轮毂电机。2013 年，福特与德国汽车零部件厂商舍弗勒共同开发了搭载轮毂电机驱动技术的后驱嘉年华概念车。

福特嘉年华轮毂电机应用

- 德国制造出第一辆装甲车。
- 全金属车身问世。
- 奔驰公司以钢材代替木材制作车架。
- 倾斜式圆形转向盘首次在德国使用。

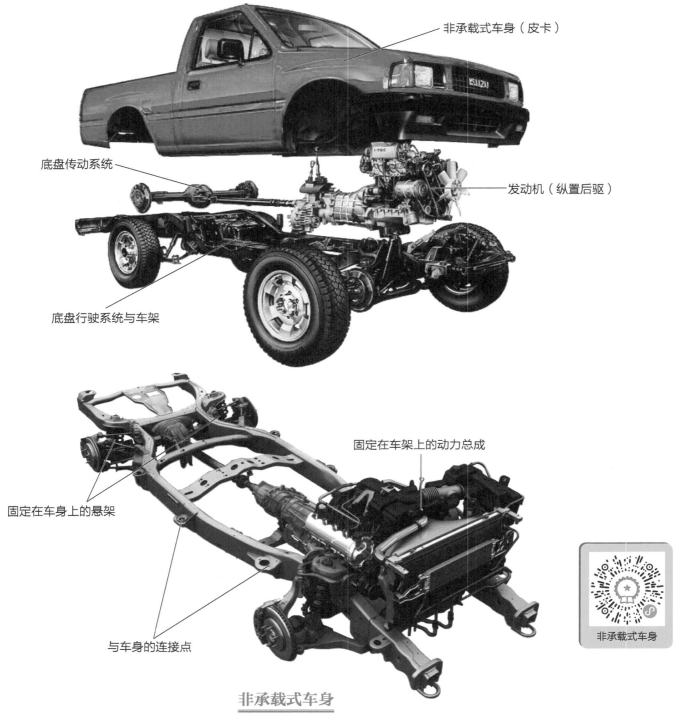

非承载式车身（皮卡）

发动机（纵置后驱）

底盘传动系统

底盘行驶系统与车架

固定在车架上的动力总成

固定在车身上的悬架

与车身的连接点

非承载式车身

非承载式车身

采用非承载式车身的汽车，其发动机、传动系统、车身的总成部分是固定在一个刚性车架上，车架通过前后悬架装置与车轮相连。高性能 SUV、越野车、皮卡及客货车一般采用这种车身结构。

- 德国人保时捷研制出带曲面挡风板的汽车。
- 威廉·麦金莱（1897—1901 年间任美国第 25 任总统）成为第一个乘坐汽车的美国总统。
- 纽约颁发第一份汽车驾驶执照，称"工程师证书"。
- 在 1900 年，欧美地区出售的 4200 辆汽车中，40% 为蒸汽机车，38% 为电动汽车，最后剩下的 22% 才是燃油汽车。

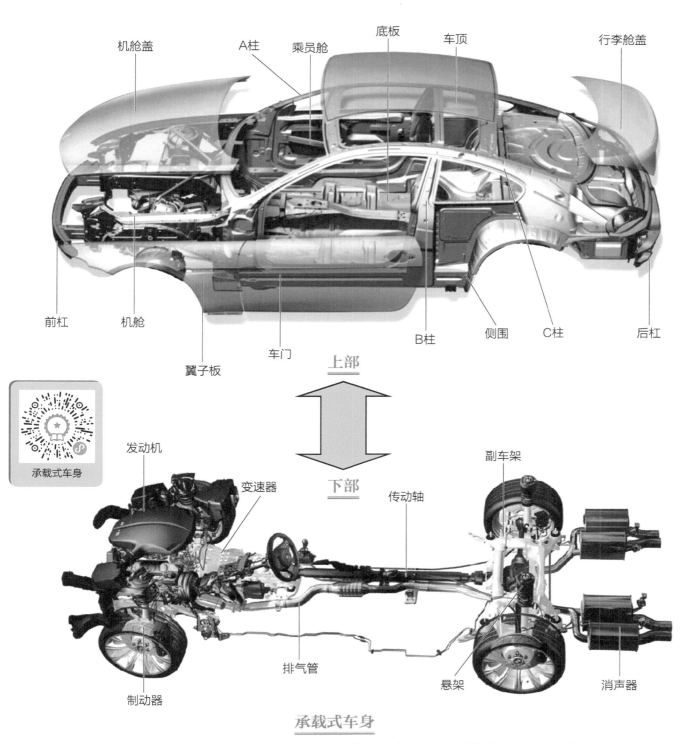

承载式车身

　　承载式车身的汽车没有刚性车架，只是加强了车头、侧围、车尾、底板等部位，发动机、前后悬架、传动系的一部分等总成部件装配在车身上设计要求的位置，车身负载通过悬架装置传给车轮。这种承载式车身除了其固有的乘载功能外，还要直接承受各种负荷。承载式车身具有质量小、高度低、装配容易等优点，因此大部分的轿车都采用这种车身结构。

- 德国博世公司发明高压磁电机点火装置。
- 美国奥兹莫比尔汽车首先使用转速表。
- 低压磁电机点火系统被戴姆勒公司采用。早在 1838 年，英国发明家亨纳特发明了世界第一台内燃机点火装置，该项发明被世人称之为"世界汽车发展史上的一场革命"。

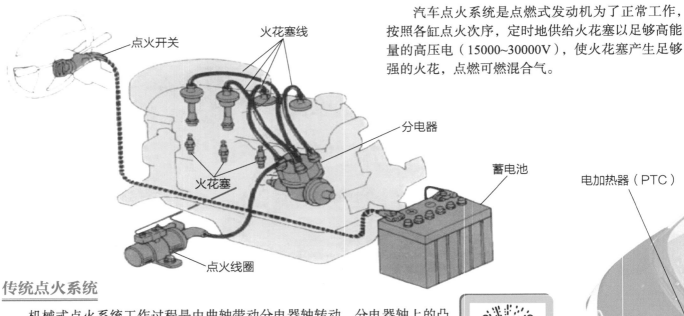

汽车点火系统是点燃式发动机为了正常工作，按照各缸点火次序，定时地供给火花塞以足够高能量的高压电（15000~30000V），使火花塞产生足够强的火花，点燃可燃混合气。

传统点火系统

  机械式点火系统工作过程是由曲轴带动分电器轴转动，分电器轴上的凸轮转动使点火线圈初级触点接通与闭合而产生高压电，然后通过分电器轴上的分火头，根据发动机工作要求按顺序送到各个气缸的火花塞上，火花塞发出电火花点燃燃烧室内的气体。

传统点火系统

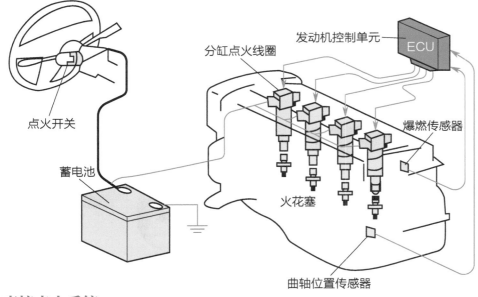

直接点火系统

  无分电器点火系统（Distributorless Ignition System，DIS）一般每个气缸有自己专用的点火线圈，该线圈就安装在火花塞上方，由发动机控制单元来控制。

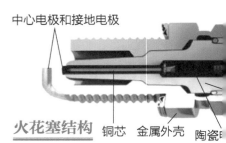

火花塞结构 铜芯 金属外壳 陶瓷

- 费迪南德·保时捷采用戴姆勒的发动机设计出一款名为 Mixte 的增程式电动汽车。
- 位于底特律的奥兹汽车厂发生火灾，恢复生产后采用由各分散车间转包零件加工和装配的生产组织方式。后来这些车间相继独立，使底特律发展成了汽车城。

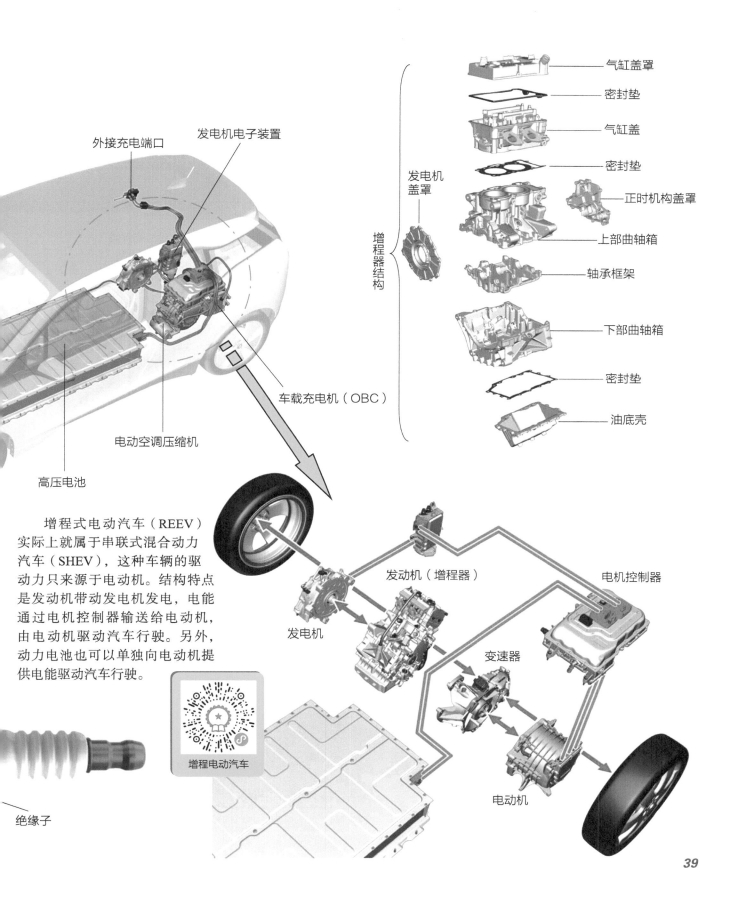

增程式电动汽车（REEV）实际上就属于串联式混合动力汽车（SHEV），这种车辆的驱动力只来源于电动机。结构特点是发动机带动发电机发电，电能通过电机控制器输送给电动机，由电动机驱动汽车行驶。另外，动力电池也可以单独向电动机提供电能驱动汽车行驶。

增程电动汽车

外接充电端口
发电机电子装置
发电机盖罩
增程器结构
气缸盖罩
密封垫
气缸盖
密封垫
正时机构盖罩
上部曲轴箱
轴承框架
下部曲轴箱
密封垫
油底壳
车载充电机（OBC）
电动空调压缩机
高压电池
发动机（增程器）
电机控制器
发电机
变速器
电动机
绝缘子

1902 凯迪拉克汽车诞生—发动机冷却系统

- 卡迪拉克汽车公司成立。
- 盘式制动器专利被英国人获得。
- 鼓式制动器专利由法国人雷诺获得。
- 后桥独立式悬架被法国人装于赛车。
- 摩擦式减振器在英国使用。
- 用两个前轮的转动代替轴的转动的艾利奥特转向原理开始应用。
- 美国汽车协会在芝加哥成立。
- 法国发动机制造商雷诺公司首次使用了水冷式发动机，这种发动机以水为冷却介质，使得汽车发动机的稳定性和耐用性大大提高。

1701年法国贵族安东尼·门斯·凯迪拉克建立了底特律城，1899年，凯迪拉克前身——底特律汽车公司在底特律成立，在1901年即将倒闭之际，汽车工程师兼企业家亨利·利兰德加入并将公司改名为凯迪拉克，以此庆祝底特律市成立200周年。

发动机冷却系统循环原理

发动机冷却系统主要由水泵、散热器、冷却风扇、补偿水箱、节温器、发动机机体和气缸盖中的水套以及附属装置等组成。

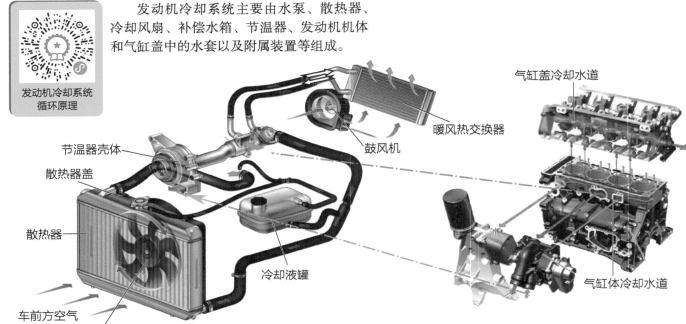

气缸盖冷却水道

节温器壳体
散热器盖
散热器
车前方空气
冷却风扇
冷却液罐
暖风热交换器
鼓风机
气缸体冷却水道

通过节温器可以实现"大小循环"，小循环时冷却液不流经散热器，大循环时冷却液是经过散热器的。这样可以起到控制温度的作用。

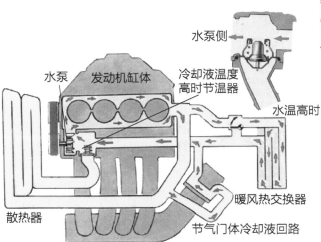

水泵侧
水泵
发动机缸体
冷却液温度高时节温器
水温高时
暖风热交换器
散热器
节气门体冷却液回路

冷却液小循环（节温器关闭）

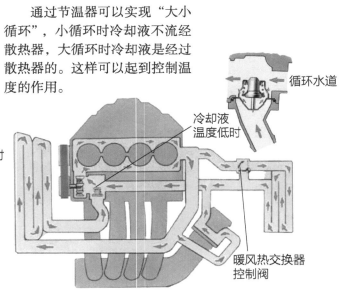

循环水道
冷却液温度低时
暖风热交换器控制阀

冷却液大循环（节温器打开）

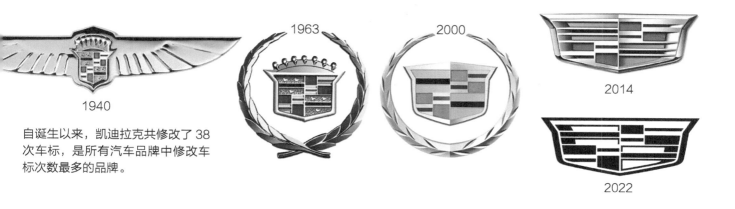

1963

2000

2014

2022

1940

自诞生以来，凯迪拉克共修改了 38 次车标，是所有汽车品牌中修改车标次数最多的品牌。

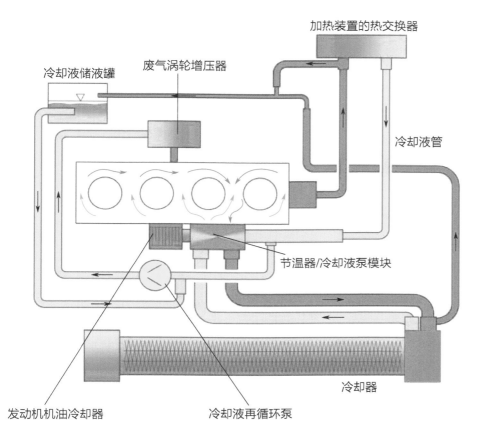

加热装置的热交换器

冷却液储液罐

废气涡轮增压器

冷却液管

节温器/冷却液泵模块

发动机机油冷却器

冷却液再循环泵

冷却器

使用风冷发动机的汽车

水冷与风冷发动机

发动机常用冷却方式分为水冷和风冷。水冷系统利用水泵使冷却液在冷却系统中循环流动，一般称为强制循环式水冷系统。在冷却系统中，有两个散热循环：一个是冷却发动机的主循环，另一个是车内取暖循环。这两个循环都以发动机为中心，使用同一种冷却液。

水冷式发动机

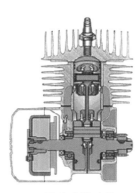

风冷式发动机

- 美国固特异轮胎公司获无内胎轮胎专利。
- 英国生产全钢车身的轿车。
- "交通安全之父"伊诺出版《驾车的规则》一书。
- 美国波士顿警察最先购买汽车执行警务。
- 伦敦出现出租汽车。

白车身（Body in White）是指车身结构件及覆盖件焊接总成，并包括前翼板、车门、发动机舱盖、行李舱盖，但不包括附件及装饰件的未涂漆的车身。

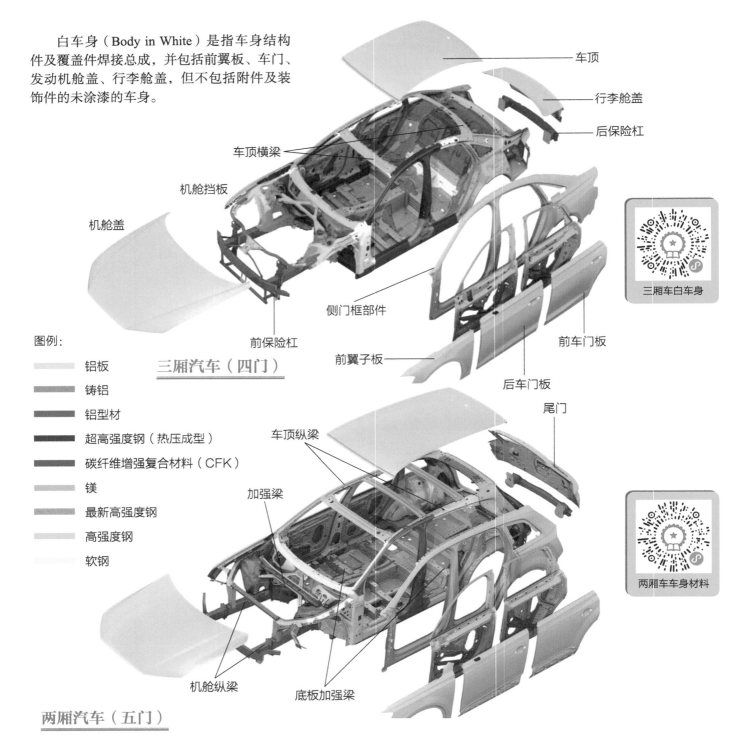

车顶

行李舱盖

后保险杠

车顶横梁

机舱挡板

机舱盖

三厢车白车身

图例:

铝板
铸铝
铝型材
超高强度钢（热压成型）
碳纤维增强复合材料（CFK）
镁
最新高强度钢
高强度钢
软钢

三厢汽车（四门）

侧门框部件

前保险杠

前翼子板

后车门板

前车门板

尾门

车顶纵梁

加强梁

机舱纵梁

底板加强梁

两厢车车身材料

两厢汽车（五门）

亨利·福特（Henry Ford）创立福特公司，总部位于美国密歇根州迪尔伯恩市（Dearborn）。商标来自福特先生常用的签名字体。福特从1913—1930年保持全球销量第一的纪录持续18年，福特汽车在美国汽车市场连续75年保持销量第二，仅次于通用，2007年被丰田超越。

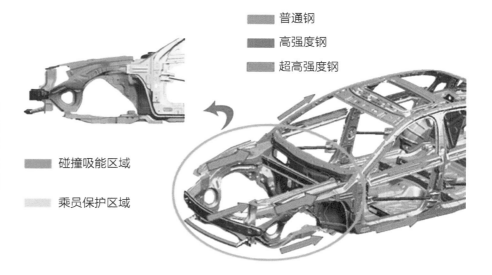

普通钢

高强度钢

超高强度钢

汽车整车重量降低10%，燃油效率可提高6%~8%，排放下降4%；由于环保和节能的需要，汽车的轻量化已经成为发展趋势。汽车车身材料也从钢材逐步过渡到塑料、碳纤维、铝材、镁材等轻质材料上。

碰撞吸能区域

乘员保护区域

正面碰撞

汽车白车身的主体材料是钢材，钢按化学成分可分为碳素钢和合金钢。按制造方法可分为热轧钢板与冷轧钢板。按表面处理方式分类普通冷轧板、热轧酸洗板、电镀锌钢板、热浸锌钢板。按强度等级可分为软钢（<270MPa）；高强度钢（270~590MPa）；先进高强度（590~1000MPa）；超高强度钢（>1000MPa）。

车身碰撞能量吸收

侧面碰撞

在汽车事故中，重要的是保护车内人员的安全，所以在碰撞中乘员舱的变形越小就越好。汽车在设计时考虑到这一点，在汽车碰撞时，让一部分机构先溃缩，吸收一部分的撞击能量，从而减少传递到驾乘室的撞击力。

1904 别克汽车诞生—气压与液压制动系统

- 1904 年气压制动系统开始采用。
- 凯迪拉克汽车装用防盗点火系统。
- 美国研制出防刺漏式轮胎。
- 英国希思发明液压制动系统。
- 1904 年 5 月，美国大卫·邓巴·别克创建别克汽车公司，下半年，马车制造商威廉·杜兰特（William Durant）收购别克。并于 1908 年成立了通用汽车公司。

1904　1905　1937　1939　1942

1937年别克第一个盾牌车标诞生，倾斜方格线条将橙红色的盾牌一分为二。

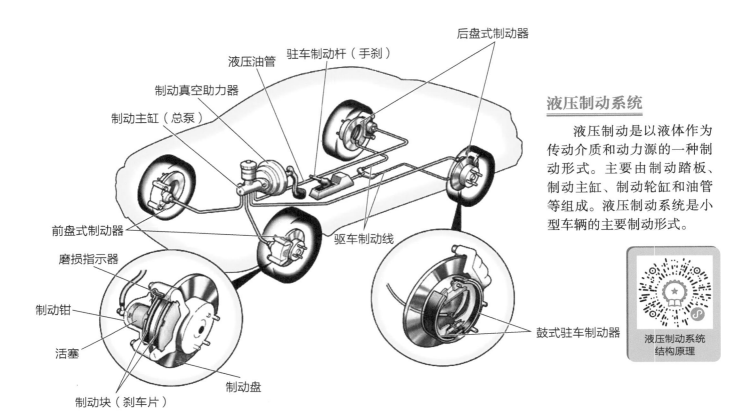

后盘式制动器
液压油管
驻车制动杆（手刹）
制动真空助力器
制动主缸（总泵）
前盘式制动器
磨损指示器
制动钳
活塞
制动盘
制动块（刹车片）
驱车制动线
鼓式驻车制动器

液压制动系统

　　液压制动是以液体作为传动介质和动力源的一种制动形式。主要由制动踏板、制动主缸、制动轮缸和油管等组成。液压制动系统是小型车辆的主要制动形式。

液压制动系统
结构原理

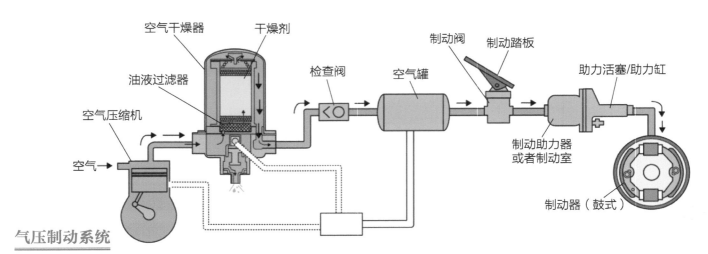

空气干燥器
干燥剂
制动阀
制动踏板
油液过滤器
检查阀
空气罐
助力活塞/助力缸
空气压缩机
空气
制动助力器或者制动室
制动器（鼓式）

气压制动系统

　　气压制动以压缩空气为动力源，制动踏板控制压缩空气进入车轮制动，所以气压制动最大的优点是操作简单，制动力矩大。气压制动的另一个优点是对长轴距、多轴、牵引半挂车和挂车实现异步分布式制动有独特的优势。与液压制动相比，气压制动的结构要复杂得多。而且驾驶舒适性差；所以气压制动一般只用于中重型车辆。

9   1975   1959   1990   1911   1913   1930

1959年别克使用三盾标志，这三个
盾分别代表别克的三种车型：
Lesabre、Invicta、Electra。

2022   全新别克标识去掉了包裹盾牌的
圆形环，黑色适用于电动化车型。

防抱死制动系统（ABS）原理

　　ABS 控制单元不断从车轮速度传感器获取车轮的速度信号，并加以处理，进而判断车轮是否即将被抱死。ABS 制动的特点是当车轮趋于抱死临界点时，制动分泵压力不随制动主泵压力增加而增高，压力在抱死临界点附近变化。

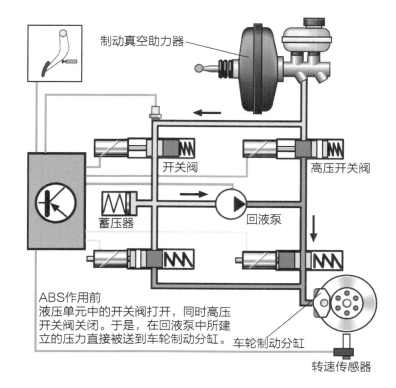

制动真空助力器

开关阀　　　高压开关阀

蓄压器　　　回液泵

车轮制动分缸

转速传感器

ABS作用前
液压单元中的开关阀打开，同时高压
开关阀关闭。于是，在回液泵中所建
立的压力直接被送到车轮制动分缸。

　　如判断车轮没有抱死，制动压力调节装置不参加工作，制动力将继续增大；如判断出某个车轮即将抱死，ECU 向制动压力调节装置发出指令，关闭制动缸与制动轮缸的通道，使制动轮的压力不再增大；如判断出车轮出现抱死拖滑状态，即向制动压力调节装置发出指令，使制动轮缸的油压降低，减少制动力。

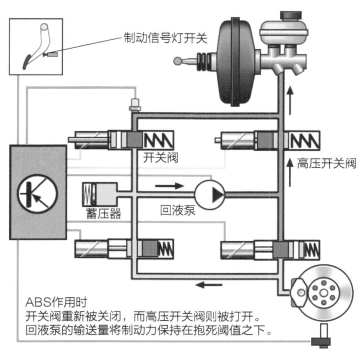

制动信号灯开关

开关阀　　　高压开关阀

蓄压器　　　回液泵

ABS作用时
开关阀重新被关闭，而高压开关阀则被打开。
回液泵的输送量将制动力保持在抱死阈值之下。

- 1905 年法国研制出封闭式驱动桥。
- 法国研制出轮胎压力计。
- 1905 年美国汽车工程师协会（SAE）成立。
- 由平板玻璃手工切割而成的风窗玻璃开始在美国福特汽车上使用。由于遮阳避雨的需求，可拆卸的车篷也被装在汽车上。

　　折叠式硬顶由一个中央液压单元进行驱动。液压单元又由敞篷车车顶模块进行控制。监控移动过程时，控制模块读取传感器的信号。此外控制模块还控制行李舱盖的自动关闭功能。

折叠式车顶

敞篷车动作演示

敞篷车欣赏

硬顶收起　　　　　　硬顶打开

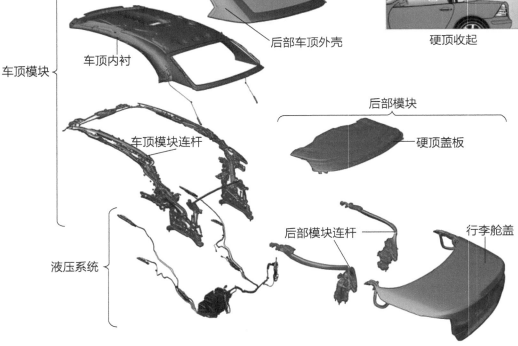

中部车顶外壳
前部车顶外壳
后部车顶外壳
车顶内衬
车顶模块
车顶模块连杆
后部模块
硬顶盖板
液压系统
后部模块连杆
行李舱盖

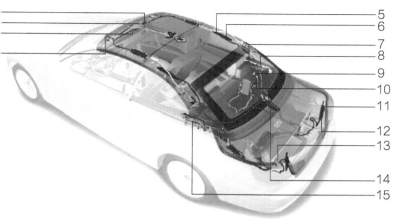

1—风窗框板接触微型开关　2—锁钩锁止微型开关　3—锁钩开锁微型开关　4—硬顶锁止传动装置　5—车顶外壳部分关闭霍尔传感器　6—车顶外壳部分打开霍尔传感器　7—右侧联动机构打开霍尔传感器　8—右侧联动机构关闭微型开关　9—后部模块关闭霍尔传感器　10—车顶套件收回霍尔传感器　11—后部模块打开霍尔传感器　12—后部模块完全关闭霍尔传感器　13—行李舱分隔板霍尔传感器　14—车顶套件竖起霍尔传感器　15—左侧联动机构关闭微型开关

1—右侧车顶外壳液压缸　2—右侧联动机构液压缸　3—右侧主支柱液压缸　4—右侧后部模块液压缸　5—左侧后部模块液压缸　6—左侧主支柱液压缸　7—左侧联动机构液压缸　8—左侧车顶外壳液压缸

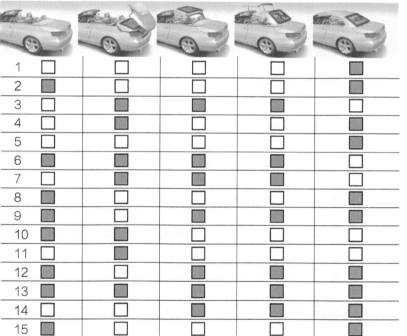

红色：传感器或开关工作；白色：传感器或开关不工作

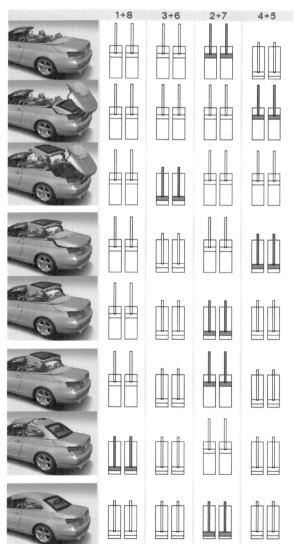

红色：液压缸工作；白色：液压缸不工作

- 带弹簧的保险杠问世。
- 前轮制动器在德国问世。
- 别克公司将蓄电池作为轿车的标准配备。
- 扭力杆式减振器问世。
- 法国勒芒举办首次汽车大奖赛。

- 英国最早的汽车经销商之一查尔斯·劳斯 (Charles Rolls) 与工程师亨利·莱斯 (Henry Royce) 于1906年创立了劳斯莱斯汽车公司。车标使用两人名字的第一个字母。

查尔斯·劳斯
（1877—1910）

亨利·莱斯
（1863—1933）

欢庆女神 (Spirit Of Ecstasy) 是劳斯莱斯车头立标的名称，于1911年2月6日注册为劳斯莱斯汽车的官方标志。

充电装置（交流发电机）

用电设备（大灯等）

汽车电源系统主要由蓄电池、发电机和配电盒等组成。发电机负责对电池进行充电，使电池长期保持在足电状态。电池和发电机负责对全车的电器进行供电。

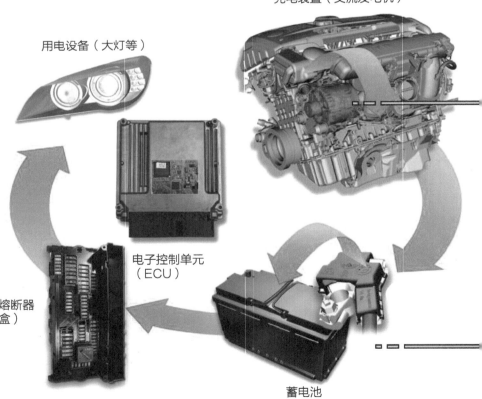

电子控制单元
（ECU）

配电盒（熔断器
与继电器盒）

蓄电池

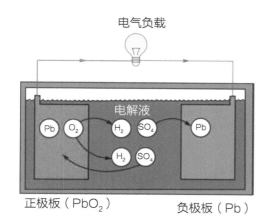

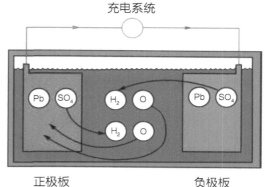

正极板（PbO₂）　　　　负极板（Pb）　　　　　正极板　　　　　负极板

1796 年意大利科学家沃尔兹发明了世界上第一台蓄电池，这项发明为汽车的诞生和发展带来了历史性的转折。1859 年法国著名物理学家发明了铅酸蓄电池，为汽车的用电创造了条件。

铅酸电池中的正极（PbO₂）和负极（Pb）浸入电解液（稀硫酸）中，当电池连接到外部电路进行放电时，稀硫酸会与阴极和阳极板上的活性物质发生反应，生成新的化合物硫酸铅。硫酸成分通过放电从电解液中释放出来，充电时阳极板和阴极板上产生的硫酸铅会分解还原为硫酸、铅和过氧化铅，电池中电解液的浓度会逐渐增加，逐渐恢复到放电前的浓度。当两极的硫酸铅还原成原来的活性物质，充电结束，阴极板就会产生氢气。

汽车发电机一般为交流发电机，是汽车的主要电源，其功用是在发动机正常运转时（怠速以上），向所有用电设备（起动机除外）供电，同时向蓄电池充电。

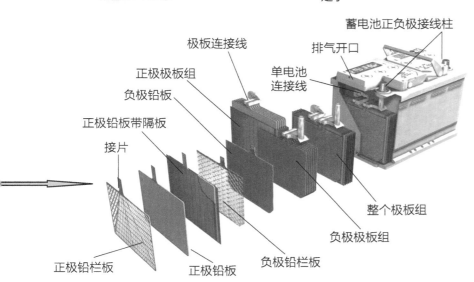

汽车发电机原理

铅酸蓄电池原理

- 1907 年法国汽车采用乙炔车灯作为照明。因为发光效率低下的缘故，煤油灯很快就被乙炔灯所取代。早期乙炔灯曾广泛用于户外照明以及马车、自行车等交通工具上。其技术成熟、亮度高，且抗风性与抗水性都比煤油灯更好，

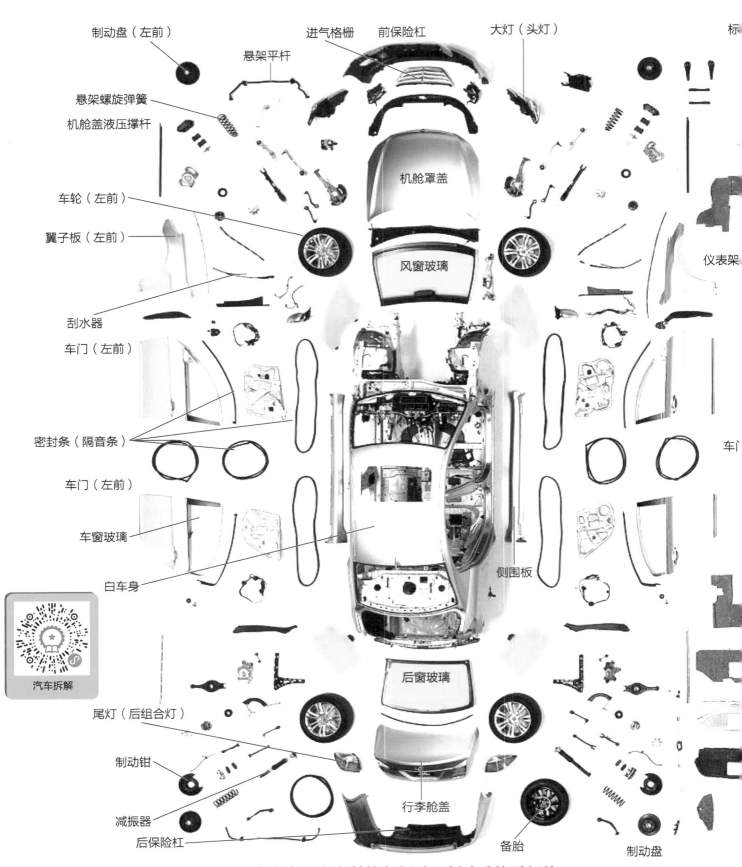

制动盘（左前）　悬架平杆　进气格栅　前保险杠　大灯（头灯）　标

悬架螺旋弹簧
机舱盖液压撑杆

机舱罩盖

车轮（左前）

翼子板（左前）

风窗玻璃

仪表架

刮水器

车门（左前）

密封条（隔音条）

车门（左前）

车门

车窗玻璃

侧围板

白车身

汽车拆解

后窗玻璃

尾灯（后组合灯）

制动钳

行李舱盖

减振器

后保险杠

备胎

制动盘

白车身、车身外饰与行驶、制动系统零部件

在白炽灯成熟之前，乙炔灯成为最广泛的照明灯具。乙炔车灯的缺点是一旦汽车停下，乙炔的产生就会减少、车灯也就会逐渐变暗，而且燃烧发光的乙炔很容易被路上的雨水浇灭。

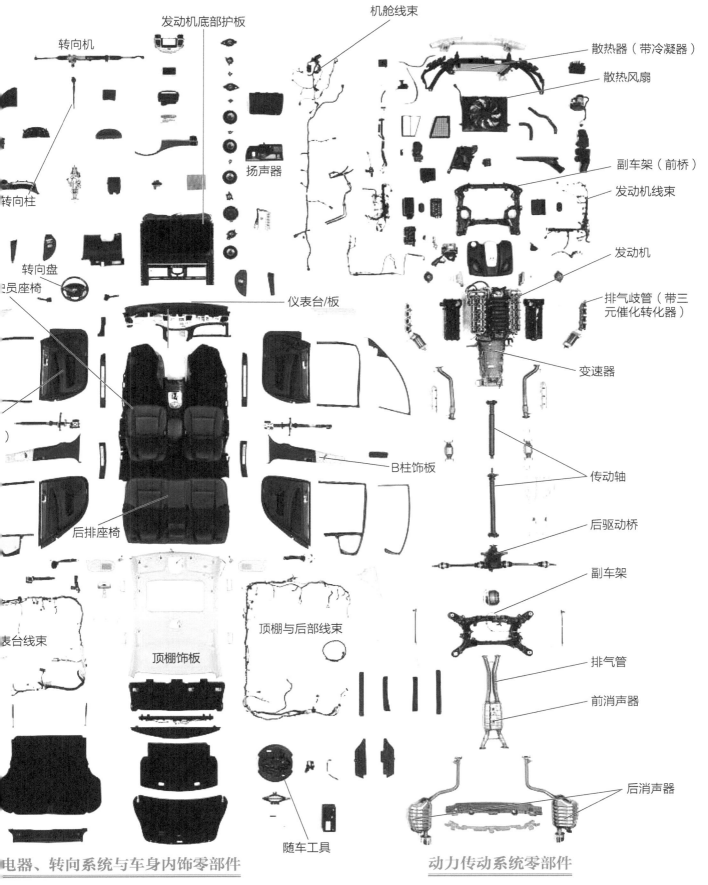

转向机
发动机底部护板
机舱线束
散热器（带冷凝器）
散热风扇
转向柱
扬声器
副车架（前桥）
发动机线束
转向盘
发动机
驾驶员座椅
仪表台/板
排气歧管（带三元催化转化器）
变速器
B柱饰板
传动轴
后排座椅
后驱动桥
副车架
仪表台线束
顶棚与后部线束
顶棚饰板
排气管
前消声器
后消声器
随车工具

电器、转向系统与车身内饰零部件　　　动力传动系统零部件

• 1886 年，威廉·杜兰特与约西亚·达拉斯·多特合伙创立了杜兰特－多特马车公司，并迅速成为美国最大的马车制造商。1904 年，公司收购陷入经营危机的别克汽车，1908 年，以别克汽车公司和奥兹莫比尔汽车公司为基础成立了通用汽车公司，总部位于底特律。1909 年，通用汽车合并了奥克兰汽车公司（后来的庞迪亚克）和凯迪拉克汽车公司。1911 年，杜兰特与路易斯·雪佛兰创立雪佛兰品牌。通用从 1931—2007 年保持全球销量第一的纪录持续 77 年，在 2011 年亦夺第一。

威廉·杜兰特
（1861—1947）

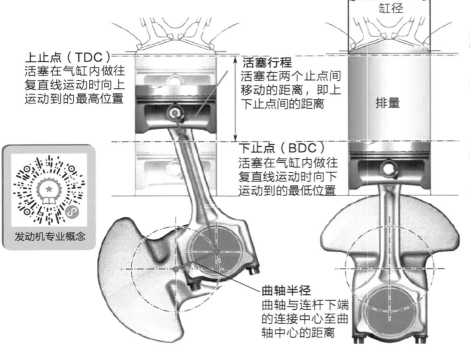

上止点（TDC）
活塞在气缸内做往复直线运动时向上运动到的最高位置

活塞行程
活塞在两个止点间移动的距离，即上下止点间的距离

下止点（BDC）
活塞在气缸内做往复直线运动时向下运动到的最低位置

曲轴半径
曲轴与连杆下端的连接中心至曲轴中心的距离

缸径

排量

燃烧室容积

活塞处于上止点时，其顶部与气缸盖之间的容积。

气缸容积

气缸总容积与燃烧室容积之差，即活塞在上下止点间运动所扫过的容积。

发动机专业概念

发动机排量

多缸发动机各缸工作容积的总和。

举例：四缸发动机各缸工作容积为 500mL，那么发动机工作排量为 2L。

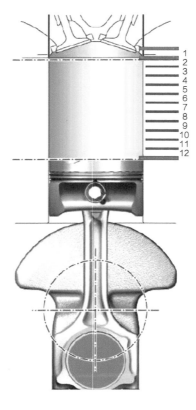

压缩比

就是发动机混合气体被压缩的程度，用压缩前的气缸总容积与压缩后的气缸容积（即燃烧室容积）之比表示。压缩比与发动机性能有很大关系，通常低压缩比指的是压缩比在 10 以下，高压缩比指的是压缩比在 10 以上。

发动机转矩

指发动机曲轴端所发出的转矩。发动机转矩的单位为 N·m（牛·米）。

发动机功率

指的是发动机在单位时间所做的功。发动机功率单位为 kW（千瓦）。

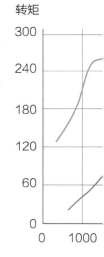

转矩

300

240

180

120

60

0

0   1000

气缸总容积

活塞处于下止点时，其顶部与气缸盖之间的容积。

燃烧室容积   +   排量（气缸容积

压缩比ε＝

燃烧室容积

- 1908 年轮胎刻纹机在美国问世。
- 电喇叭开始美国汽车上应用。
- 戴姆勒设计了四轮驱动汽车，并以当时德意志帝国殖民部部长 Bernhard Dernburg（1865—1937）的名字命名。1908 年，这辆汽车成为该车主在德意志帝国西南非洲殖民地的公务车。

- 1908 年福特 T 型车装备了全球首款 2 档自动变速器。

通用汽车集团标志演变

曲轴转角

曲轴位置用相对于两个基准点的角度值（°）表示。在此也称为曲轴转角。两个基准点是活塞上止点和下止点。曲轴转角用 TDC 或 BDC 前后多少度来表示。即活塞到达止点前 / 后的曲轴角度。每进行一个行程，曲轴旋转 180°，活塞由一个止点移动到另一个止点。因此四冲程发动机完成整个一个循环时曲轴旋转 720°，即转动两圈。

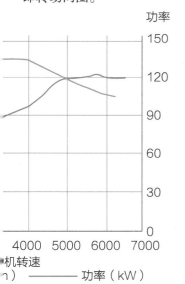

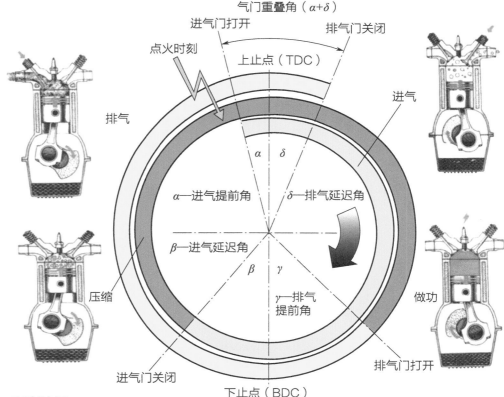

正时时间

吸入新鲜汽油空气混合气和排出废气称为换气。通过进气门和排气门控制换气。气门的开启和关闭时刻也取决于曲轴转角。这些时刻又称为正时时间，因为通过它们决定发动机的换气控制。汽油发动机正时时间的参照值。进气气门打开：TDC 前 10°~15°，关闭：BDC 后 40°~60°；排气气门打开：BDC 前 45°~60°，关闭：TDC 后 5°~20°。活塞即将开始向下移动前进气门打开，活塞重新开始向上移动后进气门关闭。排气门的运行方式相似。活塞开始向上移动前排气门打开，活塞重新开始向下移动后排气门关闭。

$$\text{缩比 } \varepsilon = \frac{\text{燃烧室容积} + \text{气缸容积}}{\text{燃烧室容积}}$$

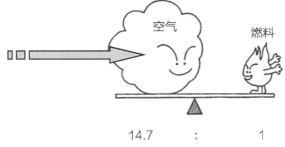

发动机配气相位

空燃比

表示空气和燃料质量的混合比，将实际空燃比与理论当量空燃比 14.7 的比值定义为过量空气系数，用符号 λ 表示。

- 凯迪拉克公司并入通用。
- 埃托雷·布加迪（Ettore Bugatti）在法国莫尔斯海姆创立了布加迪汽车公司。
- 早期的汽车只有后轮有制动器。1909 年阿罗·约翰逊发明了四轮制动系统。

Volkswagen
大众集团（德国—1938）

（1966）　　（1991）　　（1986）　　（2011）　　（1998）

Volkswagen 大众（德国—1938）
Audi 奥迪（德国—1909）
SKODA 斯柯达（捷克—1985）
SEAT 西雅特（西班牙—1950）
PORSCHE 保时捷（德国—1931）
BUGATTI 布加迪（法国—1909）

（1998）　　（2012）

JETTA 捷达（中国—2019）
Lamborghini 兰博基尼（意大利—1963）
DUCATI 杜卡迪（意大利—1926）

CUPRA CUPRA（西班牙—2021）
RIMAC RIMAC（克罗地亚—2009）

2021 年并入

TOYOTA 丰田（日本—19...）

思皓（中国—2018）　合资成立　JAC 江淮（中国—1964）

GM
（1909）　（1908）　（1918）

Cadillac 凯迪拉克（美国—1902）
BUICK 别克（美国—1904）
CHEVROLET 雪佛兰（美国—1911）
GMC 吉姆西（美国—1909）

Ford 福特（美国—1903）
MUSTANG 野马（美国—1962）
LINCOLN 林肯（美国—1917）

STELLANTIS

MERCURY 水星（美国 1938—2010）

（2009）

FCA FIAT CHRYSLER AUTOMOBILES
PSA GROUPE
（1976）

（1928）　　（1987）

CHRYSLER 克莱斯勒（美国—1925）
Jeep 吉普（美国—1941）
FIAT
PEUGEOT 标致（法国—1888）
CITROËN 雪铁龙（法国—1919）
DS 谛艾仕（法国—1955）
OPEL 欧宝（德国—1862）

DODGE 道奇（美国—1901）

（1986）　　（1969）　　（1971）　　（1969）　　（1993）

FIAT 菲亚特（意大利—1899）
Alfa Romeo 阿尔法罗密欧（意大利—1910）
LANCIA 蓝旗亚（意大利—1906）
ABARTH 阿巴斯（意大利—1950）
Ferrari 法拉利（意大利—1947）
MASERATI 玛莎拉蒂（意大利—1914）

全球十大汽车集团

　　英国品牌评估机构"品牌金融"（Brand Finance）发布了《2023 年汽车行业报告》，公布了"2023 年品牌综合价值最高十大汽车集团"榜单，依次为德国大众、日本丰田、德国奔驰、德国宝马、日本本田、美国福特、韩国现代、美国通用、中国吉利以及由法国标致雪铁龙与意大利菲亚特联合创立的总部位于荷兰的 Stellantis 集团。

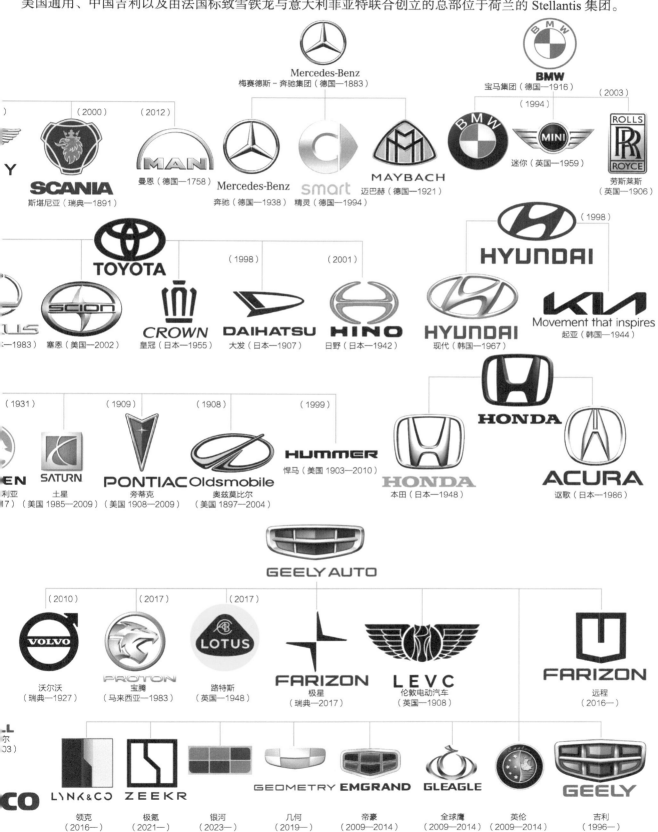

1910

阿尔法·罗密欧汽车诞生—消防车与房车问世—特种车辆

- 美国出现消防车。
- 第一辆可自行移动房车出现。
- 俄罗斯制成第一辆汽车。
- 阿尔法罗密欧成立，公司成立之初全名为"Anomina Lombarda Fabbrica AutoMobili"，简称 A.L.F.A，译为阿尔法。1914 年一位叫尼古拉·罗密欧 (Nicola Romeo) 的工程师加入阿尔法车厂，之后便将自己的名字罗密欧嵌入品牌之中，于 1920 年更名成为"Alfa Romeo"。

    特种车指用于牵引、清障、清扫、起重、装卸、升降、搅拌、挖掘、推土、压路等场景的各种轮式或履带式专用车辆，或车内装有固定专用仪器设备，从事监测、消防、清洁、医疗、电视转播、雷达、X 光检查等专业工作的车辆。

专用车辆

警车（police car）　　救护车（ambulance）

沙滩车（ATV）　　高尔夫车（golf cart）

工程车辆

混凝土搅拌车（mixer trcuk）　　混凝土泵车 (concrete pump truck)

轮式挖掘机（挖机、钩机）（excavator）　　轮式装载机（wheel loader）

| 1910 | 1919 | 1925 | 1946 | 1950 | 1972 | 1982 | 2015 |

车（fire engine）

环卫车（sanitation truck）

洒水车（sprinkler）

车（sightseeing bus）

房车（caravan）

售货车（sales vehicle）

（起重车）（crane）

矿车（mining trcuk）

叉车（fork lift）

轮式推土机（铲车）
（wheel dozer）

压路机（roller）

摊铺机（paver）

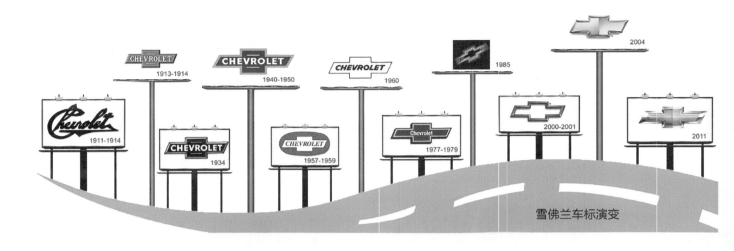

雪佛兰车标演变

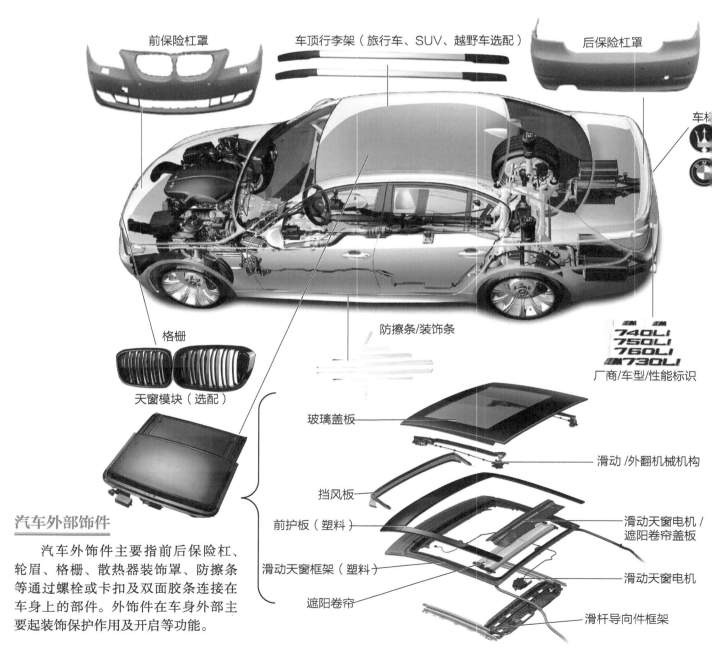

前保险杠罩

车顶行李架（旅行车、SUV、越野车选配）

后保险杠罩

车标

格栅

防擦条/装饰条

740Li
750Li
760Li
730Li

厂商/车型/性能标识

天窗模块（选配）

玻璃盖板

滑动/外翻机械机构

挡风板

前护板（塑料）

滑动天窗电机/遮阳卷帘盖板

滑动天窗框架（塑料）

滑动天窗电机

遮阳卷帘

滑杆导向件框架

汽车外部饰件

　　汽车外饰件主要指前后保险杠、轮眉、格栅、散热器装饰罩、防擦条等通过螺栓或卡扣及双面胶条连接在车身上的部件。外饰件在车身外部主要起装饰保护作用及开启等功能。

- 法国人标致设计出 4 轮制动器。
- 电灯被美国人用于汽车照明。
- 1911 年，美国底特律市的公路上首次标出中心线。
- 美国举行 500 英里汽车赛，获胜者的汽车上首次安装了后视镜。
- 1910 年，通用汽车公司（GM）的创始人威廉·杜兰特（William Durant）邀请瑞士赛车手兼工程师路易斯·雪佛兰（Louis Chevrolet）为他设计一款面向大众的汽车。1911 年 11 月 3 日，雪佛兰汽车公司诞生了。第一辆雪佛兰汽车"classic six"于 1912 年在底特律面市。

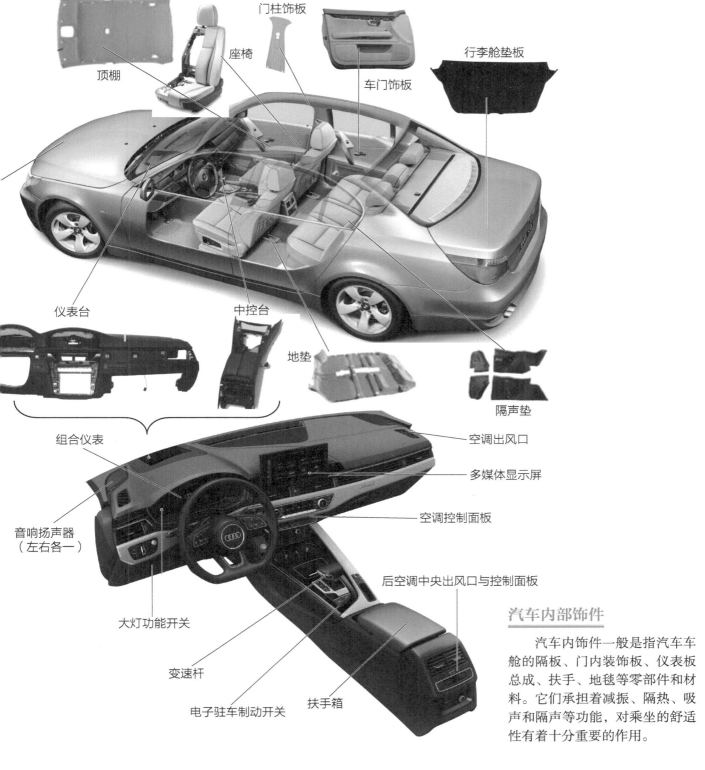

汽车内部饰件

汽车内饰件一般是指汽车车舱的隔板、门内装饰板、仪表板总成、扶手、地毯等零部件和材料。它们承担着减振、隔热、吸声和隔声等功能，对乘坐的舒适性有着十分重要的作用。

- 自动起动器在卡迪拉克汽车上被首次装用。
- 轮胎材料中加炭黑可以提高耐磨性的实验获得成功。

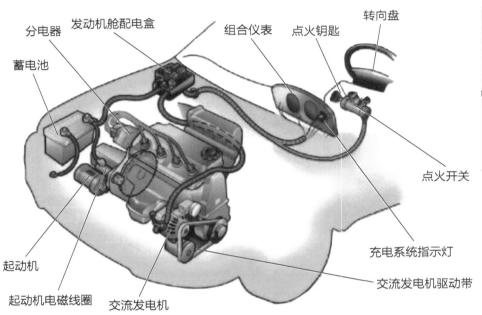

轮胎的主要原材料是天然橡胶或合成橡胶、钢帘线、帘子布和炭黑。废旧轮胎经过废旧轮胎炼油设备的裂解之后，得到的产物主要是燃油，炭黑和钢丝。

汽车起动系统

起动机后盖壳

电刷架

起动机外壳

电枢

齿轮盖

单向离合器

驱动端外壳

电磁开关

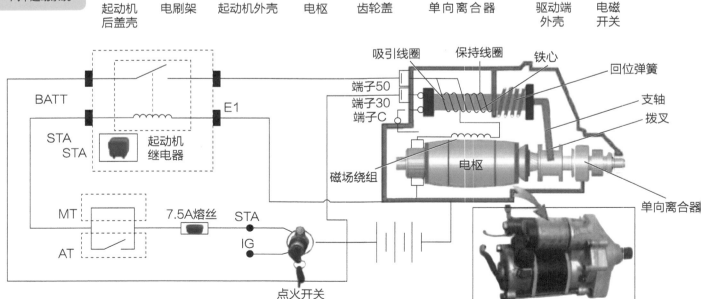

起动机总成

起动系统将储存在蓄电池内的电能转换为机械能，要实现这种转换，必须使用起动机。起动机的功用是由直流电动机产生动力，经传动机构带动发动机曲轴转动，从而实现发动机的起动。起动系统包括以下部件：蓄电池、点火开关（起动开关）、起动机总成、起动继电器等。

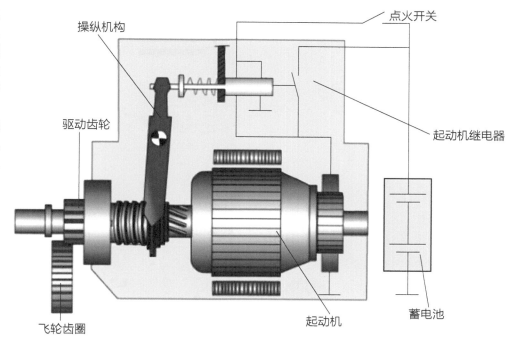

操纵机构　点火开关

驱动齿轮　起动机继电器

飞轮齿圈　起动机　蓄电池

汽车起动机

起动机可以将蓄电池的电能转化为机械能，驱动发动机曲轴旋转实现发动机的起动。发动机借助外力由静止状态过渡到能自行运转的过程，称为发动机的起动。起动机是起动系统的核心部件。起动机由直流串励电动机、传动机构和控制装置三大部分组成。电动机包括必要的电枢、换向器、磁极、电刷、轴承和外壳等部件。

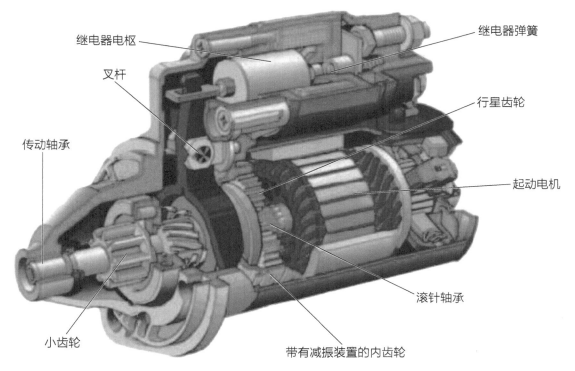

继电器电枢　继电器弹簧

叉杆　行星齿轮

传动轴承　起动电机

小齿轮　滚针轴承

带有减振装置的内齿轮

1913 阿斯顿－马丁汽车诞生—四门轿车—车门数量与类型

莱昂内尔·马丁（Lionel Martin）和罗伯特·班福德（Robert Bamford）于 1913 年在英国伦敦创建阿斯顿－马丁公司。"阿斯顿"来源于该公司最初成功的赛车项目——阿斯顿山爬坡赛（Aston Hill Climb）。

1921 1927 1930

1932 1939 1950

1972 1984 2003

欧翼门

1954 年，梅赛德斯奔驰推出了首款采用鸥翼门设计的车型——300SL Gullwing Coupe。

剪刀门

1974 年上市的兰博基尼 Countach 为首款量产的拥有剪刀门设计的跑车，首款拥有该设计的车型为阿尔法罗密欧概念车型 Carabo，由马赛罗·甘迪尼在 1968 年设计。

滑动门

滑动门也称滑门，分向后（常见）和向下（极少用如宝马 Z1）滑动方式，一般应用于 MPV 车型，小型车标致 1007 也采用了滑门设计。

后铰链式车门

后铰链式车门前后车门为对开的方式。对开门一般使用前门压合后门的开闭方式，也就是打开车门时要先开前车门，关闭时要先关后车门。

对

侧对开门 + 后对开门
宝 马 MINI Clubman 车门与尾门采用对开门。

- 四门轿车问世。
- 曲面风窗玻璃问世。
- 汽车前大灯被置于挡泥板上。
- 海湾石油在美国匹兹堡建造了第一座非路肩加油站。
- 汽车销售首次采用分期付款。

2021

- 世界上出现了第一款车内装有电力系统的车型——蓝旗亚 Theta。电气装置包括一个脚踏式电起动器、两个头灯、一台美国凯特林发电机、两个行车灯、仪表板灯和一个尾灯。

蓝旗亚 Theta

蝴蝶门

1967 年投产的阿尔法罗密欧 Tipo 33 Stradale 由佛朗哥·斯卡格里翁（Franco Scaglione）设计出了第一款蝴蝶式车门。

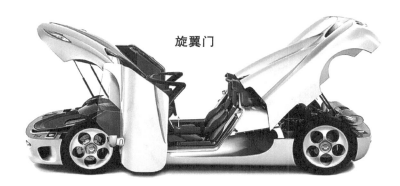

旋翼门

旋翼门全称为双面同步螺旋门，由科尼赛克创始人克里斯蒂安·冯·科尼赛克创制，并获取了专利。此设计成为了该品牌跑车的标准配置。

前开门（单门）

宝马 ISETTA 采用前开式车门，并且为单门设计。

侧对开门 + 顶翼门

高合电动汽车设计的六门车型首创对开门（四门）加展翼门（两门）的打开方式。

加长车

加长六门车型：一些豪华品牌的特制加长车型采用了六门车身，如奔驰生产的 E 级轿车。

- 全钢车身的道奇牌汽车问世。
- 英国生产双层客车。
- 云母质绝缘体的火花塞在英国问世。
- 底特律出现第一个管理交通的停止信号灯。

1914 年，玛莎拉蒂兄弟（Maserati Brothers）七个在意大利创立了玛莎拉蒂公司，由老三 Alfieri Maserati 领导公司运营，1926 年热爱艺术的老六马里奥·玛莎拉蒂（Mario Maserati）以海神波塞冬（希腊神话人物）手中的武器三叉戟为原型，设计出象征玛莎拉蒂的"三叉戟"标志。

马车式车身材料以木材为主，辅以钢作为安装支架。

箱式车身材料以钢材为主，自 1925 年福特推广 T 型车开始，使用全钢非承载式车身，随着材料的改变，之前的螺纹与铆钉连接也改为焊接方式生产。

在节能减排的大趋势下，汽车轻量化越来越受到重视，1994 年量产的奥迪 A8 轿车采用了由奥迪汽车公司和 Alcoa 铝业公司联合开发的全铝空间框架车身，成为世界上第一辆全铝车身的汽车。这种框架车身由挤压成型的中空构件组成，每个元件都是承载的实体，在拐角和焊接处则采用压铸件结点连接。这种全新的车身结构使得白车身重量降低了约 40%。

玻璃钢车身汽车

铝合金车身（奥迪）

碳纤维增强塑料车身（保时捷）

1926

1937

1943

1951

1954

海神波塞冬雕像

1983

1985

1997

2006

2020

1922 年，蓝旗亚 Lambda 首次采用了一体化车身结构、前独立悬架、承载式全金属车身，奠定了新时代（现代）轿车的构造模式，承载式车身结构是由文森卓·兰西亚于 1925 年发明的，将车身和车架合二为一。

049 年，世界上第一个由革命性的新型"神材料"——玻璃纤维增强塑料（GFRP，也为玻璃钢）制成的汽车车身出现了。这款具 GFRP 车身的汽车型号为 Glasspar G2，美国加州的 Bill Tritt 公司于 1949 年制造。

现代汽车车身结合不同金属的特性与车身安全及轻量化的要求，采用不同材料进行组装。

铝板材　热成型高强度钢　镁合金
挤压铝　钢材
铸造铝　碳纤维增强塑料

T 型箱式轿车面世—汽车车身类型

- 新型的福特 T 型车在美国上市，由于方方正正的车身看起来像一个大箱子，所以福特 T 型车被称为箱型汽车。这种车身形式这种车身形式被福特命名为 Sedan，真正确立了完整轿车车身的概念。

集机舱、驾乘舱、货舱为一体

单厢车

船形车身（boat type car）

机舱（发动机 / 电机，有的纯电动汽车设有前备舱）

集驾乘舱、行李舱为一体

两厢车（hatchback）

流线型车身汽车

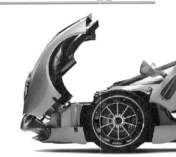

蛋型 / 气泡型车身（egg car）

机舱　　驾乘舱　　行李舱

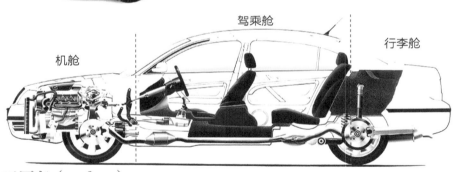

三厢车（sedan）

高性能跑车

超级跑车（supercar）

掀背型轿车

- 可拆卸式轮辋代替了嵌入式轮辋。

鱼形车身（fish type car）

楔形车身

泪滴形车身

甲壳虫型车身（beetle car）

敞篷车（convertible）

硬顶（敞篷）车（hardtop）

软顶（敞篷）车（cabriolet）

早期箱型车身汽车

运动车（跑车）（sports car）

1916

宝马汽车、五十铃汽车诞生—刮水器的历史

- 倾斜式风窗玻璃流行，手动刮水器被装于汽车。
- 美国人开始使用停车灯。
- 1916 年 3 月 7 日，宝马公司在慕尼黑正式成立。
- 1916 年在日本东京都品川区成立的东京石川岛造船所。1922 年开始与英国沃斯利（Wolseley）合作生产 A9 型轿车，是日本历史最悠久的汽车制造商；1933 年与达持汽车公司合并。1937 年又与东京煤气电力工业公司、京都国产公司合并为东京汽车工业公司；1949 年改称为五十铃汽车公司。

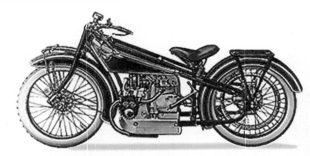

1923 年宝马第一部原厂代号 R32 的摩托车诞生。

1903 年美国亚拉巴马州的玛丽 · 安德逊女士发明手动刮水器。1917 年，一位名叫夏洛特·布里奇福德的女性发明了一种由电力驱动的刮水器并获得发明专利。直到 1923 年，电动刮水器才正式在汽车上安装，其最终的发明权被博世公司获得，并将 1927 年 5 月作为正式发明时间。

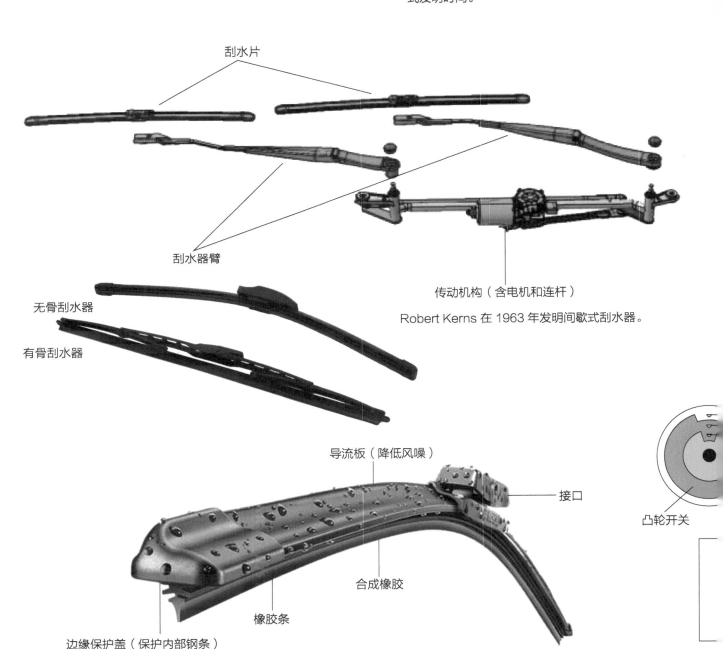

刮水片

刮水器臂

传动机构（含电机和连杆）

Robert Kerns 在 1963 年发明间歇式刮水器。

无骨刮水器

有骨刮水器

导流板（降低风噪）

接口

凸轮开关

合成橡胶

橡胶条

边缘保护盖（保护内部钢条）

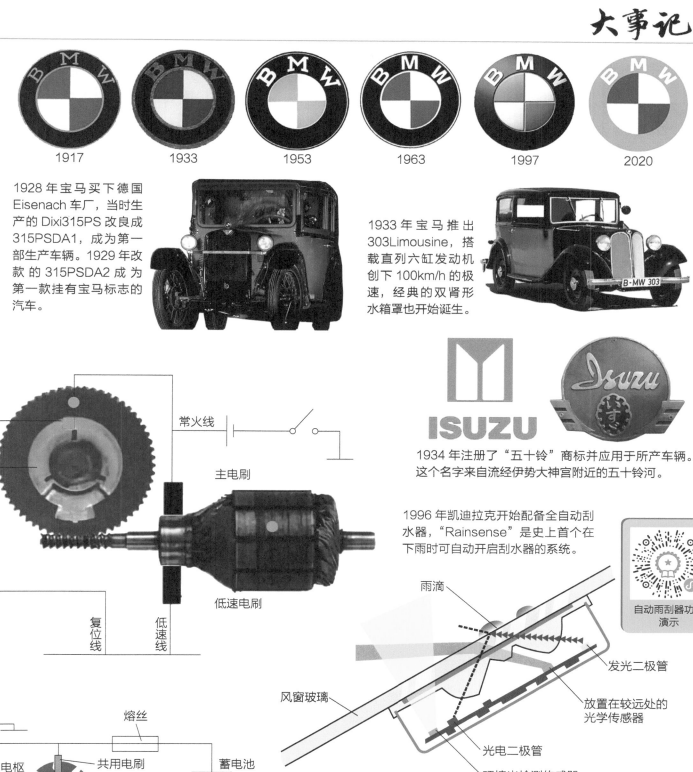

1917　1933　1953　1963　1997　2020

1928年宝马买下德国Eisenach车厂，当时生产的Dixi315PS改良成315PSDA1，成为第一部生产车辆。1929年改款的315PSDA2成为第一款挂有宝马标志的汽车。

1933年宝马推出303Limousine，搭载直列六缸发动机创下100km/h的极速，经典的双肾形水箱罩也开始诞生。

常火线

主电刷

低速电刷

复位线

低速线

1934年注册了"五十铃"商标并应用于所产车辆。这个名字来自流经伊势大神宫附近的五十铃河。

1996年凯迪拉克开始配备全自动刮水器，"Rainsense"是史上首个在下雨时可自动开启刮水器的系统。

自动雨刮器功能演示

雨滴

发光二极管

风窗玻璃

放置在较远处的光学传感器

光电二极管

环境光检测传感器

自动刮水器安装有雨量传感器，布置在汽车前风窗玻璃后面中上位置，车身控制器根据落在玻璃上雨水量的大小（传感器检测信号）来调整刮水器的动作。

熔丝

电枢

共用电刷

蓄电池

高速电刷

低速电刷

开关

0　1　2

汽车刮水器普遍采用快速档、慢速档和间歇控制档。间歇控制档一般是利用电机的回位开关触点与电阻电容的充放电功能使刮水器按照一定周期刮扫，即每动作一次停止2~12s时间。有些车辆的刮水器还装有电子调速器，调速器附带感应功能，可以根据雨量的大小自动调节雨臂的摆动速度，雨大刮水臂转得快，雨小刮水臂转得慢，雨停刮水臂也停。

1917

三菱汽车、林肯汽车诞生—飞行汽车

- 1917 年林肯汽车公司成立。
- 汽车制造工人夏洛特·布里其福德发明了一款电动刮水器，并在当年申请了专利技术。
- 美国航空先驱格伦·柯蒂斯（Glenn Curtiss）制造一辆飞行汽车。

1917 年，美国人亨利·利兰建立了一家生产 V12 飞机发动机的公司，出于对已故林肯总统的敬意，他将公司命名为林肯。

1917 年，美国航空先驱格伦·柯蒂斯（Glenn Curtiss）建造了一种新型交通工具——Autoplane，它的主体部分是一辆四轮汽车，尾部安装了三层 12.2m 机翼，尾部的四叶螺旋桨推进器则由汽车 100hp 的发动机驱动。这辆飞行汽车并没有真正飞上天空，只是实现了短距离的飞行式跳跃。

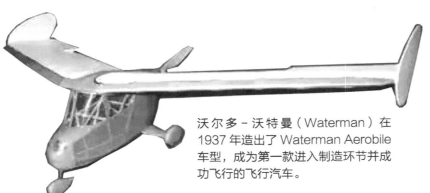

沃尔多 - 沃特曼（Waterman）在 1937 年造出了 Waterman Aerobile 车型，成为第一款进入制造环节并成功飞行的飞行汽车。

1946 年，工业设计师 Henry Dreyfuss 设计发明了可拆卸式飞行汽车，乘坐单元为一辆可乘坐 4 人的完整汽车，平时可以在陆地上奔跑，起飞时只需将机翼和汽车合体即可完成飞行。

2006 年，Terrafugia 公司设计制造了拥有可折叠机翼的飞行汽车。

穆勒国际公司在 2003 年设计制造了 sky car M400。车身四周拥有四个巨大的可以转换方向的螺旋桨推进器，使汽车可以垂直起降。其飞行时速可达 600km/h，最大飞行高度为 8840m。

荷兰飞行汽车制造商 PAL-V 生产的飞行汽车 PAL-V Liberty 已获得批准可在欧洲道路上行驶，这是全球首辆获批上路的飞行汽车。

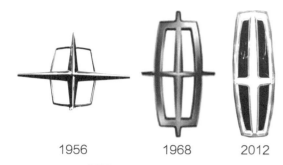

1956　1968　2012

1922 年，亨利·福特收购了林肯汽车公司，并委任其独子埃德塞尔·福特为林肯首任董事长。

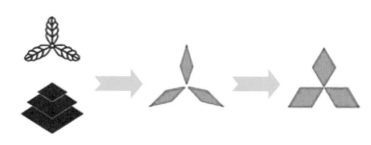

三菱造船株式会社，借鉴菲亚特 A33 制造了 22 台三菱 A 型汽车，这是日本历史上第一款量产车型。

三菱起源于 1870 年岩崎弥太郎创立的九十九商会，1872 年改为三川商会，1873 改为三菱商会，标志由岩崎弥太郎家族标志"三段叠"和当时土佐藩藩主山内家族标志"三柏叶"组合而来的。

1949 年，被誉为现代飞行汽车先驱的莫顿·泰勒设计制造了一款名为 Aerocar 的飞行汽车，这是世界上首款最接近量产的飞行汽车，设计采用一个可拖曳的可折叠式后机尾，可以方便地与机头驾驶舱连接、拆解。

飞行汽车
AeroMobil 3.0

2014 年斯洛伐克 AeroMobil 公司第四代飞行汽车原型 AeroMobil 3.0 正式亮相。AeroMobil 3.0 外观像一个汽车配上可折叠的飞行机翼、尾翼和螺旋桨，车身长度超 6m，宽度达 2.24m，可以停在普通停车位里，折叠机翼完全打开则有 8.32m 长。飞行状态可续航 700km，最高时速可达 200km/h。汽车模式可续航 875km，最高时速可达 160km/h。

截至 2021 年，全球范围内已有超过 200 家企业或机构在研发电动垂直起降飞行器（electric Vertical Take-off and Landing，eVTOL）产品，共有约 420 种型号。2023 年 1 月 30 日，小鹏汽车旗下生态企业小鹏汇天宣布，旗下飞行汽车产品航旅者 X2 正式获得特许飞行证；2 月 6 日，吉利科技宣布旗下飞行汽车制造商沃飞长空完成了兔年第一飞。在城市地面交通日益拥堵的当下，城市空中交通（Urban Air Mobility，UAM）被视为一种新的出行方式，越来越受到人们的关注。

- 雪佛兰与通用公司合并。
- 美国人麦克姆·罗西德制成四轮液压制动器并获专利。

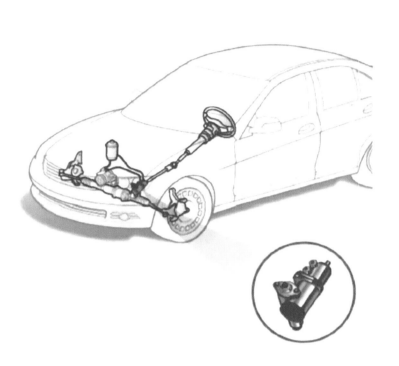

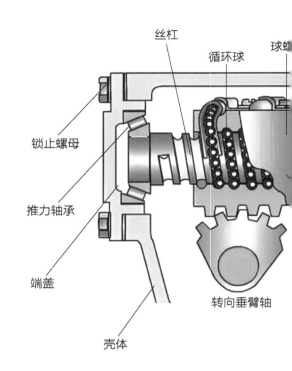

丝杠
循环球
球蜗
锁止螺母
推力轴承
端盖
壳体
转向垂臂轴

循环球式转向机构

　　循环球式转向器由两个传动副组成，即螺杆螺母传动副和齿条齿扇传动副，在螺杆螺母传动副间装有钢球，变滑动摩擦为滚动摩擦。当转动转向盘时，即转动转向螺杆、通过钢球带动转向螺母轴向移动，经转向螺母的齿条与转向摇臂轴齿扇，使转向摇臂轴摆动，并通过转向机构改变前轮方向，使汽车转向。

循环球式转向机构

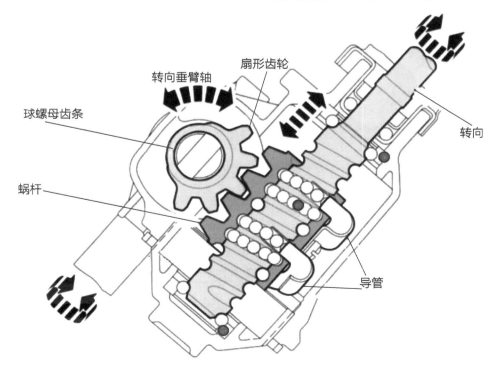

转向垂臂轴
扇形齿轮
球螺母齿条
蜗杆
转向
导管

- 1918 年英籍德国人阿克曼申请平行连杆式转向机构专利，后来法国人琼特将其改为梯形连杆式。

齿轮齿条式转向机构

齿轮齿条式转向器主要由小齿轮、齿条、调节螺钉、壳体和齿条导向块等组成。带电动助力功能的双小齿轮齿条式转向器还包括有 EPS 控制器、助力电机、传感器等装置。转向机的小齿轮与转向轴下端的转向齿条啮合。当转向盘转动时，转向器中的小齿轮转动，带动转向器中的齿条向转向盘转动方向移动。转向齿条的作用通过转向齿条的端部和转向杆的端部传递给转向节臂，使车轮转动。

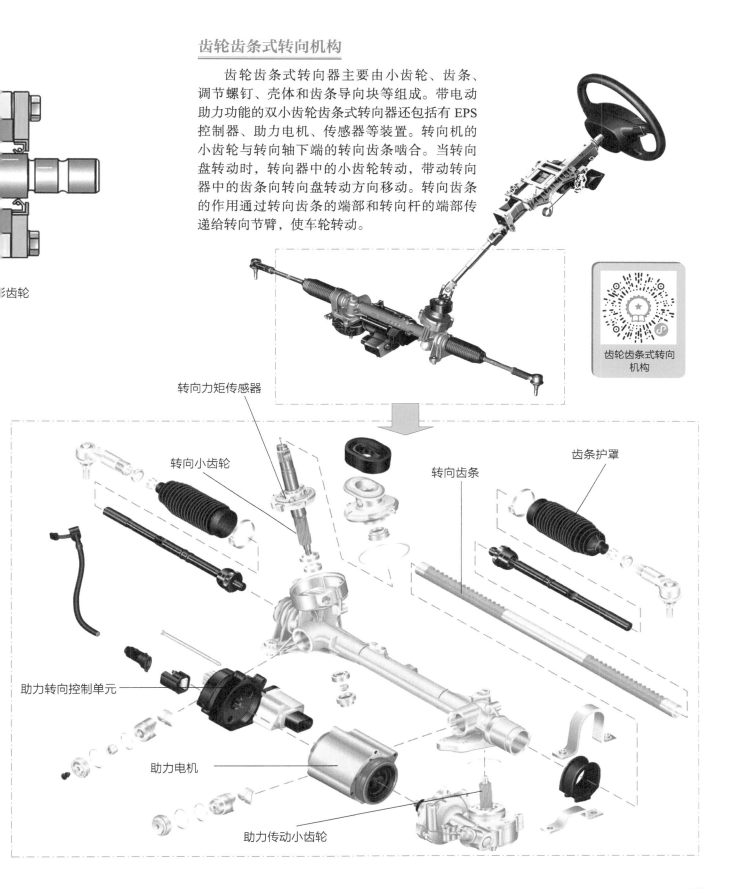

形齿轮

齿轮齿条式转向机构

转向力矩传感器

转向小齿轮

齿条护罩

转向齿条

助力转向控制单元

助力电机

助力传动小齿轮

1919 宾利汽车、迈巴赫汽车、雪铁龙汽车诞生

安德烈·雪铁龙
（1878—1935）

华特·欧文·宾利先生（Walter Owen Bentley）出生于 1888 年。1919 年 7 月 10 日，他成立了以自己的名字"宾利"命名的公司，总部位于英国克鲁，公司自 1998 年起被德国大众汽车公司收购。

威廉·迈巴赫
（1846—1929）
1895 年迈巴赫发明了第一个四缸汽车发动机。他是戴姆勒－奔驰公司（梅赛德斯－奔驰公司前身）的三位主要创始人之一，也是世界第一辆汽车的发明者之一。

1919 年，德国威廉·迈巴赫 (Wilhelm Maybach) 与卡尔·迈巴赫 (Carl Maybach) 父子共同缔造了"迈巴赫"品牌，2014 年被奔驰公司收购。

卡尔·迈巴赫
（1879—1960）

飞驰是宾利的豪华轿车，名称最早出现于 1950 年代的 S1 Continental Flying Spur，初代车型于 2005 年推出，第三代宾利新飞驰提供 4.0T V8 发动机和 6.0T W12 发动机两种动力选择，于 2019 年 6 月发布。

添越是宾利首款量产 SUV 车型，于 2015 年 11 月推出，2018 年 1 月添加 V8 车型，2017 年 3 月推出添越穆莱纳（Mulliner）特别版。2019 年 2 月发布添越极速版搭载 6.0T W12 发动机，百公里加速时间为 3.9s。

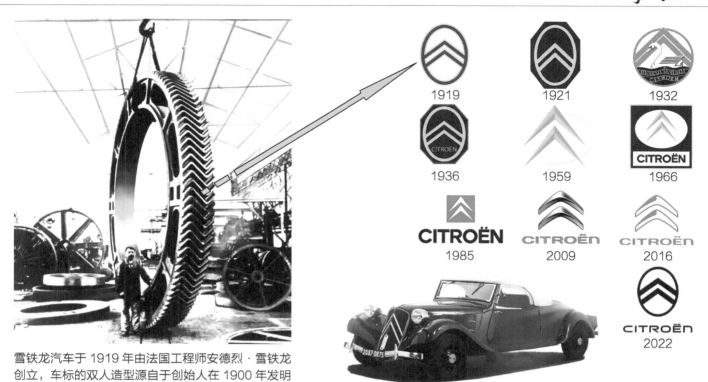

雪铁龙汽车于 1919 年由法国工程师安德烈·雪铁龙创立，车标的双人造型源自于创始人在 1900 年发明的人字形齿轮。1905 年创立了齿轮公司开始使用双人字齿轮的形状作为公司商标。

1934 年雪铁龙推出了前轴驱动车型 TRACTION AVANT，它是欧洲最早的承载式车身的量产车型。

"欧陆"名称来源于宾利 1952 年推出的 Continental R-Type。欧陆 GT 是宾利汽车在加入大众集团以来规范 2003 年设计和制造的首款新车型，搭载 W12 发动机，2017 年推出欧陆第三代车型，整体减重 80kg。

2006 年欧陆 GTC 敞篷版发布，2013 年欧陆 GT Speed 敞篷版上市。2018 年 11 月第三代全新欧陆 GT 敞篷版在中国上海首发。

- 雪铁龙和蓝旗亚公司开始采用钢板冲压盘式车轮。
- 通用公司在车内安装顶灯。
- 铃木公司是作为织布机制造商于 1920 年成立的，1952年生产首辆摩托车，1954 年，铃木汽车公司正式成立，次年，开发出首台 Suzulight 系列汽车。
- 马自达（Mazda）由松田顺次郎（Jujiro Matsuda）于1920 年创立于日本广岛。

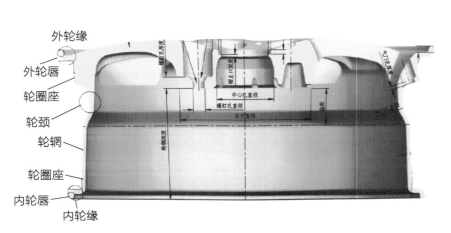

布加迪创始人埃托雷布加迪（Ettore Bugatti）于 1924 年在莫尔塞姆的铸造厂成功地用自己设计的模具铸造了铝轮、辐条以及制动鼓，并将其安装在布加迪 Type 35 上。

布加迪 Type 35

1984 年，O.Z 赛车部门在单座车 Patrese 和 Cheever 的 F1 阿尔法罗密欧 Euroracing 上安装了两片镁合金和铝合金车轮。1987 年，BBS 应法拉利一级方程式车队的要求，为其 F1 赛车打造世界上最轻的锻造轮圈。在 1992 年，成功研制出了世界上第一颗镁合金锻造轮圈。

| 1936 | 1959 | 1991 | 1992 | 1997 |

在汽车初创时期，汽车的车轮就跟自行车轮差不多，由轮轴、辐条与轮圈三个部件组成，整个车轮都是靠编织安装成型的。

20 世纪初一体式的木质的马车车轮开始成为主流。如代福特 T 型车装用木制车轮。

20 世纪 20 年代，很多汽车开始转用金属车轮，同时车轮的三个部件也不再分开，为了保证强度，它们被焊接了起来。大概从 1930 年开始，过去的辐条轮逐渐开始被钢质轮毂取代。为了美观，通常会用轮毂盖将车轴盖起来。

2015 年，福特 Shelby GT350R 标配了全球首款量产碳纤维轮毂，轮毂由澳大利亚的 Carbon Revolution 公司提供。

福特 GT350R 超级跑车

可调式汽车座椅问世—座椅结构

- 林肯汽车将转向信号装置列为标准配备。
- 镀镍技术被应用于散热器和车灯。
- 四乙基铅被发现在汽油中具有抗爆作用。
- 可调式汽车座椅问世。

腰垫调节按键

头枕上下调节

头枕仰角调节

头枕调节按键

座椅通风按

靠背调节按键

腰托调节

头枕

座椅通风风扇

坐垫通风电

座垫仰角调节

座椅前后调节

座椅上下调节

安全气囊

汽车电动座椅

靠背调节按键

座垫调节按键

座垫

随车灭火器

座椅调节电机

- 底特律设计出同步交通信号灯和高出地面的安全平台。

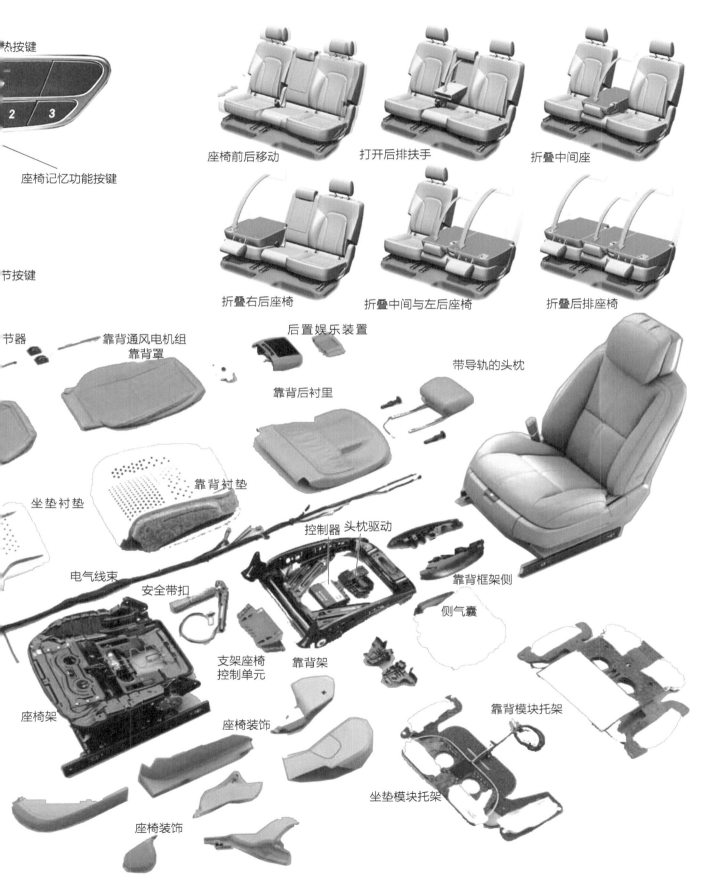

热按键

座椅记忆功能按键

节按键

座椅前后移动　打开后排扶手　折叠中间座

折叠右后座椅　折叠中间与左后座椅　折叠后排座椅

节器　靠背通风电机组　后置娱乐装置　带导轨的头枕
靠背罩
靠背后衬里
坐垫衬垫　靠背衬垫
控制器　头枕驱动
电气线束　靠背框架侧
安全带扣　侧气囊
支架座椅　靠背架
控制单元
座椅架　靠背模块托架
座椅装饰
坐垫模块托架
座椅装饰

- 空气滤清器、油量指示器被应用于汽车。
- 蓝旗亚汽车采用了 V6 发动机和四轮独立悬架装置。
- 橡胶悬挂装置在美国问世。

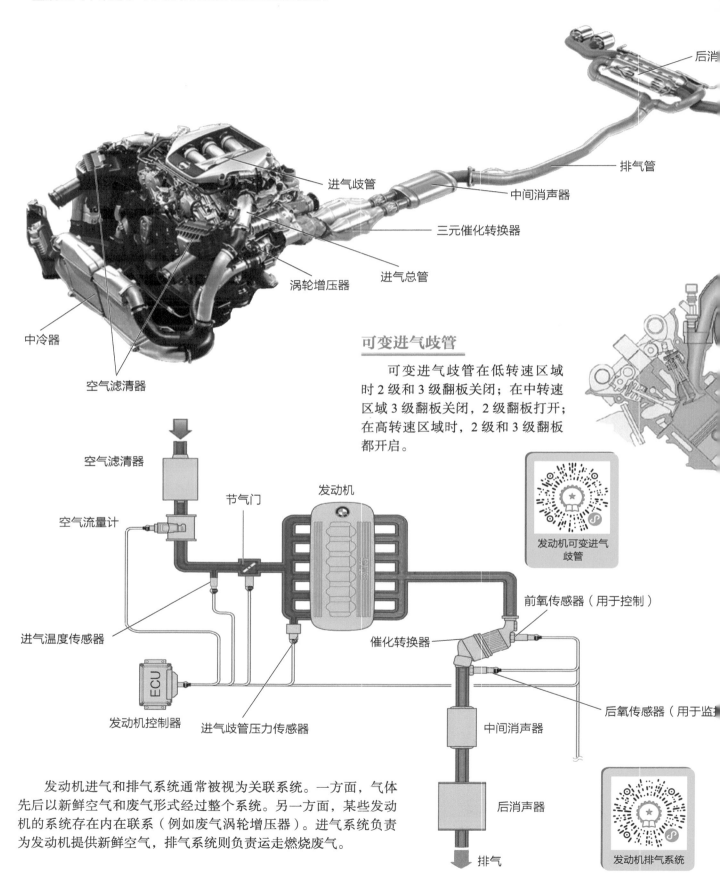

后消

排气管

中间消声器

三元催化转换器

进气歧管

进气总管

涡轮增压器

中冷器

空气滤清器

可变进气歧管

可变进气歧管在低转速区域时 2 级和 3 级翻板关闭；在中转速区域 3 级翻板关闭，2 级翻板打开；在高转速区域时，2 级和 3 级翻板都开启。

发动机可变进气歧管

空气滤清器

空气流量计

节气门

发动机

进气温度传感器

ECU

发动机控制器

进气歧管压力传感器

催化转换器

前氧传感器（用于控制）

后氧传感器（用于监

中间消声器

后消声器

排气

发动机排气系统

发动机进气和排气系统通常被视为关联系统。一方面，气体先后以新鲜空气和废气形式经过整个系统。另一方面，某些发动机的系统存在内在联系（例如废气涡轮增压器）。进气系统负责为发动机提供新鲜空气，排气系统则负责运走燃烧废气。

1922 年，英国人威廉·里昂斯与威廉·沃尔特合伙成立了 Swallow Sidecar（燕子）摩托车公司，1927 年进入汽车行业，1934 年，威廉创立了一家名叫 Sx2 的汽车公司，推出的第一辆汽车名叫 Sx2 Jaguar 100，"Jaguar" 的中文名为美洲豹。2008 年，捷豹被印度塔塔集团收购。

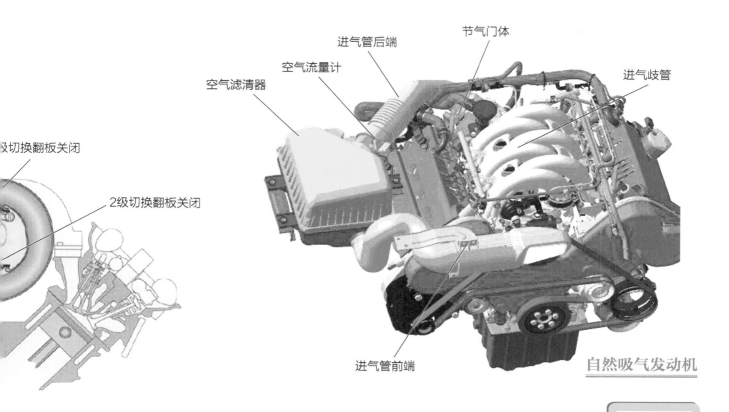

级切换翻板关闭

2 级切换翻板关闭

空气滤清器

空气流量计

进气管后端

节气门体

进气歧管

进气管前端

自然吸气发动机

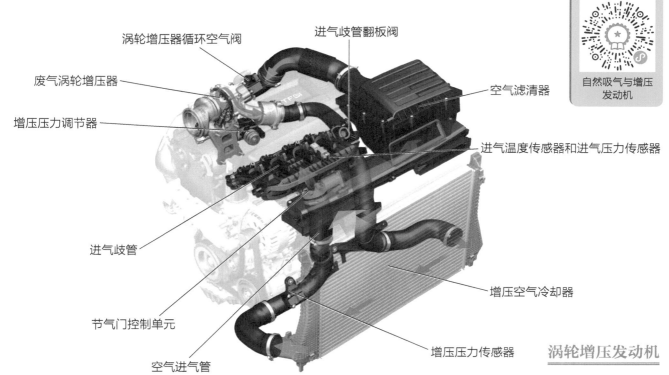

涡轮增压器循环空气阀

废气涡轮增压器

增压压力调节器

进气歧管

节气门控制单元

空气进气管

进气歧管翻板阀

空气滤清器

进气温度传感器和进气压力传感器

增压空气冷却器

增压压力传感器

涡轮增压发动机

自然吸气与增压发动机

机油滤清器发明—发动机润滑系统

- 奔驰公司生产出第一辆柴油载货车。
- 戴姆勒公司发明自动喷漆装置。

发动机润滑系统由机油滤清器、机油泵、机油压力传感器、机油液位传感器（部分发动机配备）等组成，其主要作用是向运动的零件表面输送定量的润滑油，减小摩擦阻力、减轻机件磨损，并对零件表面进行清洁和冷却。

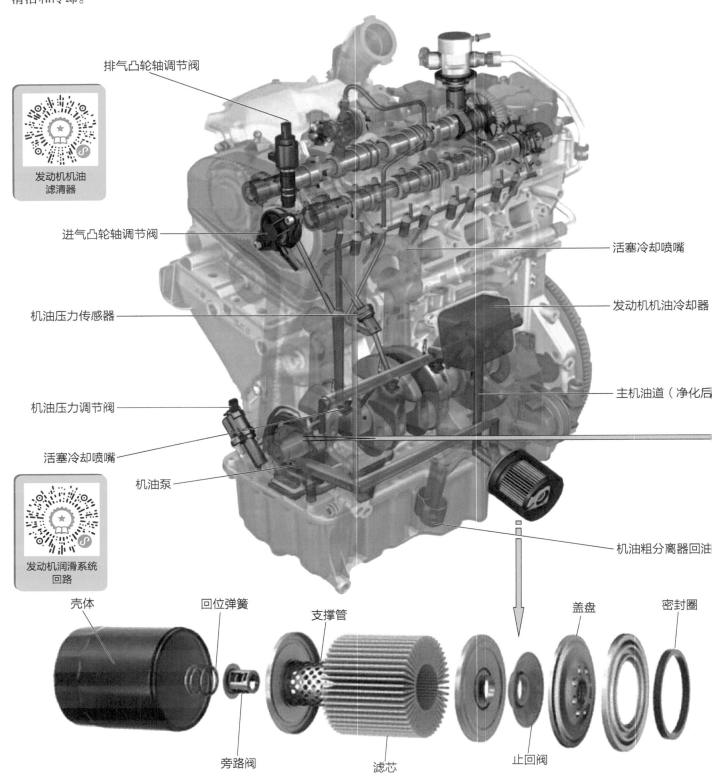

发动机机油滤清器

发动机润滑系统回路

排气凸轮轴调节阀

进气凸轮轴调节阀

机油压力传感器

机油压力调节阀

活塞冷却喷嘴

机油泵

活塞冷却喷嘴

发动机机油冷却器

主机油道（净化后

机油粗分离器回油

壳体　　回位弹簧　　支撑管　　　　　　　　　　　盖盘　　密封圈

旁路阀　　　　滤芯　　　　止回阀

- 菲亚特公司推出可调式方向盘。
- 美国发明家 George Greenhalgh 和 Ernest Sweetland 发明了机油滤清器。

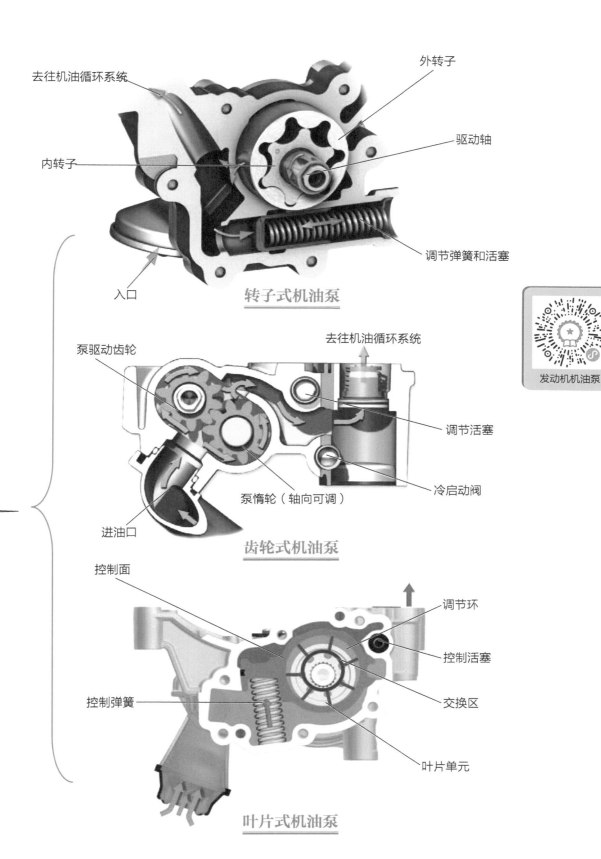

去往机油循环系统

外转子

内转子

驱动轴

调节弹簧和活塞

入口

转子式机油泵

泵驱动齿轮

去往机油循环系统

调节活塞

冷启动阀

泵惰轮（轴向可调）

进油口

齿轮式机油泵

控制面

调节环

控制活塞

交换区

控制弹簧

叶片单元

叶片式机油泵

发动机机油泵

1924 MG（名爵）汽车诞生—离合器减振器—汽车离合器

- 杜邦公司推出新型快干漆。
- 富兰克林研制出离合器中的减振装置。
- 莫来石瓷质绝缘体的火花塞在美国问世。
- 博世公司开始生产电动刮水器。
- 双丝式前照灯问世。
- 第一条收费公路在意大利通车。

干式双离合

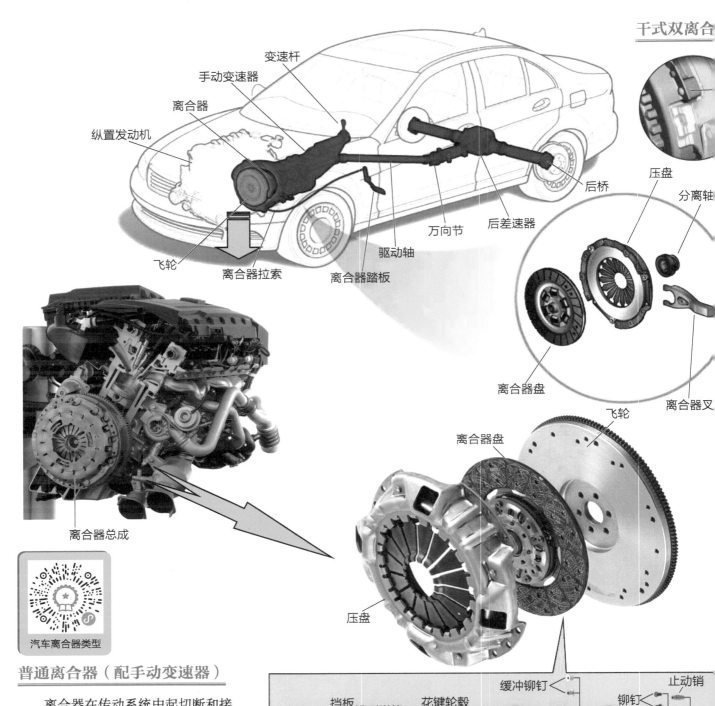

变速杆
手动变速器
离合器
纵置发动机
飞轮
离合器拉索
离合器踏板
驱动轴
万向节
后差速器
后桥
压盘
分离轴
离合器盘
离合器叉
飞轮
离合器盘
离合器总成
压盘

汽车离合器类型

缓冲铆钉
止动销
铆钉
挡板
锥形弹簧
摩擦片
花键轮毂
拉力弹簧
摩擦垫圈
摩擦片
缓冲片
摩擦片
离合器片

普通离合器（配手动变速器）

离合器在传动系统中起切断和接通动力流的作用，一般安装于发动机飞轮与变速器之间。手动变速器常用干式摩擦离合器；双离合器变速器多用湿式双离合器，也有部分采用干式双离合器；自动变速器及无级变速器的离合装置多为带锁止离合器的液力变矩器。

威廉·莫里斯（William Morris）于 1910 年建立了莫里斯车行——MG（Morris Garages）。塞西尔·金伯（Cecil Kimber）于 1923 年执掌 MG 后，将 MG 作为自己设计的第一款车的名称，并以八角形徽章作为车标。1924 年 MG 汽车品牌正式创立。2007 年南京汽车集团收购 MG 成立名爵品牌，后被上汽集团并购。

1924 首款量产车 14/28

双质量飞轮

湿式双离合器

衬片

内离合器支架1

离合器1

钢片

外离合器片支架2

双离合器变速箱（DSG）

普通离合器

离合器片支架1　泵轮　离合器片组2　导轮　离合器片组2的卡环　涡轮　离合器片组1　锁止离合器　从动盘　壳体　从动盘卡环

液压变矩器

带锁止离合器的液力变矩器（配自动变速器）

1925 克莱斯勒汽车诞生、五座汽车问世—汽车座位数

- 克莱斯勒公司成立。
- 奥兹莫比尔 5 座汽车问世。

1925 年，沃尔特 · 克莱斯勒（Walter P. Chrysler）部收购马克斯威尔 – 查默斯汽车公司重组并更名为克莱斯勒汽车公司（Chrysler Corporation）。

1930

驾驶位

迈凯伦 F1
（双门三座）

迈凯伦 F1 车型驾驶位设计于正中位置，两旁为乘员位。

双门三座敞篷跑车

双门两座敞篷跑车

典型四门五座轿车

双门四座敞篷跑车

1980

1990

1993

2008

2009

五门双排六座汽车

驾驶位

Walter P . Chrysler
1875-1940

1928 年，克莱斯勒收购道奇兄弟公司（Dodge）和顺风（Plymouth）公司成为美国第三大汽车公司（仅次于通用和福特），2009 年与意大利菲亚特公司合并，如今与法国 PSA 集团合并成为 Stellantis 汽车集团。

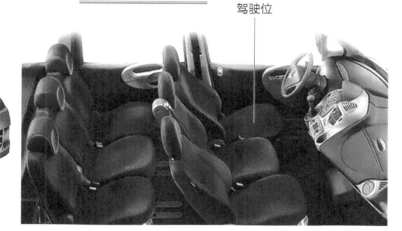

五门六座 SUV 或 MPV

五门八座 SUV 或 MPV

五门七座 SUV 或 MPV

- 奔驰公司与戴姆勒公司合并，开始生产梅赛德斯 – 奔驰牌汽车。
- 凯迪拉克公司使用防碎玻璃。

奔驰公司（BENZ）

早期奔驰公司商标为"ORIGINAL BENZ"（直译为"原版奔驰"）加上齿轮形外廓。

1893

在赛车运动中，月桂花环是给获胜车手的奖励，以此代表奔驰汽车在赛事中取得的荣誉。

1888 年 8 月，奔驰夫人贝莎·奔驰带着两个儿子，驾驶经过反复改进的奔驰汽车，从德国曼海姆出发进行"路试"。这也是历史上首次汽车长途旅行，全程约 100km。

奔驰夫人的自驾游

贝莎·奔驰

1878 年起，卡尔·奔驰着研制燃气驱动式二冲程发动机 1882 年 10 月，卡尔·奔驰股份制公司形式创立了曼海燃气发动厂；1883 年 1 月，尔·奔驰离开该公司，与人联创立了奔驰公司莱茵燃气发动厂（1899 年改名为奔驰公司 1906 年，卡尔·奔驰在拉登（Ladenburg）创办卡尔·奔父子公司。

卡尔·奔驰
（*1844—1929*）

1909

大客户女儿梅赛德斯（*Mercedes*）

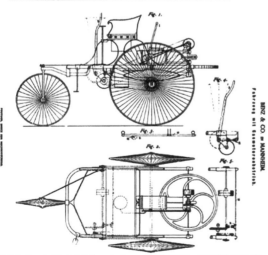

KAISERLICHES PATENTAMT.

PATENTSCHRIFT

№ 37435

KLASSE 46: LUFT- UND GASKRAFTMASCHINEN.

BENZ & CO. IN MANNHEIM.
Fahrzeug mit Gasmotorenbetrieb.

1886 年 1 月 29 日，卡尔·奔驰凭借"搭载汽油发动机的汽车"获得 DRP 37435 号专利。

1926 年 6 月 28 日，奔驰（Benz & Cie.）与戴姆勒（DMG）两家公司正式合并为"戴姆勒 – 奔驰"（Daimler-Benz AG）公司，新公司生产的汽车产品被命名为"梅赛德斯 – 奔驰"（Mercedes-Benz）。新版标志融合了两家公司合并前各自标志中的主要元素。

MERCEDES BENZ

192

Mercedes-

"简化版"标志上没有任何文字，1989 年又经过了一次立体化的处理，样式不变。

1933

- 美国研制出汽油辛烷值测定表，使汽油的抗爆性有了衡量标准。
- 瑞士人布希（A. Buchi）提出了废气涡轮增压理论，利用发动机排出的废气能量来驱动压气机，来为发动机增压。

戴姆勒公司（DMG）

公司商标是其名称 "Diamler-Motoren-Gesellschaft" 的缩写 "DMG"。

1899

姆勒公司最大客户埃米·杰利内克（奥匈帝国商）提出定制要求：用他女儿名字梅赛德斯（Mercedes，自西班牙语，有幸福的含）来命名新车。

CEDES

1902

"三叉星"标志表示戴姆勒本人在海、陆、空各个领域发展的抱负。

1909

1916

带花环底座的立标。

戈特利布·戴姆勒（1834—1900）

威廉·迈巴赫（1846—1929）

新版本的三叉星标志加上了一个圆形外圈，并在圆环底部加入 "MERCEDES" 字样，同时在圆环的其余空白位置分别加入四颗小的 "三叉星"。

1926 年生产的 8/38HP。

1890 年 11 月 28 日，戴姆勒与马克斯·杜滕霍费尔（Max Duttenhofer）及其商业伙伴威廉·洛伦兹（Wilhelm Lorenz）共同创立戴姆勒汽车公司（Daimler-Motoren-Gesellschaft），迈巴赫被任命为戴姆勒汽车公司技术总监。

1864 年，戴姆勒与威廉·迈巴赫相识。1884 年，与威廉·迈巴赫合作开发出如今被称为 "祖父钟"（Grandfather Clock）的内燃发动机。

1900 年，戴姆勒公司推出第一辆以 "梅赛德斯" 为品牌的汽车。

1927 真空自动增压器问世—机械增压器

- 真空自动增压器问世。
- 通过采用在钢制部件中充填毛织物和射流消声的方法使汽车得以消声。

机械增压器是一种强制性容积置换泵，简称容积泵。它与涡轮增压器一样，可以增加进气管内的空气压力和密度，往发动机内压入更多的空气，使发动机每个循环可以燃烧更多的燃油，从而提高发动机的升功率和平均有效压力，使汽车动力性、燃油经济性和排放都得到改善。

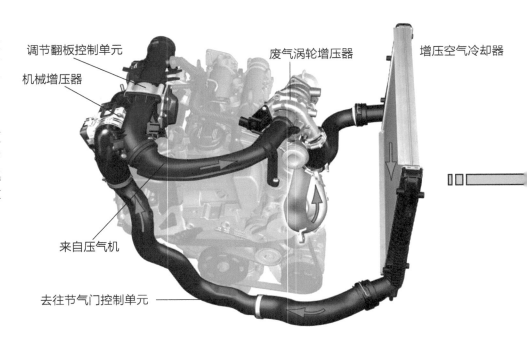

调节翻板控制单元
机械增压器
废气涡轮增压器
增压空气冷却器
来自压气机
去往节气门控制单元

废气涡轮增压器

机械式增压器

空气滤清器

增压模块（罗茨式增压器）

空气冷却器

"罗茨式增压器"这个名称来源于 Philander 和 Francis Roots 兄弟。罗茨式增压器的结构形式就是旋转活塞式机构，按容积泵原理工作，无内部压缩。压气机模块（罗茨式增压器）内集成有罗茨式鼓风机和增压空气冷却系统，1900 年，Gottleib Daimler（戴姆勒汽车的创始人）首次在汽车发动机中安装了罗茨式机械增压器。

- 液力制动器问世。
- 在美国出现第一台汽车空调装置，实际上只能对车舱内供暖。

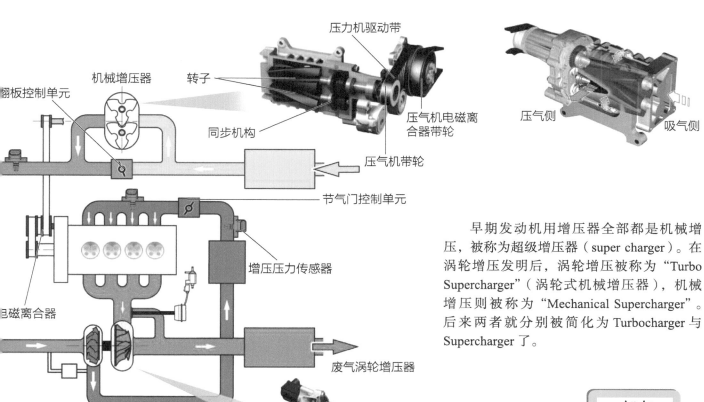

压力机驱动带
机械增压器
翻板控制单元
转子
同步机构
压气机电磁离合器带轮
压气机带轮
压气侧
吸气侧
节气门控制单元
增压压力传感器
电磁离合器
废气涡轮增压器

早期发动机用增压器全部都是机械增压，被称为超级增压器（super charger）。在涡轮增压发明后，涡轮增压被称为"Turbo Supercharger"（涡轮式机械增压器），机械增压则被称为"Mechanical Supercharger"。后来两者就分别被简化为 Turbocharger 与 Supercharger 了。

双增压（涡轮增压＋机械增压）发动机

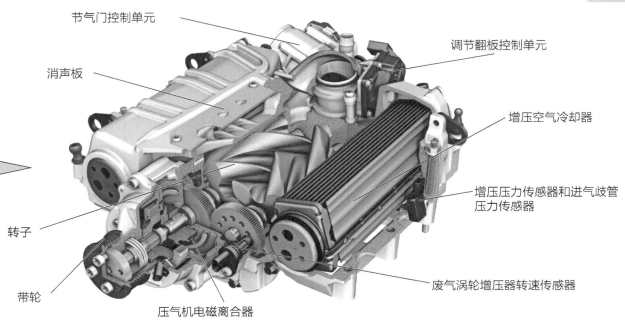

节气门控制单元
调节翻板控制单元
消声板
增压空气冷却器
增压压力传感器和进气歧管压力传感器
转子
废气涡轮增压器转速传感器
带轮
压气机电磁离合器

1928 福特 A 型车风行—同步变速器

- 福特 A 型车取代了风靡全球的 T 型车。
- 宝马汽车问世。
- 同步变速器用于凯迪拉克汽车。

1927 年 12 月，福特 A 型车正式发布。1932 年 3 月停产，其产量超过了 485 万辆。

福特 A 型车
生产线

挂入档位时滑动套筒必须滑动到换档齿轮的离合器花键上。同步器的任务是在待切换齿轮和滑动套筒之间形成同步。为此，在换档过程开始时将一个或多个涂有涂层的同步环压到摩擦圆锥上。相应的摩擦平衡齿轮的转速，完成档位切换。

限位钢球

同步器齿套

外侧同步环

中间同步环

内侧同步环

同步器齿毂

同步齿轮

变速器同步器

换档拨

---

①中立 — 同步器齿套

②初期同步 — 同步环

③同步完了 — 同步齿轮

④2次结合 — F

⑤啮合完了

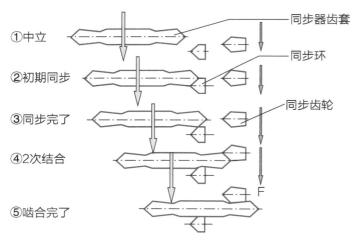

一档换档齿轮及离合器花键　隔环　锁块

内环

同步环和锁止花键

同步体

内环

同步环和锁止

摩擦圆锥　隔环

与单锥面锥形件系统相比，三锥同步器具有明显更大的摩擦面积。因为具有更大的导热面积，所以同步效率更高，可以更快地平衡低速档中不同换档齿轮之间很大的转速差。在低速档中，齿轮的直径和质量较大，同步时必须克服这些齿轮的较大惯性。

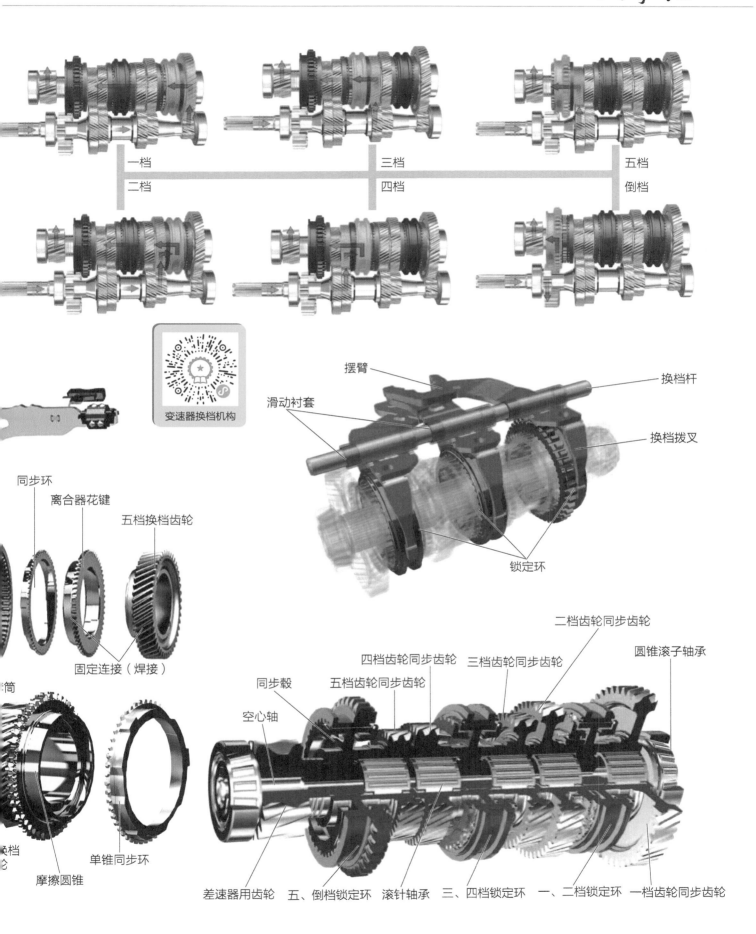

一档　　　　　三档　　　　　五档
二档　　　　　四档　　　　　倒档

变速器换档机构

同步环
离合器花键
五档换档齿轮

固定连接（焊接）

换档
摩擦圆锥
单锥同步环

摆臂
滑动衬套
换档杆
换档拨叉
锁定环

同步毂
空心轴
五档齿轮同步齿轮
四档齿轮同步齿轮
三档齿轮同步齿轮
二档齿轮同步齿轮
圆锥滚子轴承

差速器用齿轮　五、倒档锁定环　滚针轴承　三、四档锁定环　一、二档锁定环　一档齿轮同步齿轮

- 汽车尾灯开始安装。
- 美国将收音机作为汽车的选用品。

　　车机系统是管理车载计算机硬件与软件资源的程序，车机指的是安装在汽车里面的车载信息娱乐产品的简称，车机在功能上能够实现人与车、车与外界（车与车）的信息通信。目前车机的功能除传统的收音机、音频视频播放、导航功能以外，还带有各种无线通信功能，能结合汽车的 CAN-BUS 技术，实现人与车、车与外界的信息通信，增强用户体验及服务、安全相关的功能。

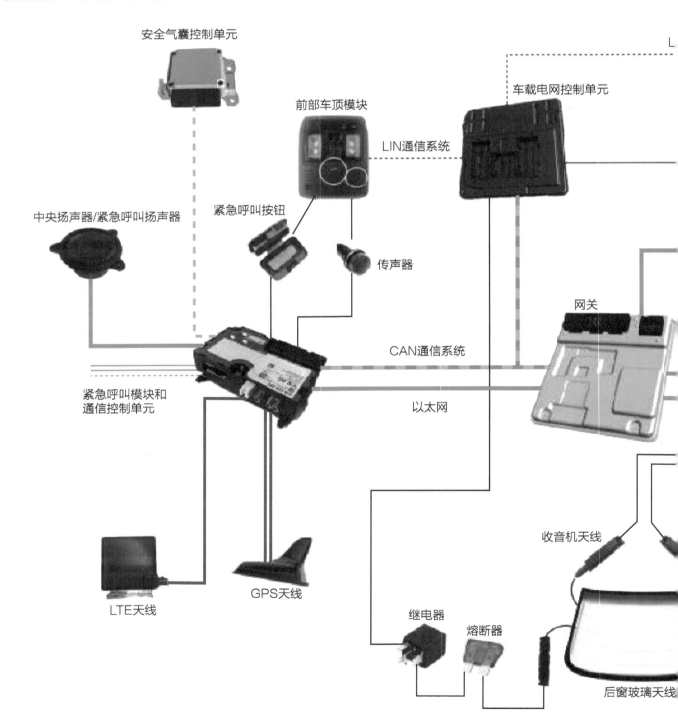

安全气囊控制单元

前部车顶模块

车载电网控制单元

LIN通信系统

中央扬声器/紧急呼叫扬声器

紧急呼叫按钮

传声器

网关

CAN通信系统

紧急呼叫模块和通信控制单元

以太网

LTE天线

GPS天线

收音机天线

继电器

熔断器

后窗玻璃天线

- "汽车之父"卡尔·本茨去世。
- 亨利·福特汽车博物馆对外开放。

亨利福特汽车
博物馆

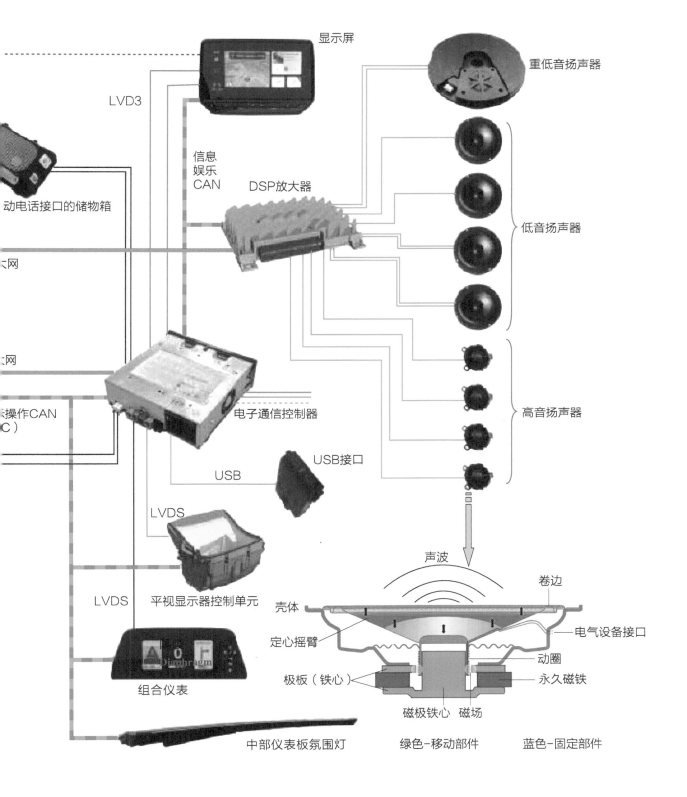

显示屏

重低音扬声器

LVD3

信息
娱乐
CAN

DSP放大器

低音扬声器

动电话接口的储物箱

网

网

操作CAN
C）

电子通信控制器

高音扬声器

USB接口

USB

LVDS

平视显示器控制单元

声波

卷边

LVDS

壳体

定心摇臂

电气设备接口

组合仪表

动圈

极板（铁心）

永久磁铁

磁极铁心　磁场

中部仪表板氛围灯

绿色-移动部件

蓝色-固定部件

液力耦合器与镀锡活塞—发动机曲柄连杆机构

- 超低压轮胎的问世，提高了汽车在松软路面行驶的性能。
- 镀锡活塞问世。

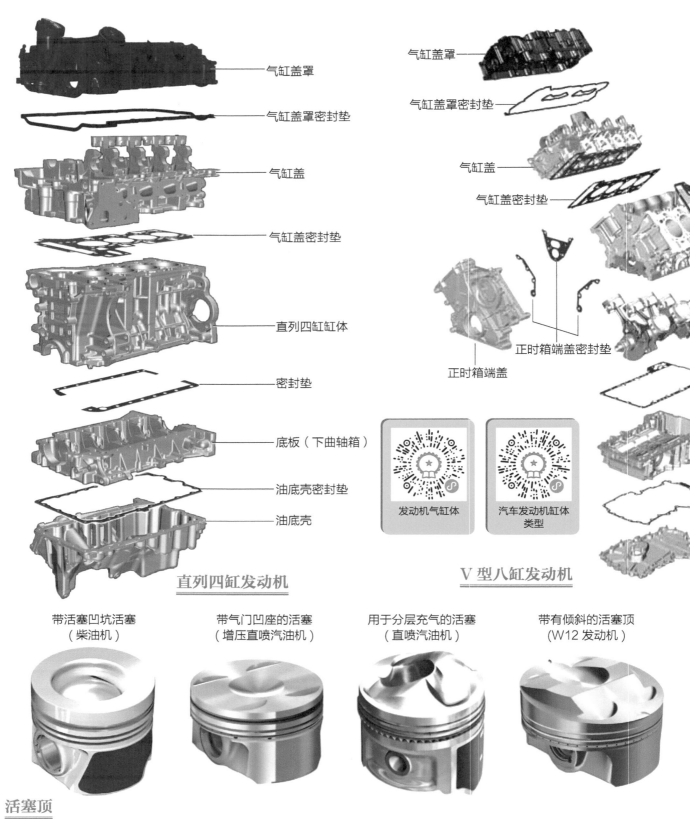

气缸盖罩

气缸盖罩密封垫

气缸盖

气缸盖密封垫

直列四缸缸体

密封垫

底板（下曲轴箱）

油底壳密封垫

油底壳

直列四缸发动机

气缸盖罩

气缸盖罩密封垫

气缸盖

气缸盖密封垫

正时箱端盖密封垫

正时箱端盖

发动机气缸体

汽车发动机缸体类型

V 型八缸发动机

带活塞凹坑活塞
（柴油机）

带气门凹座的活塞
（增压直喷汽油机）

用于分层充气的活塞
（直喷汽油机）

带有倾斜的活塞顶
（W12 发动机）

活塞顶

　　活塞顶与气缸、缸盖共同构成了燃烧室。活塞顶的形状取决于气门布置和发动机设计，比如直喷发动机的活塞顶有气流凹腔，用于改善燃烧室内气体流动。

• 戴姆勒公司将液力耦合器用于汽车，改变了传统的机械传动方式。

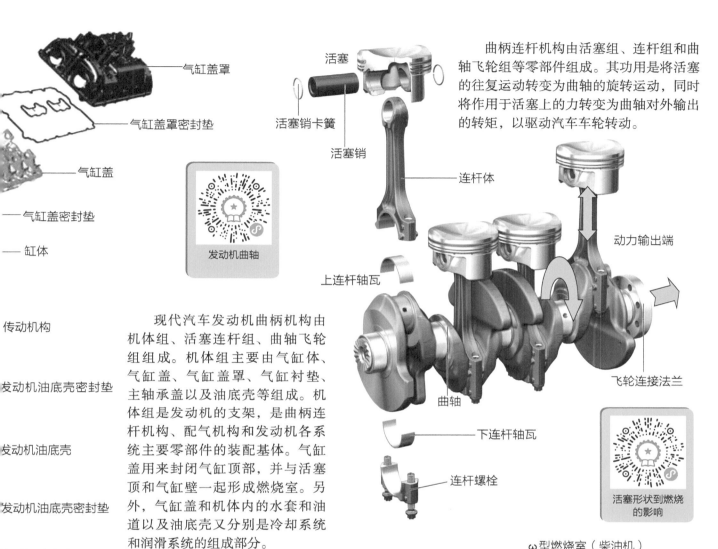

气缸盖罩

气缸盖罩密封垫

气缸盖

气缸盖密封垫

缸体

传动机构

发动机油底壳密封垫

发动机油底壳

发动机油底壳密封垫

发动机油底壳

活塞

活塞销卡簧

活塞销

发动机曲轴

曲柄连杆机构由活塞组、连杆组和曲轴飞轮组等零部件组成。其功用是将活塞的往复运动转变为曲轴的旋转运动，同时将作用于活塞上的力转变为曲轴对外输出的转矩，以驱动汽车车轮转动。

连杆体

动力输出端

上连杆轴瓦

飞轮连接法兰

曲轴

下连杆轴瓦

连杆螺栓

活塞形状到燃烧的影响

现代汽车发动机曲柄机构由机体组、活塞连杆组、曲轴飞轮组组成。机体组主要由气缸体、气缸盖、气缸盖罩、气缸衬垫、主轴承盖以及油底壳等组成。机体组是发动机的支架，是曲柄连杆机构、配气机构和发动机各系统主要零部件的装配基体。气缸盖用来封闭气缸顶部，并与活塞顶和气缸壁一起形成燃烧室。另外，气缸盖和机体内的水套和油道以及油底壳又分别是冷却系统和润滑系统的组成部分。

ω型燃烧室（柴油机）

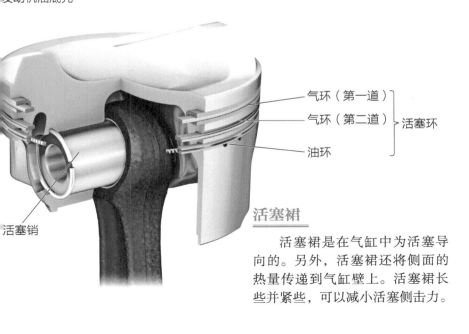

气环（第一道）

气环（第二道）　活塞环

油环

活塞销

活塞裙

活塞裙是在气缸中为活塞导向的。另外，活塞裙还将侧面的热量传递到气缸壁上。活塞裙长些并紧些，可以减小活塞侧击力。

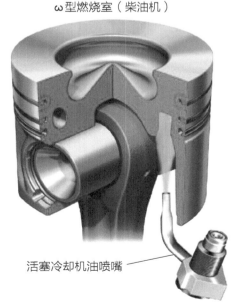

活塞冷却机油喷嘴

1931

保时捷汽车诞生—通用公司成为最大汽车公司—天然气发动机

- 通用公司确立第一大汽车制造公司地位。
- 采用独立悬架的汽车问世。
- 离心式、真空式点火提前角自动调节装置由克莱斯勒公司研制成功。
- 最早的压缩天然气（CNG）加气站建成。

保时捷 Type 6

1931

1945

1938

1952

1931 年，费迪南德·保时捷在德国工业重镇斯图加特创建了一家名为 Dr. Ing. h. c. F. Porsche GmbH 的汽车设计公司，并直接将当时符腾堡州标识作为企业徽标。

发动机所用的燃料，除常用的汽油、柴油外，还可用下列代用燃料：天然气（NG）、液化石油气（LPG）、人工煤气、氢、生物气（如沼气及甲醇、乙醇）等。根据天然气（NG）的保存方法不同，天然气大体可分为三种类型：液化天然气（LNG）、压缩天然气（CNG）、吸附天然气（ANG）。在气体代用燃料中，压缩天然气是公认的首选代用燃料，其次是液化石油气。通常我们把以气体燃料作为能源取代燃油的汽车称为燃气汽车。

双燃料发动机

燃气压力调节器

燃气喷射器

汽油/CNG双燃料发动机

1939 年与大众甲壳虫共用众多组件的保时捷 Type 64 应运而生，这是保时捷自己制造的第一款汽车。

费迪南德·保时捷是一位杰出的设计师，代表作品有戴姆勒汽车公司的亨利公爵牌汽车，38/250 梅塞德斯－奔驰牌轿车、大众甲壳虫汽车、第二次世界大战中的虎牌坦克等。

费迪南德·保时捷
(1875—1951)

燃气压力调节器

2个CFRP/CFRP复合材料CNG罐

汽油箱（用于双燃料发动机）

不锈钢CNG罐

燃气加注口

燃气管线

CNG 发动机
系统

汽油喷射器

博世 GDI 汽油
直喷系统

内层：聚酰胺材料（尼龙）
中层：碳纤维增强聚合材料
外层：玻璃纤维增强聚合材料

泊车辅助系统面世—倒车雷达 / 影像与自动泊车

- 泊车辅助系统面世，发明人为布鲁克斯·沃克。
- 圆环形挡泥板被采用。
- 博世公司开发出最为成功的汽油缸内直喷技术，并且直接被宝马和奔驰的航空发动机所采用。

倒车雷达

　　倒车雷达（Parking Distance Control，PDC）全称为"倒车防撞雷达"，也称为"泊车辅助装置"，是汽车泊车或者倒车时的安全辅助装置，由超声波传感器（俗称探头）、控制器和显示器（或蜂鸣器）等部分组成。

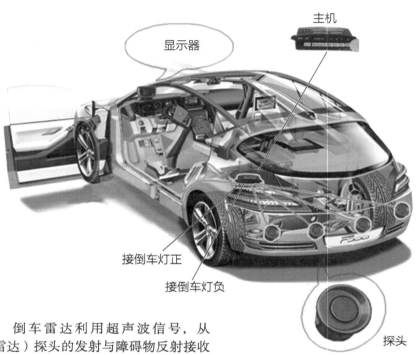

主机

显示器

接倒车灯正

接倒车灯负

探头

　　倒车雷达利用超声波信号，从（雷达）探头的发射与障碍物反射接收信号过程中，对比信号折返时间而计算出障碍物距离，然后由显示器显示距离值，并经报警器发出不同频率的报警声以提示驾驶员。

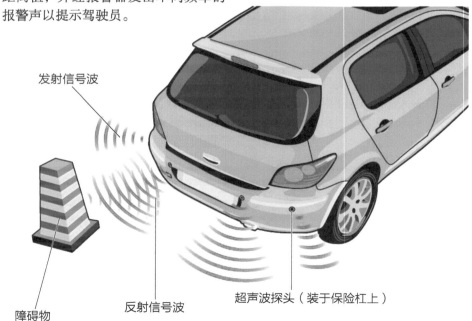

发射信号波

障碍物

反射信号波

超声波探头（装于保险杠上）

倒车影像

　　倒车影像（Vehicle Backup Camera）又称泊车辅助系统，或称倒车可视系统、车载监控系统等。该系统广泛应用于各类大、中、小车辆倒车或行车安全辅助领域。

　　倒车影像系统通过车尾的广角摄像头，把后方路面情况显示在车内屏幕上，配合超声波传感器及屏幕引导线等辅助，使泊车更方便安全。配有全景影像（360°影像）系统的车辆在左右外后视镜及前格栅车标位置还会安装摄像头分别监视车辆左右侧及前方的环境状况。

可视范围

自动泊车

自动泊车

自动泊车系统就是不用人工干预，自动停车入位的系统。自动泊车系统主要由功能按钮、前后左右侧的超声波传感器以及控制系统的控制单元组成。

中控屏（位于仪表台中上部位）

倒车摄像头（一般在牌照灯位置）

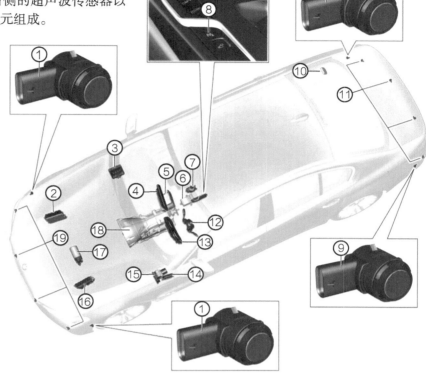

1—前侧用于搜索停车位的超声波传感器　2—发动机控制器　3—车身控制器　4—中央信息显示屏　5—车机　6—碰撞和安全模块　7—控制器　8—泊车辅助按钮　9—后侧超声波传感器　10—驻车辅助控制单元　11—后部超声波传感器　12—转向柱开关中心　13—组合仪表　14—驾驶辅助系统（选配）　15—动态稳定控制系统　16—发动机控制器　17—电子助力转向系统　18—变速器电子控制系统　19— 前部超声波传感器

如今，大部分自动泊车系统既可以在垂直车位泊车，也可以在平行车位泊车，既可使车辆部分或全部停在路沿上，也可在其他障碍物（树、灌木丛或摩托车）之间停车，以及在弯道停车。此外还能帮助车辆驶出泊车位。

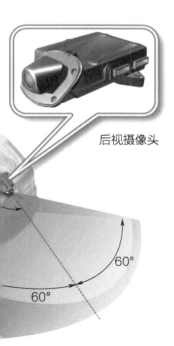

后视摄像头

60°
60°

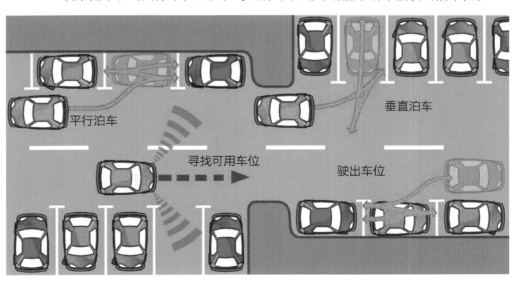

平行泊车　　垂直泊车

寻找可用车位　　驶出车位

- 非贯通式汽车通风系统研制成功。
- 汽车停放收费计数器问世。

1933 年 12 月，日产汽车公司成立，名称来自股东"日本产业"的缩写。旗下主要包括核心品牌日产（Nissan，旧译为"尼桑"）和豪华品牌英菲尼迪（Infiniti）。

1933　　　　1940

冷却系统多路控制阀

宽域涡轮增压器

缸内直接喷射+进气口燃油喷射

双VVT
进气：电动；
排气：液压

缸体镜面涂层

可变流量机油泵

多连杆可变压缩比系统

VCR执行器

开始起动至低中速行驶由蓄电池输出电力

VC-Turbo 可变压缩比发动机

当需要压缩比的变化时，执行器电机移动执行器臂。执行器臂转动控制轴。 控制轴的旋转移动下部连杆（L杆），改变多连杆系统角度。多连杆系统调整竖直位置缸内的活塞行程，从而改变压缩比。

日产 VC-Turbo
发动机技术

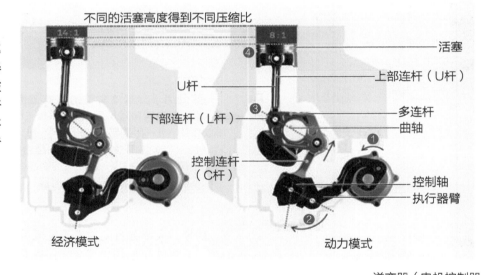

不同的活塞高度得到不同压缩比

活塞

上部连杆（U杆）

U杆

下部连杆（L杆）

多连杆

曲轴

控制连杆（C杆）

控制轴

执行器臂

经济模式

动力模式

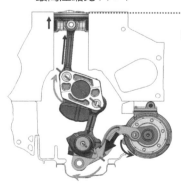

最高压缩比14：1

约6mm

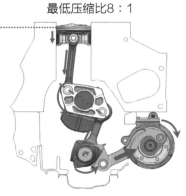

最低压缩比8：1

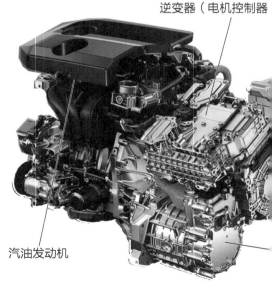

逆变器（电机控制器）

汽油发动机

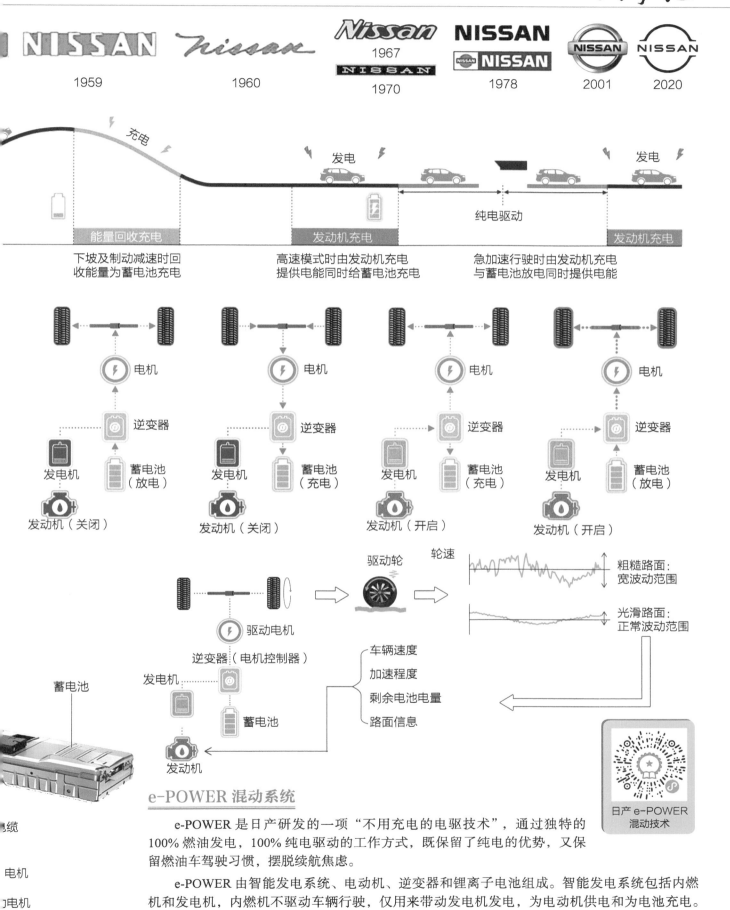

NISSAN
1959
Nissan
1960
Nissan
1967
NISSAN
NISSAN
1970
NISSAN
NISSAN
1978
NISSAN
2001
NISSAN
2020

充电

发电   发电

能量回收充电   发动机充电   纯电驱动   发动机充电

下坡及制动减速时回收能量为蓄电池充电   高速模式时由发动机充电提供电能同时给蓄电池充电   急加速行驶时由发动机充电与蓄电池放电同时提供电能

电机   电机   电机   电机

逆变器   逆变器   逆变器   逆变器

发电机   蓄电池（放电）   发电机   蓄电池（充电）   发电机   蓄电池（充电）   发电机   蓄电池（放电）

发动机（关闭）   发动机（关闭）   发动机（开启）   发动机（开启）

驱动轮   轮速

粗糙路面：宽波动范围

光滑路面：正常波动范围

驱动电机

逆变器（电机控制器）   车辆速度

发电机   加速程度

蓄电池   剩余电池电量

路面信息

蓄电池

发动机

日产 e-POWER 混动技术

e-POWER 混动系统

e-POWER 是日产研发的一项"不用充电的电驱技术"，通过独特的100% 燃油发电，100% 纯电驱动的工作方式，既保留了纯电的优势，又保留燃油车驾驶习惯，摆脱续航焦虑。

e-POWER 由智能发电系统、电动机、逆变器和锂离子电池组成。智能发电系统包括内燃机和发电机，内燃机不驱动车辆行驶，仅用来带动发电机发电，为电动机供电和为电池充电。逆变器可快速完成对电动机的电能调节。高功率专业电动机，起步阶段即可输出 300N·m 的同级最大峰值转矩。高压电池采用三元锂离子电池。

- 雪铁龙前轮驱动汽车问世。
- 美国克莱斯勒公司生产的气流牌小型客车，首先采用了流线型的车身外形。
- 半自动变速器问世。
- 标致推出了 301Eclipse，该车为手动折叠车型，1935 年推出的 401 Eclipse 是世界上第一款采用了电动伸缩硬顶敞篷设计的车型，车顶部分可全部收入行李舱之中。

1935 标致 401 Eclipse

TFSI 表示带涡轮增压缸内直喷技术发动机，后加 e 表示 PHEV 插电混动类型，quattro 为四轮驱动。55 表示车辆的动力性。

ECOBOOST 表示福特带涡轮增压技术的缸内直喷与双可变气门正时技术的发动机。

XDrive 为宝马四轮驱动标识，28i 的 2 表示 2.0T 发动机，8 代表高功率版。

Ddi 为五十铃超压共轨技术，VGS 指可变截面涡轮增压技术，3.0 为柴油发动机排量。

 图左

PHEV 为插电式混合动力车型标识，430 为功率等级，数值越大动力越强，加速性能越好。

这是大众汽车产品尾标，TSI 指增压 + 直喷技术。380 表示转矩等级，指的是为 2.0T 高功率版本发动机。

本田可变气门正时与可变气门升程技术（VTEC）的合体

奥迪电动汽车类型标识

RS 为奥迪高性能运动车型标识

本田混合动力汽车标识

四轮驱动标识

日产采用独特的高抗拉强度钢带传动的无级变速

大众带外观内饰运动套件的运动版车型标识

福特带外观内饰运动套件的运动版车型标识

捷豹带运动套件版本的车型标识

别克艾维亚顶配豪华版标识

福特插电混动车型标识

丰田电动汽车标识

纯电动汽车

克莱斯勒 Airflow 流线型
轿车（1934 年推出）。

克莱斯勒流线型
汽车

TURBO 表示发动机涡轮增压技术，
4MATIC 为奔驰的四轮驱动标识。

丰田发动机技术："D"发动机采用双喷射系统，"4"表示 4 冲程，"S"是加强版，"T"表示带涡轮增压。

斯巴鲁车型"智能水平对置发动机"配置标识。因为发动机工作时活塞就像拳击手相互出拳，所以俗称拳击手发动机（boxer engine）。

马自达创驰蓝天省油发动机技术：使用 92 号汽油实现 13:1 高压缩比的缸内直喷发动机。

标致雪铁龙带涡轮增压直喷发动机的车型标识

带涡轮增压的燃油缸内直喷技术的汽油发动机

奥迪运动型汽车标识　　M 为宝马高性能汽车标识　　AMG 为奔驰高性能汽车标识

斯巴鲁车型左右对称全时全轮驱动系统标识　　讴歌超级操控四轮驱动技术标识　　运动型汽车

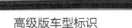

高性能车型　　高级版车型标识　　丰田插电混动车型标识

增程式电动汽车　　插电混动汽车（可充电的混动汽车）　　丰田燃料电池汽车

- 手动按扭式齿轮变速器问世。
- 德国西门子公司开始生产氧化铝瓷质绝缘体火花塞。

典型的悬架结构由弹性元件、导向机构以及减振器等组成，个别结构则还有缓冲块、横向稳定杆等。弹性元件又有钢板弹簧、空气弹簧、螺旋弹簧以及扭杆弹簧等形式，而现代轿车悬架多采用螺旋弹簧和扭杆弹簧，某些高级轿车则使用空气弹簧。

汽车悬架的作用是传递作用在车轮和车架之间的力和力矩，并且缓冲由不平路面传给车架或车身的冲击力，并减少由此引起的振动，以保证汽车能平顺地行驶。

麦弗逊悬架

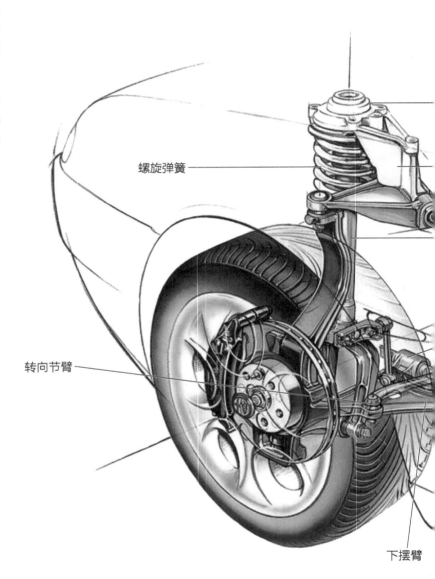

螺旋弹簧

转向节臂

下摆臂

非独立悬架行驶特性

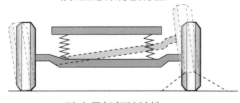

独立悬架行驶特性

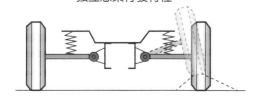

汽车的悬架系统分为非独立悬架和独立悬架两种，还有一种介于两种之间的半独立悬架。非独立悬架的车轮装在一根整体车轴的两端，当一侧车轮跳动时，另一侧车轮也相应跳动，在现代轿车中已很少使用，多用在货车和大客车上。独立悬架的车轴分成两段，每只车轮由螺旋弹簧独立安装在车架下面，当一边车轮发生跳动时，另一边车轮不受影响，两边的车轮可以独立运动。独立悬架系统又可分为横臂式、纵臂式、多连杆式、烛式以及麦弗逊式悬架系统等。

● 双叉臂悬架最早出现在 20 世纪 30 年代，当时方程式赛车开始使用类似双叉臂的悬架结构。1935 年，美国底特律的汽车制造商帕卡德首次在其帕卡德 120 车型上使用了双叉臂悬架。

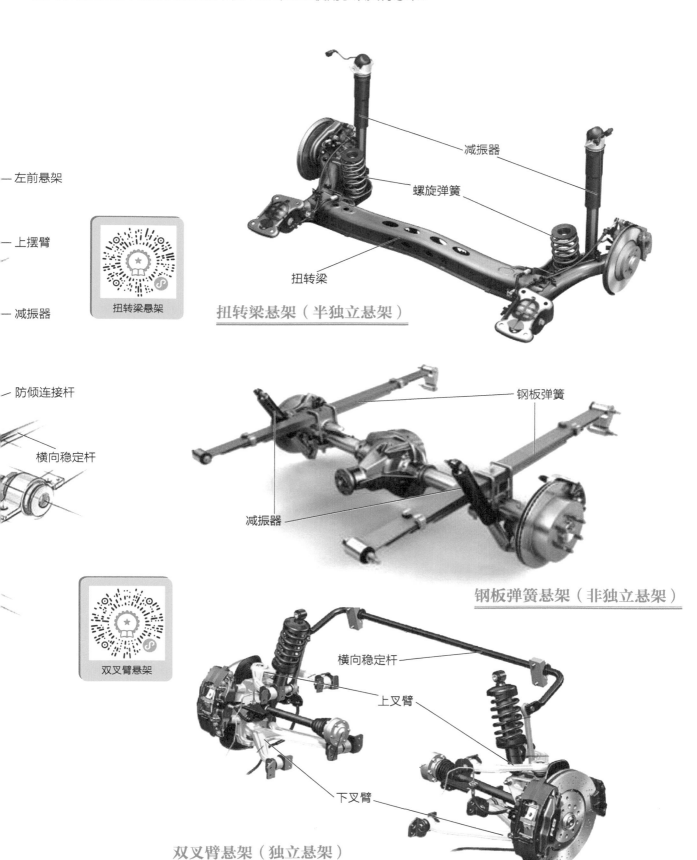

— 左前悬架

— 上摆臂

— 减振器

扭转梁悬架

减振器

螺旋弹簧

扭转梁

扭转梁悬架（半独立悬架）

— 防倾连接杆

横向稳定杆

钢板弹簧

减振器

钢板弹簧悬架（非独立悬架）

双叉臂悬架

横向稳定杆

上叉臂

下叉臂

双叉臂悬架（独立悬架）

1936 第一辆柴油小汽车问世—甲壳虫汽车

- 1933 年德国费迪南德·保时捷设计了一种类似甲壳虫外形的汽车。第一台甲壳虫于 1936 年 10 月 12 日正式下线。甲壳虫型汽车直到 1939 年才开始大批量生产，1972 年 2 月 17 日，第 15007034 辆甲壳虫车出厂，比福特 T 型车多一辆，取得了全球产销量冠军的美誉，并以单一车型累计生产超过二千万辆（1981 年 5 月 15 日，第 2000 万

大众甲壳虫设计原型来自捷克斯洛伐克的汽车品牌太脱拉（Tatra），该车还拥有"风冷散热"专利。

1938 年第一代甲壳虫

1998 新甲壳虫

风冷散热式后置发动机

1935 年的甲壳虫样车安装了改进型空冷 0.7L 直列 4 缸发动机，最大功率达到 22hp。1938 年推出的第一代甲壳虫的发动机排量为 0.986L，4 缸，24hp，车重 750kg。

2003 新甲壳虫敞篷车

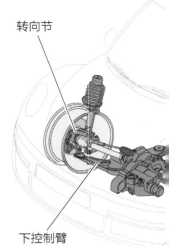

转向节

下控制臂

2012 第二代新甲壳虫

2019 年 7 月 10 日，最后一台甲壳虫在大众位于墨西哥的工厂下线，之后便正式停产，结束了其 81 年的生产历程。

大众甲壳虫历史

辆甲壳虫汽车在大众汽车公司位于墨西哥的 Peubla 工厂下线）的纪录畅销世界各地。

- 由钢制扭力杆和双管路紧急制动系统组成的新型安全装置问世。
- 1936 年最先装用柴油发动机的奔驰 260D 型小汽车问世。

第一代甲壳虫

甲壳虫最开始的名字叫"KdF-Wagen"（Kraft durch Freude，快乐带来力量或力量源于快乐）。"甲壳虫"这个名字第一次出现是在1938 年 7 月 3 日《纽约时报》的杂志上，很多人认为这辆车像"一只可爱的小甲壳虫"，1967 年，这辆车在德国正式被称为"甲壳虫（Beetle）"。

Der Rdf Wagen

奔驰 206D
柴油汽车

发动机

扭力梁后悬架

燃油箱

驱动轴

麦弗逊前悬架

备用轮胎

横向稳定杆

新甲壳虫

1998 年推出的新甲壳虫（New Beetle）发动机由风冷变为水冷，传动形式由后置后驱改为前置前驱，同时提供四驱版本。搭载 2.0L 自然吸气和 1.8T 涡轮增压发动机，功率分别为 85kW 和 110kW。后期还搭配了可输出 75kW 的四气门 1.6L 自然吸气发动机。

滑动天窗

后扰流板

麦弗逊前悬架

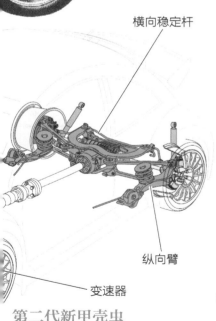

纵向臂

变速器

第二代新甲壳虫

第二代新甲壳虫于 2011 年 4 月 18 日上海车展首发亮相，搭载 1.2TSI、1.4TSI、1.4TSI 双增压发动机、2.0TSI 发动机和 2.5L（直列五缸）发动机等多个动力总成，配置 5 档或 6 档手动和 6 档双离合或自动变速器。

ESP车身
稳定系统

扭力梁悬架或四
连杆独立悬架

电动助力转向或
液压助力转向

1937
丰田汽车诞生—汽车发动机应用之最

- 1933年，"丰田自动织布机制造所"设立了汽车部。1937年8月28日，汽车部宣告从丰田自动织机制作所独立出来，丰田汽车公司成立。从2008年开始取代美国通用汽车公司成为全球排行第一的汽车生产厂商。丰田从2008—2015年保持全球销量第一的纪录8年，2020—2023年持续4年第一，创始人为丰田喜一郎（1894—1952）。
- "普利茅茨"牌汽车开始采用安全玻璃。
- 福特推出装备V8发动机的汽车。

第一辆搭载3缸发动机的量产车型是1979年诞生的铃木fronte，车名来自英语"frontier"，意为"业界先驱者"。

1906 Herkomer Run：霍希公司（奥迪前身）生产的第一台搭载4缸发动机的汽车。

第一款采用转子发动机的量产车：1964 NSU Spider。

1997年，大众帕萨特搭载第一台V5发动机，排量2.3L，最大功率109kW（148PS）

Hennessey
Venom F5

发动机排量最大的量产车为1913 Pierce-Arrow Model 66，采用直列6缸发动机，可选的最大发动机排量达到了13519mL，约13.5L。

发动机功率最大的量产车2020 Hennessey Venom F5搭载双涡轮增压6.6L V8发动机，可以输出1817hp（1355kW）的最大功率和1617N·m的转矩。

丰田喜一郎
（1894—1952）

2020 年于欧洲市场
推出的扁平化标志。

最早使用的"丰田"
文字加羽翼的立标。

TOYOTA 这一名称源自企业创始人丰田的姓氏（字母拼写为 TOYODA）。1936 年改为 TOYOTA。

丰田混动汽车使用蓝底色标志，寓意节能环保。

976 年诞生的第五代奔驰 E 级，底盘代号 W123，采用第一台柴油版的直列 5 缸发动机，最大功率为 92kW。

第一款量产的 V6 发动机由蓝旗亚于 1950 年引入，被应用于蓝旗亚 Aurelia 之中。

第一款水平对置发动机量产车是 1897 Benz Mylord。

世界上最小汽车

第一款 V12 缸发动机量产车：
1915 Packard Twin-Six。

发动机排量最小的量产车为 1962 Peel P50，动力来自一台 DKW 的单缸发动机，排量只有 49mL，长宽高为 1340mm×990mm×1340mm，空车重量只有不到 60kg，被吉尼斯世界纪录认定为"世界上最小的量产车"。

1938 大众汽车诞生—汽车空调

- 大众汽车公司于 1938 年创建于德国的沃尔夫斯堡，VW 就是德文 Volkswagen（人民汽车）的简称。1984 年，大众汽车在中国建立了首个合资企业上海大众；1991 年又在长春建立了第二家合资企业——一汽 - 大众。大众从 2016—2019 年保持全球销量第一的纪录 4 年。
- 1938 年，美国人帕尔德发明了可制冷的汽车空调。

之前　　　　1939　　　　1945　　　　1960

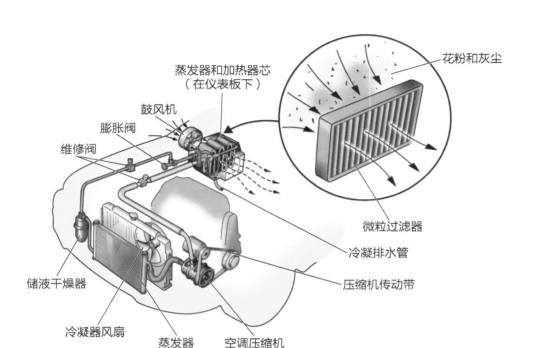

汽车空调系统

燃油汽车空调系统的结构

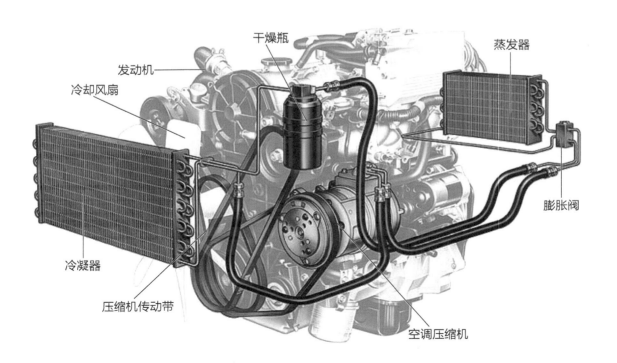

112

7 1978 1989 1995 1999 2000 2010 2012 2020

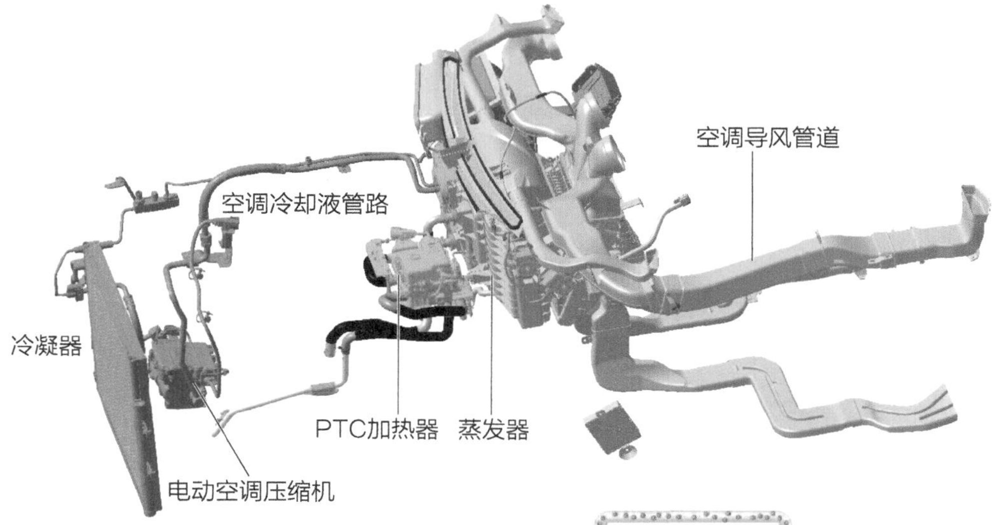
空调导风管道
空调冷却液管路
冷凝器
PTC加热器
蒸发器
电动空调压缩机

电动汽车空调系统（带 PTC）

汽车空调是实现对乘客舱内空气进气制冷、加热、换气及净化的装置。纯电动汽车没有发动机作为空调压缩机的动力源，也没有发动机余热可以利用以达到取暖、除霜的效果。对于电动汽车来说目前选择的制冷空气调节方式主要用电动压缩机制冷，电动汽车空调系统暖风则采用 PTC 电加热器。PTC 电加热器是用 PTC 热敏电阻元件作为发热源的一种加热器。

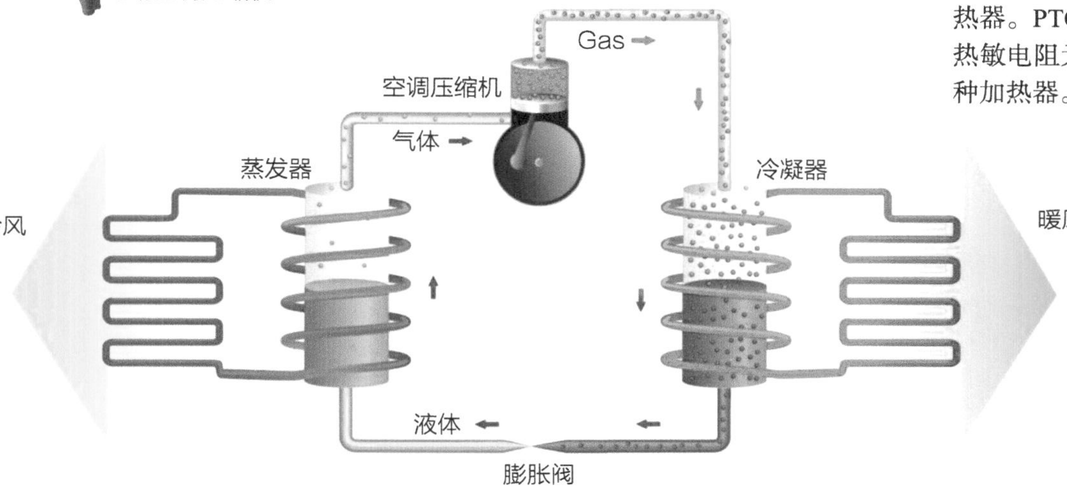
Gas
空调压缩机
气体
蒸发器
冷凝器
冷风
暖风
液体
膨胀阀

电动汽车
热泵空调

电动汽车空调系统（带热泵）

热泵空调使用热泵制热，比 PTC 制热的效果更好，也更节省电能。热泵的工作原理类似制冷的反过程，也就是把车外的热量通过循环转换“搬运”到车内。

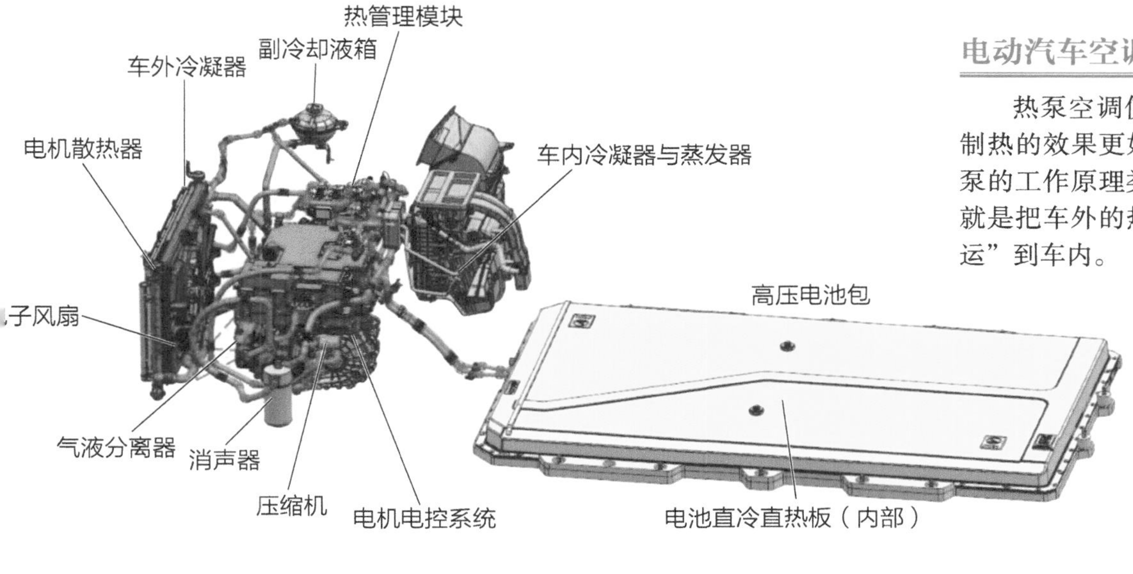
热管理模块
副冷却液箱
车外冷凝器
电机散热器
车内冷凝器与蒸发器
子风扇
高压电池包
气液分离器
消声器
压缩机
电机电控系统
电池直冷直热板（内部）

1939 双离合变速器发明

- 奥兹莫比尔汽车采用了液压－机械联合传动系统。
- 法国人阿道夫·加尔奇（Adolphe Kégresse）首先发明双离合变速器，并将其应用到雪铁龙 Traction 车型上。

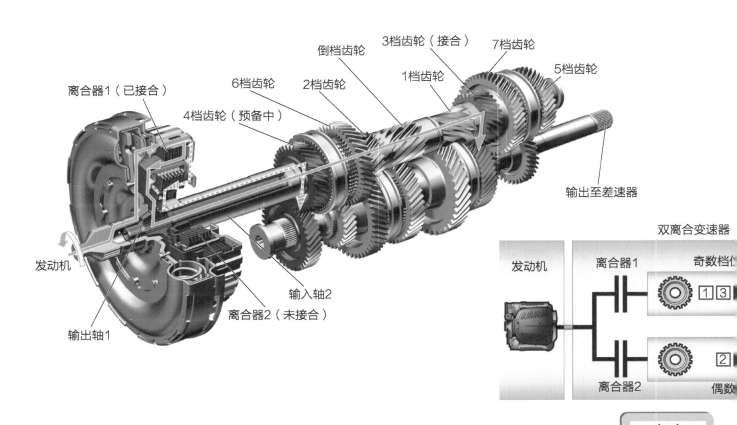

3档齿轮（接合）　7档齿轮　5档齿轮
倒档齿轮　1档齿轮
6档齿轮　2档齿轮
离合器1（已接合）
4档齿轮（预备中）
输出至差速器
发动机
输入轴2
离合器2（未接合）
输出轴1

双离合变速器
发动机　离合器1　奇数档位　①③
离合器2　偶数

一档动力流

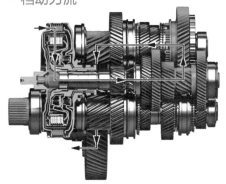

1 档
分变速器 1 → 离合器 K1 → 驱动轴 1 → 输出轴 1 换档齿轮 1 档 → 主减速器

二档动力流

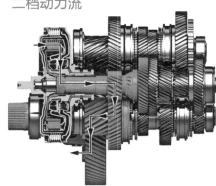

2 档
分变速器 2 → 离合器 K2 → 驱动轴 2 → 输出轴 2 换档齿轮 2 档 → 主减速器

双离合 DKG 变速器原理

五档动力流

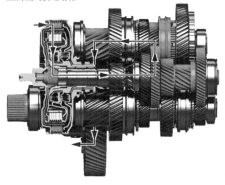

5 档
分变速器 1 → 离合器 K1 → 驱动轴 1 → 输出轴 1 换档齿轮 5 档 → 主减速器

六档动力流

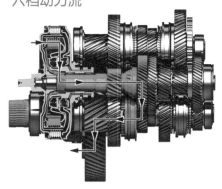

6 档
分变速器 2 → 离合器 K2 → 驱动轴 2 → 输出轴 2 换档齿轮 6 档 → 主减速器

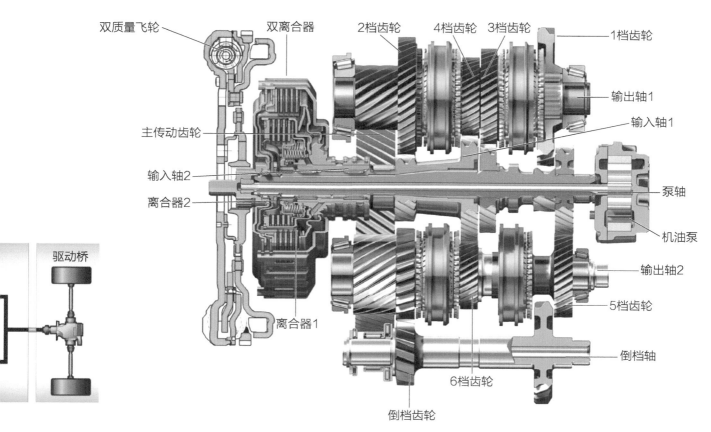

双质量飞轮　双离合器　2档齿轮　4档齿轮　3档齿轮　1档齿轮

输出轴1

主传动齿轮

输入轴1

输入轴2

泵轴

离合器2

机油泵

离合器1

输出轴2

5档齿轮

倒档轴

6档齿轮

倒档齿轮

驱动桥

三档动力流

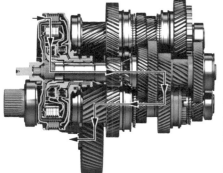

3 档
分变速器 1 →离合
器 K1 →驱动轴 1 →输
出轴 2，换档齿轮 3
档→主减速器

四档动力流

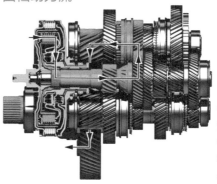

4 档
分变速器 2 →离合
器 K2 →驱动轴 2 →
输出轴 1，换档齿轮
4 档→主减速器

七档动力流

七档双离合
变速箱

7 档
分变速器 1 →离合
器 K1 →驱动轴 1 →
输出轴 2 换档齿轮
7 档→主减速器

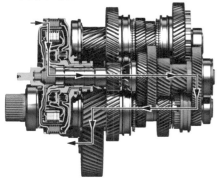

倒档
分变速器 2 →离合
器 K2 →驱动轴 2 →
输出轴 2，换档齿轮
2 档→输出轴 1 倒
车档换档齿轮→主
减速器

- 克莱斯勒公司研制出安全轮辋，它可保证轮胎被刺穿后不脱离轮辋。
- 封闭式汽车前大灯问世。

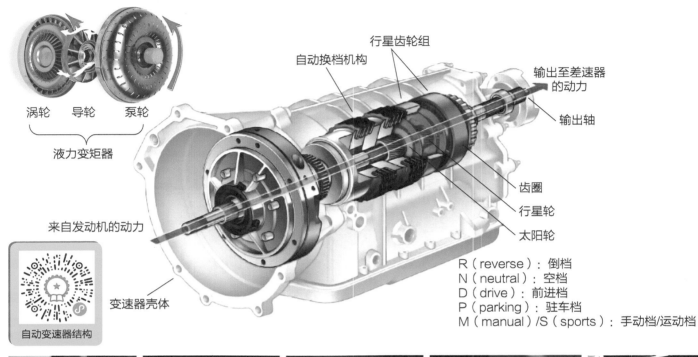

涡轮　导轮　泵轮

液力变矩器

来自发动机的动力

变速器壳体

自动变速器结构

自动换档机构

行星齿轮组

输出至差速器的动力

输出轴

齿圈

行星轮

太阳轮

R（reverse）：倒档
N（neutral）：空档
D（drive）：前进档
P（parking）：驻车档
M（manual）/S（sports）：手动档/运动档

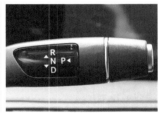

在车辆行驶过程中，自动变速器的齿轮传动比（档位）的变换是由变速器控制系统自动完成的，无须驾驶员手动换档。行星齿轮组包括行星轮（带行星架）、太阳轮以及内齿圈，这三个部件中的任一个固定，动力便可以其他两个之间进行传递。六档自动变速器的莱派特（Lepelletier）行星齿轮组只用 5 个换档元件，就可以实现 6 个前进档和一个倒档的换档了。

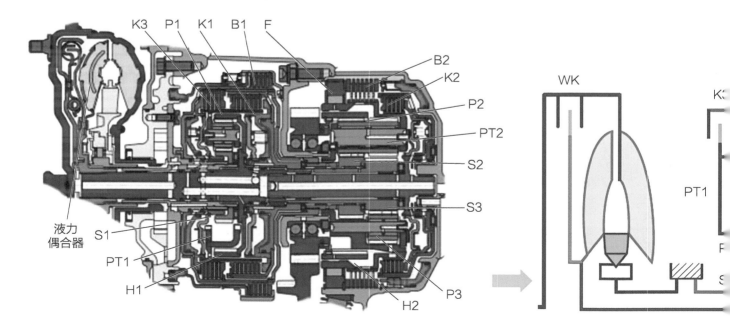

- 通用生产了 Hydra-Matic，这台变速器使用液力耦合器（而不是液力变矩器）和三排行星齿轮提供四个前进档和一个倒档，是第一款量产的自动变速器。

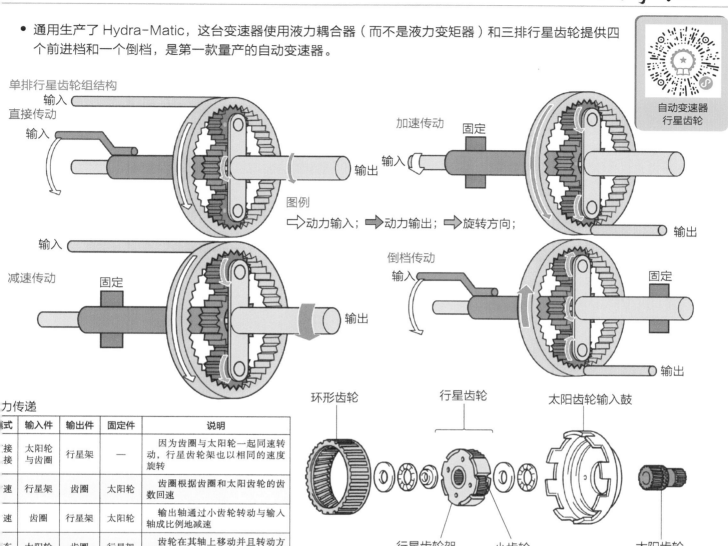

单排行星齿轮组结构

图例
⇨动力输入；➡动力输出；⇨旋转方向；

环形齿轮　　　行星齿轮　　　太阳齿轮输入鼓

行星齿轮架　　　小齿轮　　　太阳齿轮

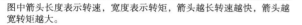

力传递

式	输入件	输出件	固定件	说明
接接	太阳轮与齿圈	行星架	—	因为齿圈与太阳轮一起同速转动，行星齿轮架也以相同的速度旋转
速	行星架	齿圈	太阳轮	齿圈根据齿圈和太阳齿轮的齿数回速
速	齿圈	行星架	太阳轮	输出轴通过小齿轮转动与输入轴成比例地减速
车	太阳轮	齿圈	行星架	齿轮在其轴上移动并且转动方向相反

图中箭头长度表示转速，宽度表示转矩，箭头越长转速越快，箭头越宽转矩越大。

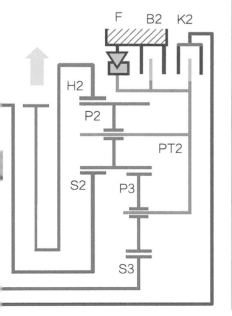

机构	部件	连接装置
初级行星齿轮组	H1 - 齿圈 1	涡轮轴（驱动装置）/ 离合器 K2
	P1 - 行星齿轮 1	行星齿轮组内的动力传递装置
	S1 - 太阳轮 1	固定不动
	PT1 - 行星齿轮架 1	离合器 K1 和 K3
制动器	B1 - 制动器 1	固定住大太阳轮 S2（次级行星齿轮组）在 1 档（有发动机制动）和 R 档时工作。
	B2 - 制动器 2	固定住行星齿轮架 PT2（次级行星齿轮组）在 1 档（有发动机制动））和 R 档时工作。
离合器	K1 - 离合器 1	行星齿轮架 PT1（初级齿轮组），带有小太阳轮 S3（次级行星齿轮组）在 1、2、3 和 4 档时工作。
	K2 - 离合器 2	涡轮轴（驱动装置），带有次级行星齿轮组的行星齿轮架 PT2 在 4、5、6 档时工作。
	K3 - 离合器 3	行星齿轮架 PT1（初级齿轮组），带有大太阳轮 S2（次级行星齿轮组）在 3、5 和 R 档时工作。
	F - 单向离合器	固定住行星齿轮架 PT2（次级行星齿轮组），逆着输入转速方向在 1 档拖车时使用（无发动机制动）
次级行星齿轮组	H2 - 齿圈 2	输出装置
	P2 - 行星齿轮 2，长	行星齿轮组内的动力传递装置
	P3 - 行星齿轮 3，短	行星齿轮组内的动力传递装置
	S2 - 太阳轮 2，大	离合器 K3/ 制动器 B1
	S3 - 太阳轮 3，小	离合器 K1
	PT2 - 行星齿轮架 2	离合器 K2/ 制动器 B2/ 单向离合器 F

1941

四驱吉普车问世— SUV 中的"第一"

- 四轮吉普车在美国问世。
- 四速半自动变速器及液压联轴器由克莱斯勒公司研制成功。

威利斯 MB
军用越野车

威利斯 MB 1941

1939 年，美国军方为发展多用途（General Purpose，GP）轻型指挥侦察四轮驱动军用越野车，于 1940 年颁布需求，应邀参与的厂商有班特（Bantam）原型车为 Bantam BRC-40，威利斯（Willys）原型车为 Willys MA，福特（Ford）原型车 Ford GP。1941 年 7 月，威利斯公司所生产的 MA 车款受到军方青睐，故军方委托该公司综合另两款车的优点，更进一步修改命名为 MB 型车。

1945 年 JEEP CJ-2A

这是吉普民用化后第一款车型。

1948 年路虎 1 系列

这是路虎批量生产的
第一款 SUV 车型。

1999 年 X5（E53）

1994 年宝马集团收购路虎，第一代宝马 X5（E53）
诞生于 1999 年，在位于南加州的斯帕坦堡生产。

1935 年的 Suburban

它是雪佛兰的第一辆 SUV，带四轮驱动系统。

1951 年 Patrol

这是日产仿制吉普的第一款
SUV 车型。

1981 年帕杰罗

1952 年时三菱就已经有了生产吉普汽车的许可，等到 80 年代他们决定研发自己的吉普车型，于是有了帕杰罗。

1951 年陆地巡洋舰

这是丰田仿制吉普的
第一款 SUV 车型。

1995 年 CR-V

CR-V 是本田推出
第一款 SUV。

1979 年 G-Wagen（W460）

1979 年，首辆奔驰 G-Wagen（W460）在奥地利格拉茨工厂投产，1994 年它正式更名为奔驰 G-Class。

1997 年领航员

领航员作为林肯品牌里首台 SUV 也是全世界第一台全尺寸 7 座 SUV 车型。

2015 年 Q7

奥迪 Q7 的前身是"派克峰"概念车，基于保时捷卡宴和大众途锐同平台打造。

1999 年凯雷德

凯雷德是凯迪拉克的首款 SUV，它的推出是为了与比它早两年诞生的林肯领航员竞争。

1995 年 LX450

雷克萨斯首款 SUV LX450，就是由兰德酷路泽 LC80 进化而来，在北美上市仅仅 2 个月就占据了豪华 SUV 销量的榜首。

2002 年卡宴

2002 年巴黎车展上，保时捷正式推出第一代卡宴，2020 年 12 月 11 日，保时捷洛伐克工厂迎来了第一百万辆 Cayenne（卡宴）的下线。

2015 年添越

2015 年宾利添越正式上市，是世界上首款超豪华 SUV。

宾利 SUV 添越

2018 年库里南

顶级豪华品牌劳斯莱斯也推出了自己的首款 SUV 车型——库里南。名字的含义是：世界上最大的天然单体钻石。

劳斯莱斯 SUV 库里南

- 法国标致开始生产 VLV（Voiture Légère de Ville 法文缩写，中文为轻型城市汽车的意思）。
- 法国工程师 L'ouf électrique 设计出电动鸡蛋（三轮电动小车）。
- 中国第一辆汽车诞生，制造它的人曾被《大公报》称为"中国福特"。

标致 VLV 电动小汽车

1925 年，支秉渊同上海交通大学的校友在上海创办新中工程股份有限公司（取名"新中"有"新中国"之寓意）。1938 年迁至祁阳。1939 年制造出中国第一部高速柴油汽车发动机。1942 年制造出中国第一辆汽车。

支秉渊（1897—1971）

1942 年新中工程公司在湖南祁阳试制的汽车。

中国第一辆越野汽车——北京 BJ212，由北汽于 1993 年推出。

中国第一辆氢能源汽车——格罗夫欧思典，由武汉格罗夫氢能源有限公司制造于 2020 年。品牌取名于燃料电池发明人、英国科学家威廉·格罗夫，该车是中国第一台采用氢能碳纤维车身的自主品牌乘用车。

中国第一辆跑车——吉利美人豹，2003 年于北京上市。

中国第一辆电动汽车也是第一辆电动公交车——"远望号"，1995 年由孙逢春主导开发制造。

法国"电动鸡蛋"汽车

第一次世界大战期间，当德国占领法国，民用车辆被禁止使用内燃机时，电动汽车作为替代品出现。VLV 使用铅酸电池，充电一次可行驶 36km，最高时速可达 80km/h。它使用四个轮子，但后轮几乎是连着的，所以它看起来像一辆三轮车。共生产了 377 台。

昵称"电动鸡蛋"的三轮小车 L'ouf électrique 是由法国艺术家、工业设计师兼工程师 Paul Arzens 于 1942 年设计出来的。"电动鸡蛋"是世界上第一辆气泡形汽车，搭配三片玻璃构成的穹顶封闭结构，采用全铝流线型车身设计。充电一次续航里程 90km，最高车速可达 60km/h！

中国第一辆插电混动汽车

中国第一辆皮卡汽车——中兴皮卡 BQ1030，发布于 1986 年。

中国第一辆插电混动汽车（PHEV）也是世界上第一款量产的插电式混动汽车——比亚迪 F3DM，于 2008 年 12 月 15 日上市。

中国第一辆电动超跑

中国第一辆电动轿车，也是世界上第一款装载了磷酸铁锂动力电池 ET-POWER 的电动汽车——比亚迪 F3e，2006 年发布于北京车展。

中国第一辆电动超级跑车——广汽埃安昊铂 SSR 于 2023 年上市。百公里加速最快仅需 1.9s。

"JEEP" 注册为商标—国外汽车品牌标志与名称

1943年2月，威利斯奥弗兰汽车公司将"Jeep"注册成为一个独立商标，1940年，美国陆军总部向所有汽车制造商公开招标，要求设计一款轻量化、便于操作、耐用度高且性能灵活

国外汽车品牌一览（部分）

奔驰（德） Mercedes-Benz	宝马（德） BMW	奥迪（德） Audi	保时捷（德） Porsche	大众（德） Volkswagen	曼（德） MAN
法拉利（意） Ferrari	玛莎拉蒂（意） Maserati	阿巴斯（意） ABARTH	蓝旗亚（意） Lancia	帕加尼（意） Pagani	兰博基尼 Lamborgh
劳斯莱斯（英） Rolls-Royce	宾利（英） Bentley	捷豹（英） Jaguar	路虎（英） Land-Rover	阿斯顿马丁（英） Aston Martin	迈凯伦 Maclare
丰田（日） Toyota	雷克萨斯（日） Lexus	本田（日） Honda	讴歌（日） Acura	日产（日） Nissan	英菲尼迪 INFINIT
福特（美） Ford	林肯（美） Lincoln	野马（美） MUSTANG	凯迪拉克（美） Cadillac	别克（美） Buick	雪佛兰（美 Chevrole
现代（韩） Hyundai	起亚（韩） KIA	双龙（韩） Ssangyong	捷尼赛思（韩） Genesis	斯柯达（捷克） Skoda	宝腾（马来 PROTO

的军用车型。福特公司的工程师用"GP"来命名该车型，该名称据称分别是"多功能"（General Purpose）和"政府用途"（Government Purposes）的缩写。"GP"这个缩略语在当时成了这种新型侦察车的代名词，而其谐音"Jeep"此后更是成为这一车型的正式名称。

欧宝（德）	精灵（德）	迈巴赫（德）	捷达（德）	斯堪尼亚（瑞典）	萨博（瑞典）
Opel	Smart	Maybach	JETTA	SCANIA	SAAB
菲亚特（意）	阿尔法罗密欧（意）	依维柯（意）	布加迪（法）	标致（法）	雪铁龙（法）
FIAT	Alfa Romeo	IVECO	Bugatti	Peugeot	Citroen
路特斯（英）	沃克斯豪尔（英）	迷你（英）	日野（日）	雷诺（法）	谛艾仕（法）
LOTUS	Vauxhall	MINI	Hino	Renault	DS
三菱（日）	马自达（日）	铃木（日）	斯巴鲁（日）	五十铃（日）	大发（日）
Mitsubishi	Mazda	Suzuki	Subaru	ISUZU	DAIHATSU
通用吉姆西（美）	悍马（美）	克莱斯勒（美）	吉普（美）	道奇（美）	特斯拉（美）
GMC	HUMMER	Chrysler	Jeep	Dodge	Tesla
霍顿（澳大利亚）	达夫（荷兰）	沃尔沃（瑞典）	西雅特（西班牙）	名爵（英）	罗孚（英）
HOLDEN	DAF	VOLVO	SEAT	MG	ROVER

1944 起亚公司诞生—水陆两用汽车

- 通用公司开始生产水陆两用汽车 DUKW。
- 韩国京城精密工业成立，1951 年更名为起亚工业，并生产出了韩国第一辆自行车。1961 年生产了韩国第一台 C-180 摩托车，并在 1962 年生产出韩国第一辆 K-360 货车。1973 年，起亚成立了韩国第一个具备完整汽车生产设备的 Sohari(所下里)工厂，并生产了韩国第一台汽油发动机。1990 年，公司更名为起亚汽车有限公司，在 2000 年，起亚并入现代汽车，形成了现代起亚汽车集团。

| 1944 | 1964 | 1986 | 1994 | 2002 | 2012 | 2020 |

Magrelen Amphibium(1899)——可能是最早的制造机动两栖汽车的尝试，Amphibium 诞生于丹麦。

Trippel SG6（1937）——由汉斯·特里普（Hannes Trippel）设计，他为德国设计了几种两栖汽车，SG6 是为德军生产的。

雷诺 Racoon（1993）——由法国汽车厂商雷诺开发，它是一款概念车，可以在任何地方行驶，包括在水中。它是一款四轮驱动车，采用 V6 双涡轮发动机。它在水上的最高行驶速度为 5 节（13km/h）。3.0 升六缸发动机最大输出功率为 262hp，搭配六速手动变速箱。此外两个喷水推进器保证了水中行驶，有 5 节的最高时速。

雷诺水陆双

Hydromobile（1942）——由一位在美国的匈牙利工程师于 1942 年设计完成，有木制船体和三个可以收起的车轮。

Amphicar
两栖车

Amphicar（1961—1968）——可能是最成功的商品化两栖汽车，也是迄今唯一大规模生产的两栖汽车，共制造了 3878 辆。Amphicar 的价格在 2800 美元到 3300 美元不等。它在公路上的速度可达 113km/h，在水中速度可达 11km/h。汉斯·特里普也参与了该车的设计。

二战中军用
两栖车

1945 年 7 月在菲律宾吕宋岛达古潘市郊卸载货物的 DUKW-353 车队。

DUKW 又名 "DUCK"，中文意为 "鸭子"，是第二次世界大战时期美国通用汽车公司生产的 6 轮两栖卡车，它是从 GMCCCKW353 卡车发展而来的，实际上就是 CCKW353 的两栖版 (战争结束前，生产了 21147 辆)。在第二次世界大战中，DUKW353 被用于太平洋战争、北非战场以及诺曼底登陆等两栖登陆作战。

Gibbs Technologies 开发出高速两栖汽车（HSA）技术，通过这项技术可将普通汽车改造为两栖汽车。作为技术展示，吉布斯 Gibbs 推出了一款两栖汽车 Aquada，该车于 2003 年末首次亮相。

Gibbs 水陆
两栖车

Aquada 采用敞篷的设计，其内部只有一排座椅，但是有三个座位，驾驶员位于中间，两边稍靠后的位置各有一个乘客座位，这样的设计可以使重量均匀分布。

Aquada 采用了一台 176hp 的 V6 发动机，在陆地上行驶时使用后轮驱动，把它开到水里，吉布斯的专利悬架系统会使车轮向内收缩，而高速喷水器会像摩托艇一样在水上推动汽车前行。

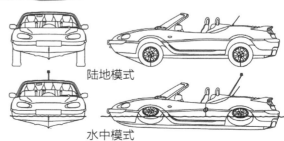

陆地模式

水中模式

- 世界上第一套汽车定速巡航系统是由美国盲人发明家 Ralph Teetor 发明的。1945 年，其设计的定速巡航系统研制成功，该系统可以通过发动机传动轴的转速计算车辆行驶速度，通过电磁螺线管调整节气门控制车速。1958 年，

车速加 / 减

巡航退出按钮

恢复按钮（＋兼加速功能

巡航设置按钮（－兼减速功能

转向盘拨杆式巡航按钮开关

CCS（巡航控制系统）自动地调节节气门开度角来以驾驶员设置的速度驱动车辆。因此，驾驶员无须一直踩加速踏板。甚至上坡或下坡时，车辆也可以用 CCS 按给定速度行驶。此系统在高速公路或在没有长时间停等的广阔的乡间道路上行驶特别有益。

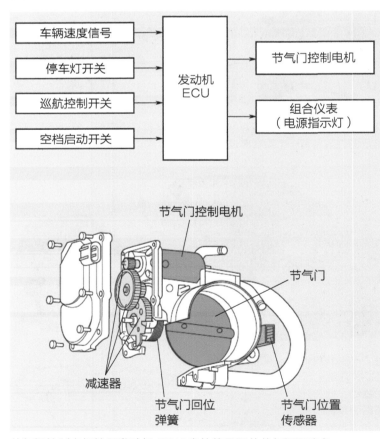

节气门控制电机按照发动机 ECU 来的信号调节节气门开度角。

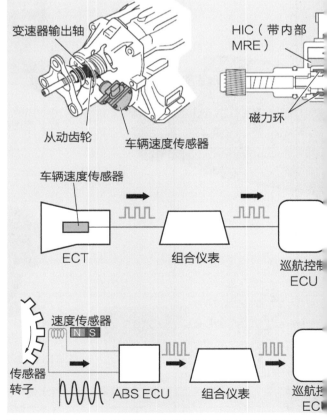

速度传感器的功能是保持向巡航控制 ECU 通知当前车速。车辆加速时，车辆速度传感器转动更快，速度信号的频率变高，车辆减速时，速度信号的频率变低。速度传感器通过组合仪脉冲信号传输给巡航控制 ECU。如今系统通常是通过 A ECU 接收来自速度传感器的车辆信号。

克莱斯勒帝国轿车首次装备了这套系统。

汽车巡航控制系统

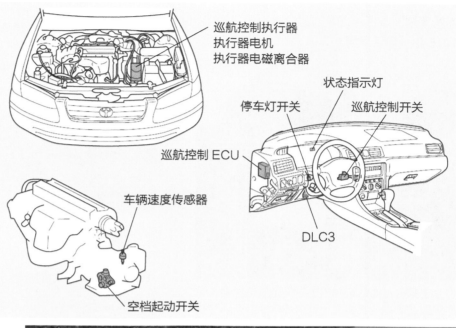

巡航控制执行器
执行器电机
执行器电磁离合器

状态指示灯

停车灯开关　　巡航控制开关

巡航控制 ECU

车辆速度传感器

DLC3

空档起动开关

巡航功能开关按钮

多功能转向盘巡航按钮开关

输入　　　输出

电机驱动型

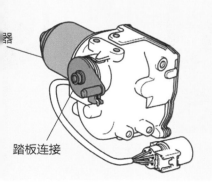

踏板连接

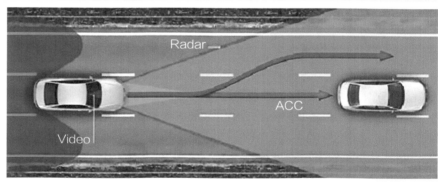

自适应巡航控制系统（Adaptive Cruise Control，ACC）的功能是在传统定速巡航的基础上，采用雷达探测前方车辆与本车的相对距离和相对速度，主动控制本车行驶速度，以达到自动跟车巡航的目的。根据前方是否有车辆，系统可以在定速巡航和跟车巡航之间自动切换。

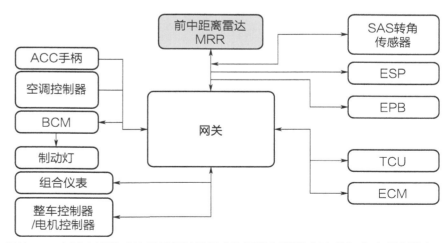

前中距离雷达 MRR

SAS转角传感器

ACC手柄

空调控制器

BCM

制动灯

组合仪表

整车控制器/电机控制器

网关

ESP

EPB

TCU

ECM

控制 ECU 接收来自车辆速度传感器和各种各样开关的⋯按照预存程序处理。根据这些信号，ECU 将控制信⋯到执行机构。执行机构在 CCS 中起重要作用。执行⋯括电机、电磁离合器和电位计。按照来自巡航控制⋯的指令，执行机构增加或减少节气门开关的开度角。

自适应巡航系统根据驾驶员需求和雷达探测前方障碍物（车辆）距离、速度，经过相关计算，雷达模块发送加速、减速请求给 ESP，ESP 发送相关升矩、降矩请求给动力控制系统（高压电控、TCU、ECM 等），必要时，ESP 参与制动，以实现整车的加速、减速控制。

1946 后置发动机客车问世—车载通信娱乐装置发展史

- 后置发动机客车问世。
- 米其林公司研制出子午线轮胎。
- 轿车首次装用无线电话。

车载通信系统进化历程

1875 年—电话发明

世界上第一台电话机由出生于英国苏格兰爱丁堡的美国发明家亚历山大·贝尔和他的助手沃特森发明于 1875 年。后来，他创建了贝尔电话公司（AT&T 公司的前身）。

2003 年—蓝牙车载免提电话

蓝牙技术由瑞典爱立信（Ericsson）在 1994 年发明，2003 年的萨博 9-3 安装了车载蓝牙系统，这样可以实现更为安全的免提车载电话。

2023 年—车载卫星电话投入使用

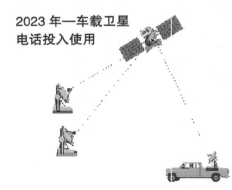

2023 年吉利极氪 001 FR 车型成为全球首款搭载卫星通信系统的新能源汽车，可提供车载卫星互联网服务。

1910 年—汽车电话诞生

瑞典工程师拉什·马格拉斯·爱立信（Lars Magnus Ericsson）于 1910 年在汽车后面安装了一部电话机，通话时需要停车从电话线杆处连接信号，他不仅成为第一个安装车载电话的人，也是移动及通信设备制造商爱立信公司的创始人。

车载娱乐系统进化历程

1933 年—汽车收音机

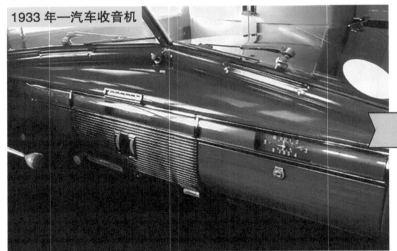

1933 年，英国的 Crossley 汽车公司首次推出了装备收音机的量产车。

2013 年—汽车手机车机互联系统

苹果于 2013 年推出 Carplay 手机车机互联系统，最初名为 iOS in the Car。2015 年百度推出了 carlife 手机车机互联系统。这样，可以将智能手机上的一些程序映射在车机屏幕上（投屏）操作使用。

车载电话历史

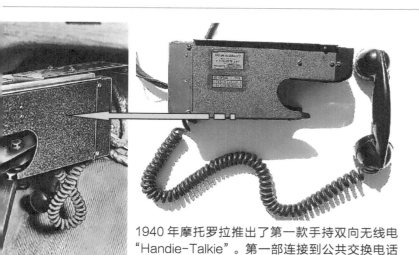

1940 年—摩托罗拉手持双向无线电

1940 年摩托罗拉推出了第一款手持双向无线电"Handie-Talkie"。第一部连接到公共交换电话网的车载电话于 1946 年投入使用。

1973 年—移动电话（手机）发明

1973 年摩托罗拉工程师马丁·库帕发明世界上第一部移动电话，重 1.13 公斤，可以通话十分钟。它是世界上第一款商用手机 - 摩托罗拉 DynaTAC 8000x（1983 年问世）的原型。马丁·库帕被称为现代"移动电话之父"。

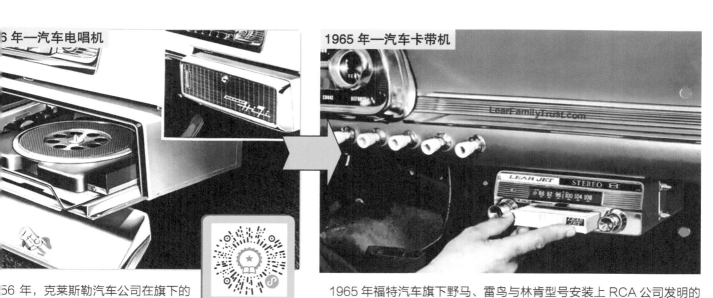

66 年—汽车电唱机

1965 年—汽车卡带机

56 年，克莱斯勒汽车公司在旗下的品中采用了"Highway Hi-Fi "音（电唱机），这是哥伦比亚广播公司验室开发的技术。

1956 克莱斯勒 Highway Hi-Fi

1965 年福特汽车旗下野马、雷鸟与林肯型号安装上 RCA 公司发明的 8 轨卡带播放器。

1990 年—汽车 DVD 导航一体机

安吉星 Star

96 年—车联网系统

6 年，在月球车车载信统基础上，通用汽车了世界最早的车联网，命名为 OnStar（安）。1997 年，首款安nStar 系统的凯迪拉型问世。

1990 年，马自达发布了第一辆内置 GPS 的汽车；1992 年，丰田 Celsior 成为了第一辆带有声控 GPS 系统的汽车，同时，DVD 播放器开始应用于汽车，汽车进入 DVD 导航时代。

1985 年—汽车 CD 机

1982 年，索尼生产出全球第一台 CD 机。1985 年，诞生了第一辆装配 CD 机的车型，因为 CD 机音质更好，于是很快便替代了卡带机。

- 法拉利牌汽车问世。
- "汽车大王"亨利·福特去世。

法拉利 Portofino

法拉利总部位于意大利马拉内罗（Maranello）。由恩佐·法拉利（Enzo Ferrari）于 1947 年创办，主要制造一级方程式赛车（F1）、赛车及高性能跑车。1969 年恩佐·法拉利出售公司 50% 的股份给菲亚特集团（Fiat Group），1988 年该比例增加到 90%。

一个名叫 Francesco Baracca 的意大利飞行员使用"跃马标"作为个人徽章，并喷涂在它的飞机上，寓意着好运随身。后来飞行员父母将跃马标志托付与恩佐·法拉利，于是这个标志加上黄色盾形背景出现在了法拉利的赛车上。

恩佐·法拉利（1898—1988）

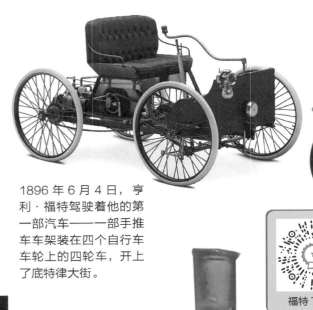

1896 年 6 月 4 日，亨利·福特驾驶着他的第一部汽车——一部手推车车架装在四个自行车车轮上的四轮车，开上了底特律大街。

福特 T 型

亨利·福特聘请了有"机械化天才"美誉的沃尔特·弗兰德建立了世界上第一条汽车流水装配生产线，1913 年 12 月 1 日，福特的流水生产线开始启用，1914 年达到每 24s 就出厂一辆的速度，年产量高达 73 万辆。

亨利·福特（1863—1947）
1947 年 4 月 3 日，亨利·福特去世。他葬礼的那一天，美国所有的汽车生产线停工一分钟，以纪念这位"汽车界的哥白尼"。

1941 年 8 月，福特制造了一辆塑料车身的汽车原型。该车使用可生物降解的机身，其面板的材料完全由大豆制成。

福特塑料车身汽车

亨利·福特的梦想是"制造人人都能买得起的汽车"，1908 年，福特推出了迄今为止仍未被打破产量世界纪录的——T 型车。

毛马斯·爱迪生（1847—1931）是亨利·福特的偶像，也是他的朋友。在爱迪生最后一次生病期间，这支试管就放在他的床头。在他死后，它被用石蜡密封。爱迪生的儿子后来把他父亲的'最后一口气'寄给了亨利·福特，因为他知道他们之间的关系很亲密。

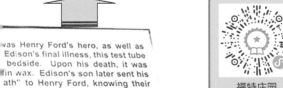

福特庄园

Ford Home

When restoring this house, Henry Ford made sure everything was exactly as he remembered. For 18 months, he sent people around the country searching for the dining room stove like the one that was in his boyhood home.

Here in this farmhouse, young Henry Ford learned the values of simplicity and hard work. But he still hated doing farm chores, which he considered boring.

Henry Ford was born and grew up here with his five brothers and sisters. His father, William, was a hard-working farmer. His mother, Mary, was passionate about her family and about keeping things in order. Although he loved his parents, Henry Ford realized that farm life was not for him. At 16, he left home to find opportunities in growing industries of Detroit.

Built in 1861 in Springwells Township, Michigan

1933 年，福特在密歇根州迪尔伯恩建立了格林菲尔德村。作为历史建筑的集合，亨利·福特庄园（格林菲尔德村）里面有亨利·福特的初创时的工厂和他的家，他购买了 100 处世界名人的房产，将它们全部搬到一个村庄中。

1948

路虎汽车、本田汽车诞生—汽车玻璃—液力变矩器

- 二战期间别克公司为坦克开发了液力变矩器。1948 年，这种液力变矩器被应用于汽车领域。
- 曲面挡风玻璃问世。
- 无内胎轮胎问世。
- 奔驰轿车首次装用电动车窗。
- 1948 年，第一辆路虎汽车正式问世，四轮单座，全车敞篷。

捷豹　　　　　　　　　　路虎

JLR

2023 年 6 月 5 日，捷豹路虎发布全新品牌标识，新标识由捷豹路虎缩写
"JLR"组成。同时，发布了旗下四大品牌——揽胜、卫士、发现、捷豹。

RANGE ROVER	DEFENDER	DISCOVERY	JAGUAR
揽胜	卫士	发现	捷豹

1970 年，路虎首辆量
产三车门揽胜诞生。

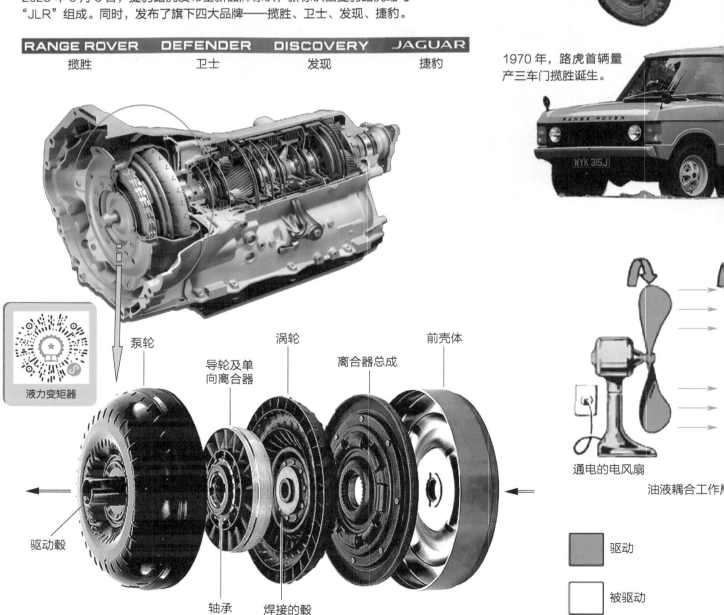

液力变矩器

泵轮　　　涡轮　　　前壳体
导轮及单　　离合器总成
向离合器

驱动毂

轴承　　焊接的毂

通电的电风扇

油液耦合工作

驱动

被驱动

1963	1969	1981	1991	2001	

HONDA
Soichiro Honda
「やってみもせんで、
何が分かる」（不做，
永远不知道答案）

本田首台轻型
货车 T360

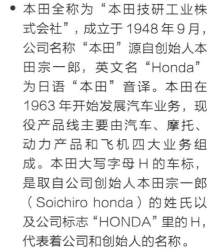

本田宗一郎（1906—1991）

- 本田全称为"本田技研工业株式会社"，成立于 1948 年 9 月，公司名称"本田"源自创始人本田宗一郎，英文名"Honda"为日语"本田"音译。本田在 1963 年开始发展汽车业务，现役产品线主要由汽车、摩托、动力产品和飞机四大业务组成。本田大写字母 H 的车标，是取自公司创始人本田宗一郎（Soichiro honda）的姓氏以及公司标志"HONDA"里的 H，代表着公司和创始人的名称。

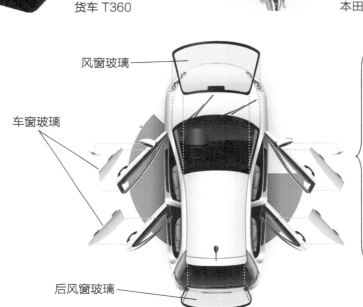

风窗玻璃

车窗玻璃

后风窗玻璃

钢化玻璃
经过高温处理后，再快速冷却形成的高强度玻璃。破碎时碎片成蜂窝状钝角小颗粒，不易伤人。车窗及后风窗一般是钢化玻璃。

夹层玻璃
由两层或两层以上的玻璃用一层或数层透明的 PVB 膜黏合而成的玻璃制品，破碎后玻璃碎片仍然粘在 PVB 上不剥落，不伤人，具有安全性。前风窗玻璃强制规定必须是夹层玻璃。

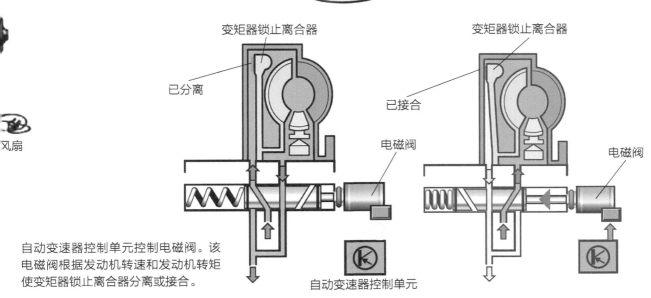

风扇

变矩器锁止离合器

已分离

变矩器锁止离合器

已接合

电磁阀

电磁阀

自动变速器控制单元控制电磁阀。该电磁阀根据发动机转速和发动机转矩使变矩器锁止离合器分离或接合。

自动变速器控制单元

- 美国福特公司推出具有历史意义的新型福特 V8 型汽车。这种车型改变了以往汽车造型的模式，使前翼子板和发动机舱罩、后翼子板和行李舱罩融于一体，大灯和散热器罩也形成一个平滑的面，车舱位于车的中部，整个造型很像一只小船，所以人们把这类车称为"船形汽车"。
- 克莱斯勒汽车采用点火钥匙起动。

福特 V8 汽车

福特 V8 Standard Tudor Sedan（1949 年推出）

电动起动可以通过点火钥匙控制起动机工作带动发动机曲轴转动来起动。将点火钥匙插入方向柱上点火开关内旋转至"START"档位，数秒内即可起动发动机。

1769 年法国陆军工程师古诺（1725—1804）制造出第一辆以蒸汽机为动力机构的汽车。蒸汽机使用明火点燃煤炭等燃料燃烧制造蒸汽推动机械齿轮转动，这是最原始的起动方式。

配有一键起动功能的车型，在车辆识别到合法的遥控钥匙后，踩下制动踏板，按下仪表板上的一键启动按钮即可起动或关闭发动机。也有用旋钮来起动和关闭发动机的，如沃尔沃。

在起动机未普遍应用于汽车发动机之前，发动机的起动都是使用摇把由人力带动发动机曲轴转动起动的。这种起动方式在农村常见的手扶拖拉机、配置简单的三轮车上还在使用。

部分新能源汽车在使用 NFC 卡片钥匙解锁并进入车辆后，在 5 分钟之内可以通过踩下制动踏板起动车辆。超过时间后可将卡片置于读卡区即可起动车辆。

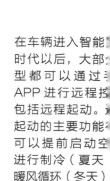

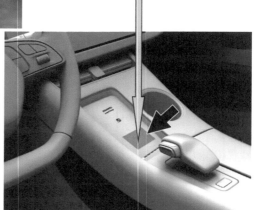

在车辆进入智能化时代以后，大部分车型都可以通过手机 APP 进行远程控制，包括远程起动。远程起动的主要功能还可以提前启动空调进行制冷（夏天）、暖风循环（冬天）。

拨叉式起动装置（行星齿轮传动）

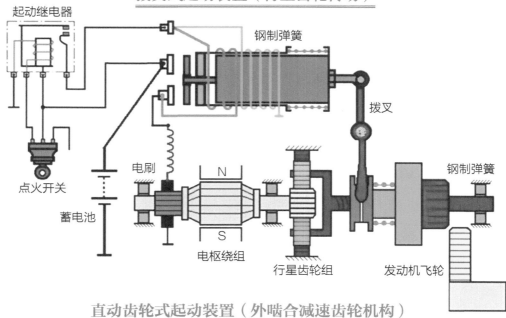

直动齿轮式起动装置（外啮合减速齿轮机构）

汽车兴起之后，NFC 卡片成为一种潮流。使用这种在获取权限后，不仅可以开闭车门锁，还可以开启电门（相当点火开关）。

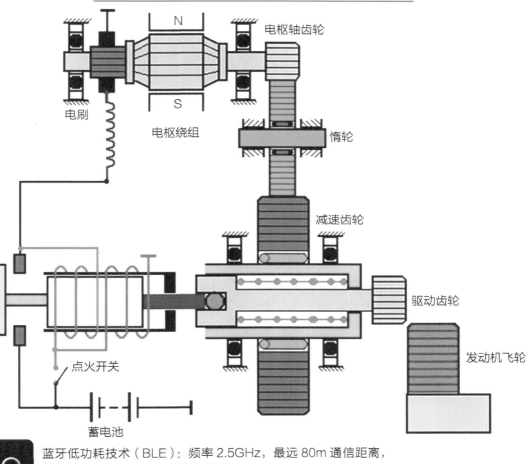

蓝牙低功耗技术（BLE）：频率 2.5GHz，最远 80m 通信距离，用于唤醒 UWB，加密传输数据功能。

超宽带技术（UWB）：频率 6~9GHz，通信距离 10m，用于精确定位功能。
近场通信技术（NFC）：用于备用钥匙进入及车辆起动功能。

1950 麦弗逊悬架被应用—独立悬架的结构

- 英国路虎公司推出世界上第一台采用燃气涡轮发动机的汽车。
- 英国人获得盘式制动器专利。
- 麦弗逊悬架的创始人为工程师麦弗逊（Mcpherson）1891 年麦弗逊出生于美国伊利诺伊州，1950 年福特在英国

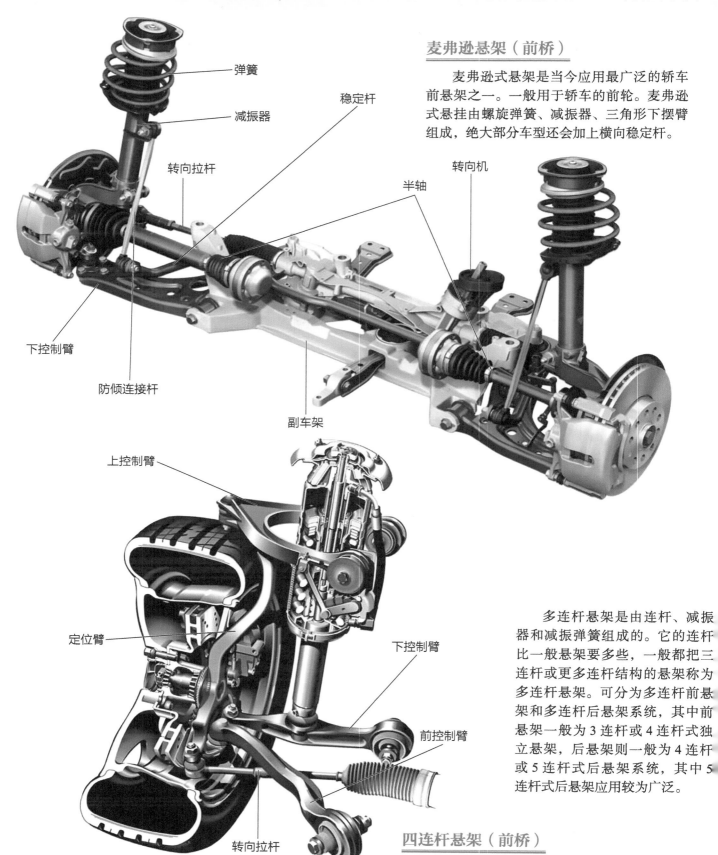

麦弗逊悬架（前桥）

麦弗逊式悬架是当今应用最广泛的轿车前悬架之一。一般用于轿车的前轮。麦弗逊式悬挂由螺旋弹簧、减振器、三角形下摆臂组成，绝大部分车型还会加上横向稳定杆。

弹簧
减振器
稳定杆
转向拉杆
转向机
半轴
下控制臂
防倾连接杆
副车架

上控制臂
定位臂
下控制臂
前控制臂
转向拉杆

多连杆悬架是由连杆、减振器和减振弹簧组成的。它的连杆比一般悬架要多些，一般都把三连杆或更多连杆结构的悬架称为多连杆悬架。可分为多连杆前悬架和多连杆后悬架系统，其中前悬架一般为 3 连杆或 4 连杆式独立悬架，后悬架则一般为 4 连杆或 5 连杆式后悬架系统，其中 5 连杆式后悬架应用较为广泛。

四连杆悬架（前桥）

的子公司生产的两款车，是世界上首次使用麦弗逊悬架的商品车。

● 国际汽车联合会成立，规范的汽车比赛自此开始。

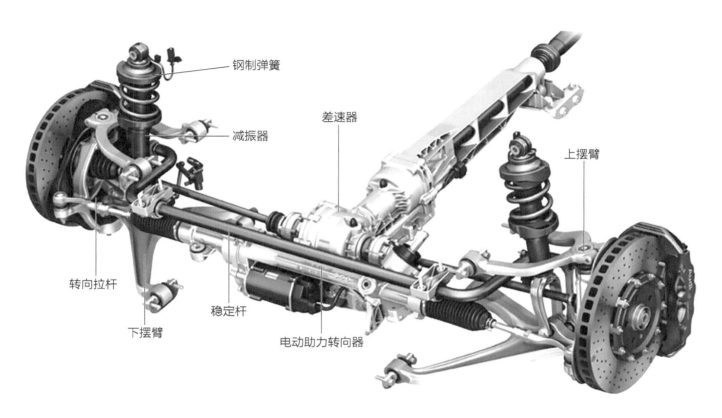

钢制弹簧

差速器

减振器

上摆臂

转向拉杆

稳定杆

下摆臂

电动助力转向器

双叉臂悬架（前桥）

　　双叉臂悬架是独立悬架的一种，也叫双叉骨、双愿骨（double wish bone）悬架，双叉臂悬架拥有上下两个不等长的摇臂，双叉臂的臂有做成 A 字形或 V 字形。V 形臂的上下 2 个 V 形摆臂以一定的距离，分别安装在车轮上，另一端安装在车架上。

车轮外倾支撑杆

拉杆

弹簧导杆

横拉杆

推杆

五连杆悬架（后桥）

五连杆后桥悬架

麦弗逊悬架与
双叉臂悬架

- 克莱斯勒公司推出具有半球形燃烧室的 V8S 发动机。

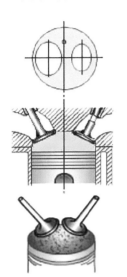
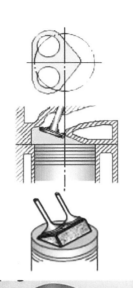
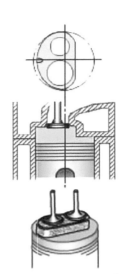

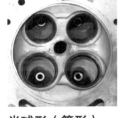

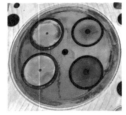

半球形（篷形）
结构紧凑，火花塞布置在燃烧室中央，火焰行程短、燃烧速率高、散热少、热效率高。

楔形
结构简单、紧凑，散热面积小，热损失也小，进气阻力小，提高了充气效率。

盆形
制造成本低，但因气门直径易受限制，进、排气效果要比半球形燃烧室差。

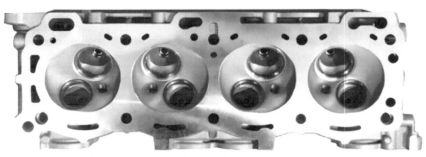

现代汽车发动机广泛应用半球形燃烧室设计的气缸盖。

软轴式电动玻璃升降器
软轴式电动玻璃升降器可用于各种玻璃圆弧的车型中，但运行噪声较大，主要用于玻璃圆弧适中的客车和中低档轿车中。

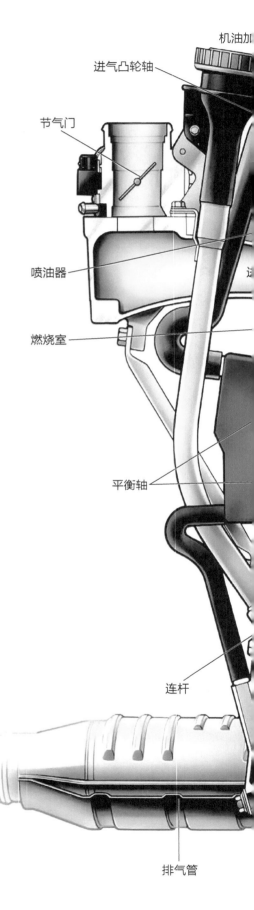

机油加

进气凸轮轴

节气门

喷油器

燃烧室

平衡轴

连杆

排气管

- 克莱斯勒 Imperial 开始在 1951 款车型上提供转向助力并装配电动车窗。

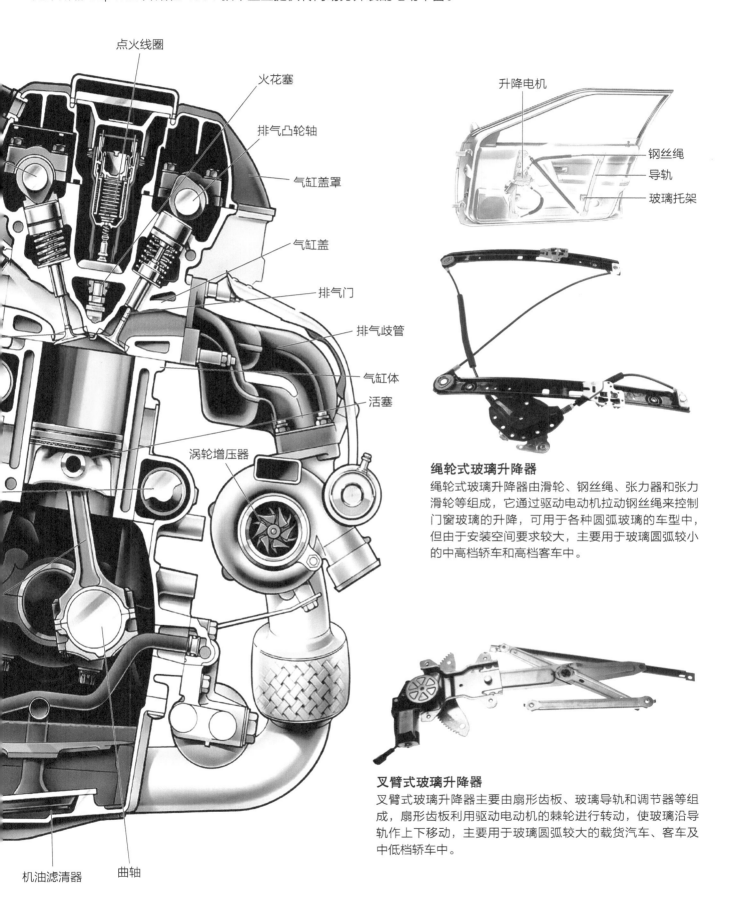

点火线圈
火花塞
排气凸轮轴
气缸盖罩
气缸盖
排气门
排气歧管
气缸体
活塞
涡轮增压器
机油滤清器
曲轴

升降电机
钢丝绳
导轨
玻璃托架

绳轮式玻璃升降器
绳轮式玻璃升降器由滑轮、钢丝绳、张力器和张力滑轮等组成，它通过驱动电动机拉动钢丝绳来控制门窗玻璃的升降，可用于各种圆弧玻璃的车型中，但由于安装空间要求较大，主要用于玻璃圆弧较小的中高档轿车和高档客车中。

叉臂式玻璃升降器
叉臂式玻璃升降器主要由扇形齿板、玻璃导轨和调节器等组成，扇形齿板利用驱动电动机的棘轮进行转动，使玻璃沿导轨作上下移动，主要用于玻璃圆弧较大的载货汽车、客车及中低档轿车中。

鱼形汽车面世—隐藏式门拉与安全带

- 船型汽车尾部过分向后伸出，形成阶梯状，在高速时会产生较强的空气涡流。为了克服这一缺陷，人们把船型车的后窗玻璃逐渐倾斜，倾斜的极限即成为斜背式。这类车被称为"鱼形汽车"。最初的鱼形车是美国 1952 年生产的别克牌小客车。1964 年美国的克莱斯勒顺风牌和 1965 年的福特野马牌都采用了鱼形造型。自顺风牌以后，世界各国逐渐生产鱼形汽车。
- 转向助力器装车使用。
- 美国人开始采用座椅安全带。
- 隐藏式门把手出现，当时是由奔驰研发出来的隐藏式门把手，而当时奔驰研发隐藏式门把手主要就是因为要降低参加竞速大赛 300SL 车型的行驶风阻，进而提升车辆性能、降低油耗。

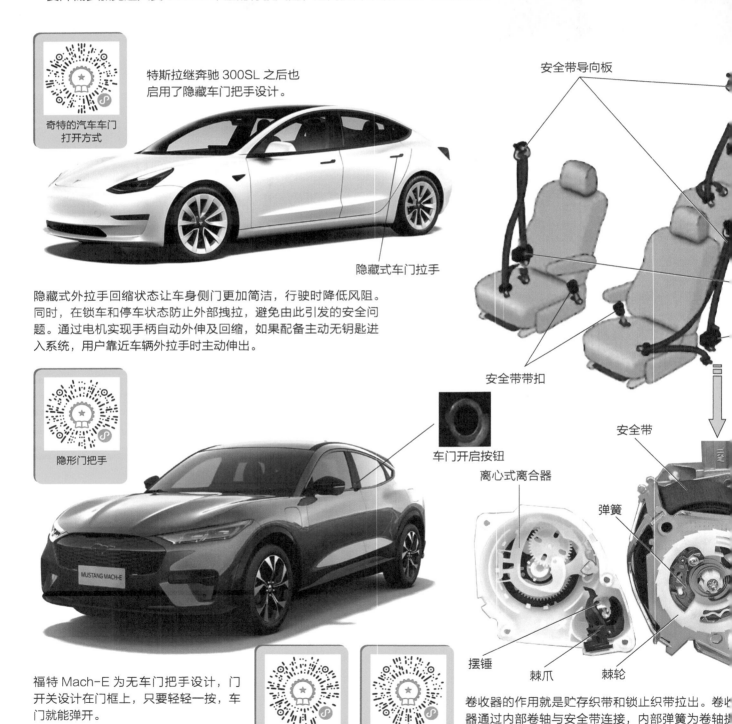

奇特的汽车车门打开方式

特斯拉继奔驰 300SL 之后也启用了隐藏车门把手设计。

隐藏式车门拉手

安全带导向板

隐藏式外拉手回缩状态让车身侧门更加简洁，行驶时降低风阻。同时，在锁车和停车状态防止外部拽拉，避免由此引发的安全问题。通过电机实现手柄自动外伸及回缩，如果配备主动无钥匙进入系统，用户靠近车辆外拉手时主动伸出。

安全带带扣

车门开启按钮

安全带

隐形门把手

离心式离合器

弹簧

摆锤

棘爪

棘轮

福特 Mach-E 为无车门把手设计，门开关设计在门框上，只要轻轻一按，车门就能弹开。

福特 Mach-E 电马

汽车安全带工作原理

卷收器的作用就是贮存织带和锁止织带拉出。卷收器通过内部卷轴与安全带连接，内部弹簧为卷轴提供反向旋转的力矩，当用力猛拉时，就会触发卷收器内部的锁止机构，卡住不让织带继续拉出。

1965 年福特野马汽车

福特野马 1965

起源于赛事的奔驰 300SL

燃爆预紧式安全带在碰撞的瞬间，其中的张紧器向下拉紧安全带，安全带和安全气囊共同作用来降低乘客上身受伤的概率。

安全带卷收器

气体发生剂

安全带

安全带卷收器

机械触发单元

安全带卷筒

滚珠收集器

齿轮

安全带卷轴与齿轮刚性连接在一起，齿轮由滚珠来驱动，滚珠存放在存放管内，点燃燃料后产生膨胀气体推动滚珠移动。

滚珠预紧式安全带

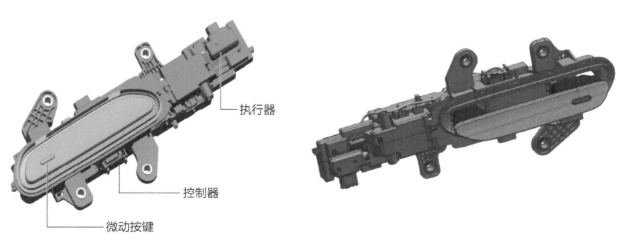

执行器

控制器

微动按键

隐藏式车门拉手弹出状态
隐藏式门把手通过电子感应系统来工作，当车主靠近车门并用手触碰到指定区域时，感应系统就会通过电机驱动门把手弹出。

1953 斯巴鲁汽车、中国一汽诞生— 安全气囊

- 中国第一汽车制造厂成立，经过七十多年的发展，如今已经成为国内前列的国有特大型汽车企业集团。
- 斯巴鲁的母公司——富士重工有限公司正式成立。
- 玻璃纤维薄板加钢筋构成的车身问世。

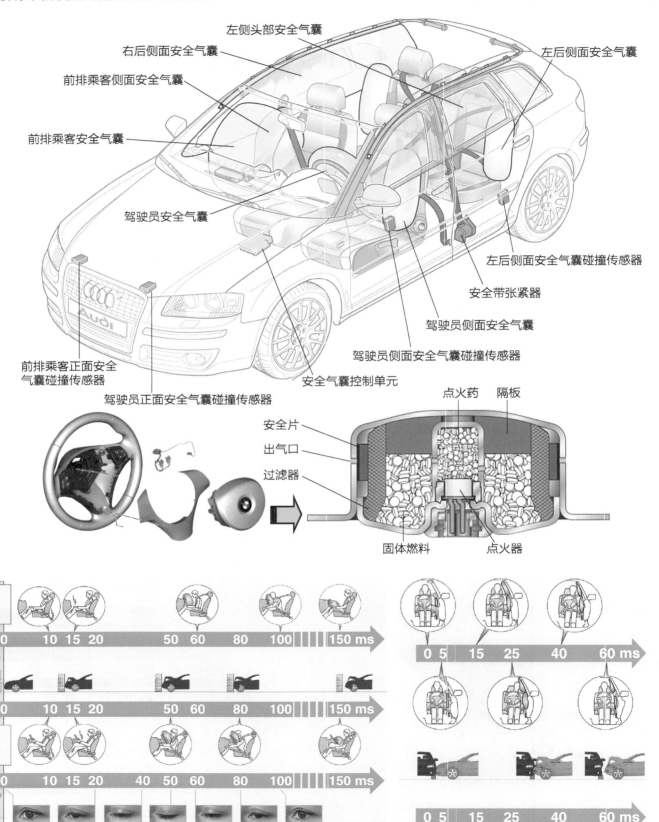

左侧头部安全气囊

右后侧面安全气囊

前排乘客侧面安全气囊

左后侧面安全气囊

前排乘客安全气囊

驾驶员安全气囊

左后侧面安全气囊碰撞传感器

安全带张紧器

驾驶员侧面安全气囊

驾驶员侧面安全气囊碰撞传感器

前排乘客正面安全气囊碰撞传感器

安全气囊控制单元

驾驶员正面安全气囊碰撞传感器

点火药　隔板

安全片

出气口

过滤器

固体燃料　点火器

0 10 15 20   50 60 80 100   150 ms

0 10 15 20   50 60 80 100   150 ms

0 5 15 25 40 60 ms

0 10 15 20 40 50 60 80 100 150 ms

0 5 15 25 40 60 ms

正面碰撞气囊工作过程

侧面碰撞气囊工作过程

- 美国人戴纳·富勒创造了 264km/h 的地面行驶纪录，该纪录一直保持了 18 年。
- 美国人约翰－赫特里特（John Hotrich）发明安全气囊。1953 年 8 月 18 日，他获得了"汽车缓冲安全装置"的美国专利。1971 年，福特将安全气囊装在一批实验车上；1974 年，通用首次为量产车型安装了安全气囊。

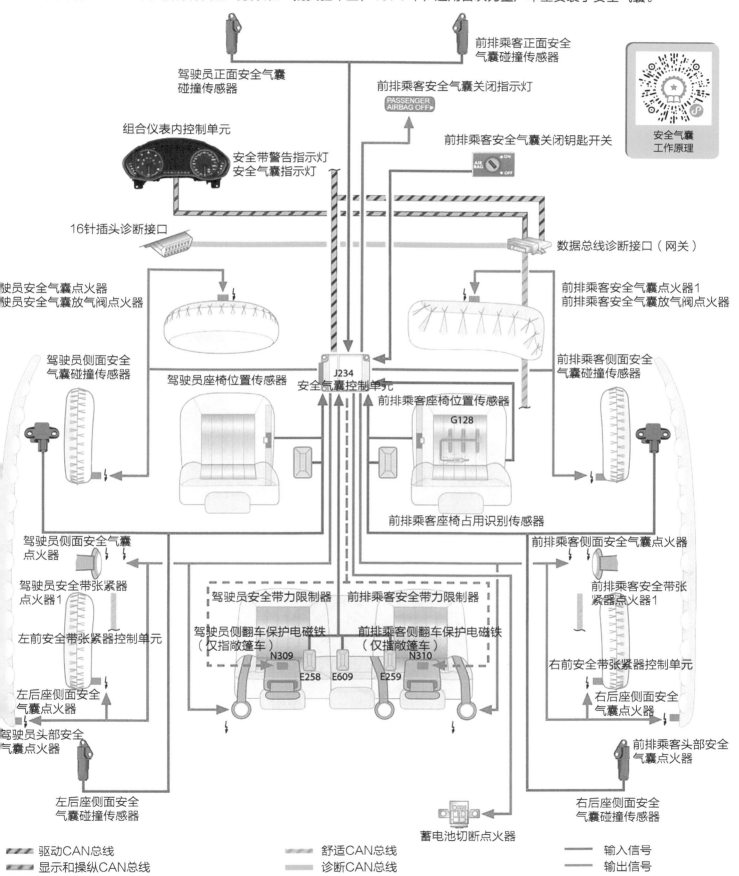

前排乘客正面安全气囊碰撞传感器

驾驶员正面安全气囊碰撞传感器

前排乘客安全气囊关闭指示灯

前排乘客安全气囊关闭钥匙开关

组合仪表内控制单元

安全带警告指示灯
安全气囊指示灯

安全气囊
工作原理

16针插头诊断接口

数据总线诊断接口（网关）

驶员安全气囊点火器
驶员安全气囊放气阀点火器

前排乘客安全气囊点火器1
前排乘客安全气囊放气阀点火器

驾驶员侧面安全气囊碰撞传感器

前排乘客侧面安全气囊碰撞传感器

驾驶员座椅位置传感器

J234
安全气囊控制单元

前排乘客座椅位置传感器

G128

前排乘客座椅占用识别传感器

驾驶员侧面安全气囊点火器

前排乘客侧面安全气囊点火器

驾驶员安全带张紧器点火器1

驾驶员安全带力限制器

前排乘客安全带力限制器

前排乘客安全带张紧器点火器1

左前安全带张紧器控制单元

驾驶员侧翻车保护电磁铁（仅指敞篷车）

N309

前排乘客侧翻车保护电磁铁（仅挡敞篷车）

N310

右前安全带张紧器控制单元

左后座侧面安全气囊点火器

E258　E609　E259

右后座侧面安全气囊点火器

驾驶员头部安全气囊点火器

前排乘客头部安全气囊点火器

左后座侧面安全气囊碰撞传感器

蓄电池切断点火器

右后座侧面安全气囊碰撞传感器

驱动CAN总线
显示和操纵CAN总线
扩展CAN总线

舒适CAN总线
诊断CAN总线

输入信号
输出信号

1954 转子发动机发明及其结构原理

- 德国工程师菲加士·汪克尔于 1924 年开始研发转子发动机，1951 年与当时西德的 NSU 公司（奥迪的前身）签订了关于合作开发转子发动机的合约。在 1954 年 4 月 13 日，NSU 公司终于成功研制出第一台转子发动机。

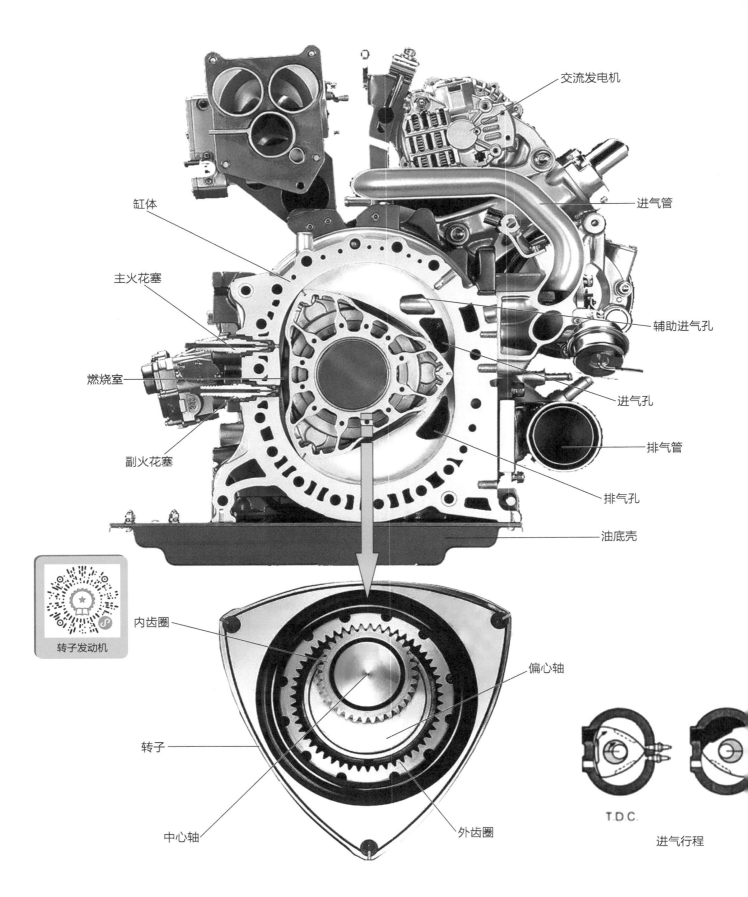

交流发电机

进气管

缸体

主火花塞

辅助进气孔

燃烧室

进气孔

排气管

副火花塞

排气孔

油底壳

转子发动机

内齿圈

偏心轴

转子

中心轴

外齿圈

T.D.C.

进气行程

- 燃油喷射式发动机问世。
- 原美国汽车公司（AMC）首先在轿车上安装了冷暖型一体的空调装置。

在转子发动机中，燃烧产生的压力保存在壳体和三角形转子（在该发动机中用来代替活塞）构成的密封室中。转子有三个凸面，每个凸面相当于一个活塞。转子的每个凸面都有一个凹陷，用于增加发动机的排气量，容纳更多空气燃油的混合气。

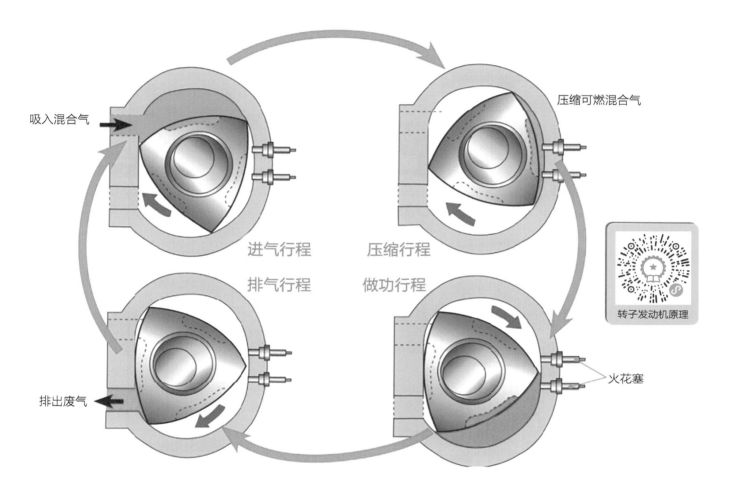

转子有一组内部轮齿，位于其中一个侧面的中心。它们与固定到壳体的齿轮相啮合。这种啮合决定了转子在壳体内运动的路径和方向。壳体大致呈椭圆形，壳体的每一部分都专用于发动机工作循环的一部分。发动机工作循环包括：进气、压缩、做功和排气。当转子在壳体内转动时，会推动凸轴旋转；转子每转一周，凸轴会旋转三周。

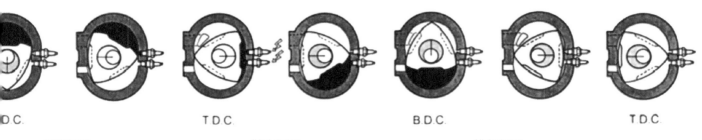

1955 丰田皇冠汽车

 1955　 1962　 1967　 1974　1979　1979　1983　1988

 1991　 1995　 1999　 2003　 2008　2012　 2022

丰田皇冠历史
（1955—2022）

1955 年第 1 代

1955 年 1 月，第一辆丰田皇冠由社长丰田英二亲自开下生产线，车型采用了对开式车门，船形车身以及圆筒形大灯。

1962 年第 2 代

1962 年第一次应用皇冠车标，搭载 1.9L 发动机并匹配 3 档手动或 2 档自动变速器。并推出 2.6L V8 发动机车型，这也是第一款进口中国的丰田汽车。

1967 年第 3 代

第 3 代定位为面向私人的豪华车型，空间更大，内饰更精美，搭载 2.0L 与 2.3L 发动机（采用双腔化油器）。

1971 年第 4 代

Toyopet Crown 更名为 Toyota Crown，1974 年推出 Royol Saloon 车型，作为皇冠顶配车型，搭载 2.6L 直列六缸发动机。

1974 年第 5 代

第 5 代造型更加方正，发动机采用了全新的电子燃油喷射系统，并搭载 4 档自动或 5 档手动变速器。

1979 年第 6 代

第 6 代新增自动空调、后排独立空调、电动天窗等豪华配置。发动机 2.6L 升级为 2.8L，首次加入了 2.0T 的直列六缸发动机以及 2.4L 柴油涡轮增压发动机。

1983 年第 7 代

首次采用四轮独立悬架并配置电子仪表、电子屏幕、车载冰箱等电器。这是第一款大批量进入中国的皇冠车型。

1987 年第 8 代

第 8 代车型配置彩色液晶显示屏、电动折叠后视镜、CD 播放器、车载电话、后排多媒体系统等电器。1990 年达到历代最高年销量为 205259 辆。

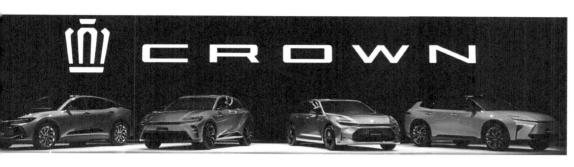

2022 年丰田发布皇冠品牌，车型包括轿车、SUV 与跨界车型。一汽丰田先后推出车型有皇冠威尔法、皇冠陆放、皇冠 Sport Cross。

1991 年第 9 代

第 9 代外观借鉴雷克萨斯 LS400 的设计，整体更加圆润。丰田车标首次被应用于车身尾部。配备了电动座椅调节、车载电视、四轮转向系统、抬头显示、前后排座椅加热等当时最新的科技配置。

1995 年第 10 代

第 10 代开始，丰田皇冠正式采用了承载式车身，继续采用 2.0L、2.5L、3.0L 三个排量的汽油发动机和 2.4L 柴油发动机。传动系统匹配 4 速自动、5 速手动或 5 速自动变速器。

1999 年第 11 代

这一代设计更为现代，中控采用了双色设计，融入木饰装饰条，后排配备了电动遮阳帘。还推出了运动版车型。这一代仅在日本本土销售。

2003 年第 12 代

这一代配备多功能方向盘、一键启动、倒车影像等电器。全系车型换装带有双 VVT-i 和燃油直喷技术的 V6 发动机。一汽丰田生产的第十二代皇冠于 2005 年三月正式上市。

2008 年第 13 代

这一代提供 Royal、ATHLETE、MAJESTA 三大系列车型，同时还推出了运动车型。2008 年 5 月混动版上市，第一次搭载了由 3.5L V6 发动机和电动机组成的油电混动系统。

2012 年第 14 代

这一代中控的屏幕首次采用了上下双屏的触摸设计，混动系统搭载了 2.5L 四缸直喷汽油发动机与高功率电动机。

2015 年第 14 代

2015 年进行了中期改款，主要改变前脸造型。2020 年 4 月 29 日，最后一辆第 14 代丰田皇冠下线，国产皇冠正式停产。

2018 年第 15 代

这一代为丰田第一款 TNGA 后驱平台车型，搭载 2.0T 涡轮四缸发动机、2.5L 四缸混动以及 3.5L V6 混动的动力系统。

- 1956 年 7 月 13 日，解放牌 CA10 载重货车在吉林省长春中国第一汽车制造厂（一汽集团的前身）成功下线，是新中国汽车工业的里程碑之作。该车以苏联莫斯科斯大林汽车厂的吉斯–150 型载重汽车为蓝本设计制造，匹配 6 缸汽油发动机，最大功率 90hp，载重量 4t，最高速度为 65km/h。

电控中控锁系统由控制模块、CAN 网络、LIN 网络、锁开关、锁机构及传感器等组成。中控锁系统中，四个车门门锁直接由车门模块控制。尾门锁和燃油箱盖由 BCM 控制。机舱盖锁是一套机械机构，由位于驾驶舱内左侧 A 柱下端的释放杆控制。

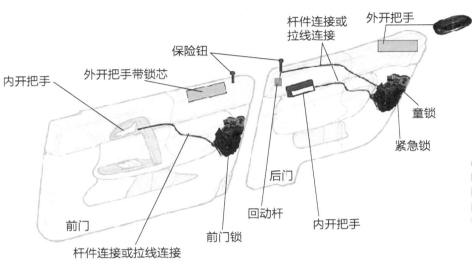

侧门锁系统是锁体、锁扣、锁芯、钥匙、内/外把手、连接拉杆/拉线联合工作，以实现车门安全关闭开启的机电集成功能系统。

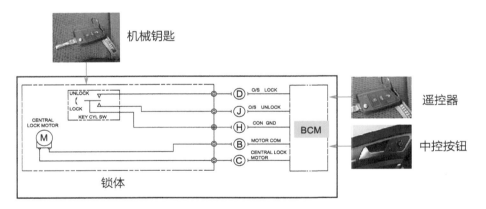

中控锁通过钥匙遥控器或中控开关，控制全车锁的保险状态，实现锁止或解锁。遥控器/中控按钮为 BCM 输出信号，BCM 输出电流给门锁电机，控制全车门锁的锁止或解锁；机械钥匙触发主驾门锁，主驾门锁为 BCM 输出信号，BCM 输出电流给其他门锁电机，控制全车门锁锁止或解锁。

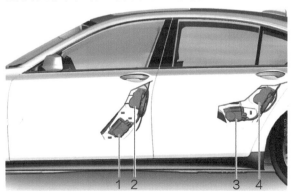

自动软关功能的传感器系统位于车门锁内，采用霍尔传感器。霍尔传感器安装在各车门的门锁内。一个霍尔传感器用于卡爪，其他用于碰锁。

1—驾驶员车门 SCA 传动装置 2— 驾驶员车门锁 3— 驾驶员侧后车门 SCA 传动装置 4— 驾驶员侧后车门门锁

- 四大灯照明系统被采用。
- Packard 引入了一个电动门锁系统。

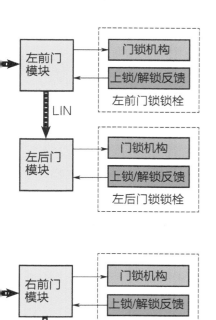

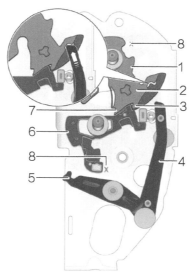

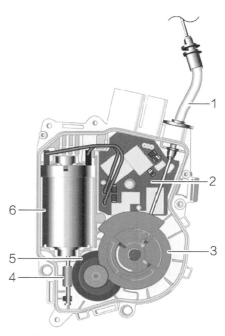

1—碰锁 2—碰锁拉爪 3—碰锁预卡止齿 4—驱动爪 5—SCA 传动装置操纵杆 6—卡爪 7—碰锁主卡止齿 8—霍尔传感器安装位置

轻轻关闭车门时，碰锁 1 预卡止齿 3 卡止在卡爪 6 上。自动软关功能传动装置拉动操纵杆 5。操纵杆通过拉爪 4 使碰锁转动，直至转动到主卡止齿 7 上方。卡爪此时可卡入碰锁主卡止齿内。因此碰锁锁死，车门锁无法自动打开。

1—拉线 2—电子控制装置 3—拉线驱动齿轮 4—驱动蜗杆 5—中间齿轮 6—驱动电机

自动软关功能驱动电机 6 轴上有一个两级蜗杆 4，该蜗杆可使自动软关装置朝"关闭"方向驱动。驱动蜗杆的转动通过中间齿轮 5 传递到驱动齿轮 3 上。驱动齿轮将转动传递到拉线 1 上。也就是说，通过拉线拉动车门锁内的操纵杆，从而使车门完全关闭。

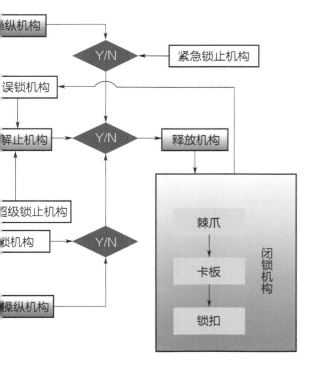

门锁闭锁时，车门转动，通过闭锁机构，锁扣进入卡板，带动卡板旋转，卡板与棘爪卡接，并将锁扣咬合，实现门锁闭锁。门锁释放时，外开把手为外操作机构，从外部控制门锁的释放；内开把手为内操作机构，从内部控制门锁的释放。锁止解止机构通用钥匙、安全钮、遥控器控制锁止机构，阻隔内开与外开功能；紧急锁机构控制锁止机构，阻隔内开与外开功能；儿童锁机构仅阻隔内开功能。

汽车电吸门

- 林肯大陆汽车采用组合车身。
- 带冷却片的制动毂问世。

中国第一辆小轿车 CA71

中国第一辆汽车的诞生

1958 年 5 月 12 日，代号为 CA71 的中国第一辆小轿车驶下了生产线，车名定为"东风"。

以苏联吉斯 150 型卡车为样本，1956 年 7 月 14 日第一批解放牌 CA10 卡车下线，结束了中国生产不了汽车的历史。

1957 年，长安机器制造厂用三个月时间以威利斯 M38A1 吉普车为参照制造出长江 46 型军用越野车。

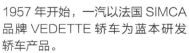

法国小汽车 SIMCA

1957 年开始，一汽以法国 SIMCA 品牌 VEDETTE 轿车为蓝本研发轿车产品。

- 福特 Fairlane 500 Skyliner 是汽车史上第一款投入生产的大型硬顶敞篷车。

1958 年 9 月 28 日，上海汽车制造厂以奔驰 220S 为样本，装配完成第一辆汽车，起名为"凤凰"。为了和东风 CA71 的"银龙"标志相呼应，车头安装凤凰造型的立标。

1958 年 7 月 1 日，一汽在"乘东风、展红旗、八一拿出高级轿车去见毛主席！"口号激励下，参照 1955 年款的克莱斯勒帝国，开始研制高级轿车。

1958 年 8 月 1 日，第一辆红旗高级轿车的试验样车——CA72-1E 组装完成。

为完成制造国庆检阅车的任务，参考迪拉克 Fleetwood 和林肯 Continental，一汽在 CA72-1E 的基础上进一步完善，经过 5 轮改进，代号为 CA72 的红旗轿车于 8 月 31 日诞生。

新中国第一辆轿车面世—无级变速器

- 第一汽车制造厂的工程师们在法国西姆卡 Vedetti 的基础上设计出了轿车的底盘和车身，于 1958 年 5 月 12 日生产出了我国第一辆轿车样车。该样车为流线型车身，顶部银灰色，车身为紫红色，6 座，装有冷热风，发动机罩前上方立一个小金龙铸件，发动机最大功率为 70hp，最高车速可达 128km/h，耗油量为百公里 9~10L。这辆车就被命名为"东风"。这辆东风的生产代号为 CA71。

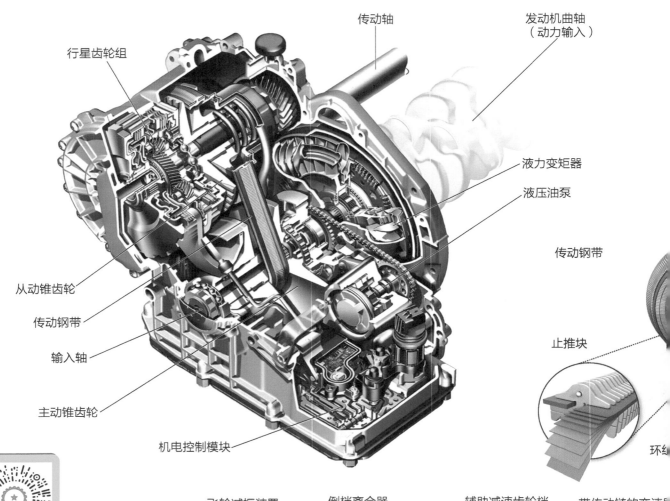

行星齿轮组 传动轴 发动机曲轴（动力输入）
液力变矩器
液压油泵
传动钢带
止推块
环组
从动锥齿轮
传动钢带
输入轴
主动锥齿轮
机电控制模块

钢链式无级变速器运行演示

变速器工作原理

根据发动机输出功率，发动机转矩通过飞轮减振装置或双质量飞轮传递给变速器。前进档和倒档各有一"湿式"刚片离合器；两者均为起动离合器。倒档旋转方向通过行星齿轮系改变。发动机转矩通过辅助减速齿轮档传递到变速器，并由此传到主减速器。电子液压控制单元和变速器控制单元集成为一体，位于变速器壳体内。

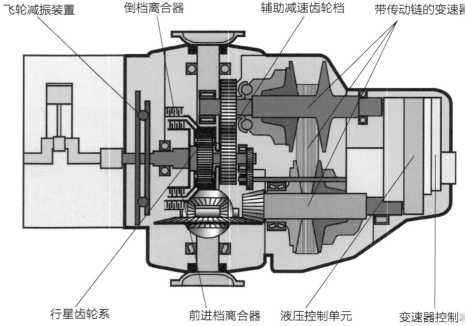

飞轮减振装置 倒档离合器 辅助减速齿轮档 带传动链的变速器
行星齿轮系 前进档离合器 液压控制单元 变速器控制

- 无级变速器问世。
- 日本公司首次向美国出口汽车。
- 荷兰 DAF 公司的 H.Van Doome 博士发明了 CVT 变速箱随后它们推出了装备双 V 形橡胶带式 CVT 的轿车 DAF600。

速器传动比变小

传动比必须由主压力调节。次压力控
止推链带所需的接触压力。无级变速器
（VT）主控制电磁阀将机油压力施加至压力
。所需的机油压力经供给压力阀供至带轮
件。主动带轮套件上的油压下降会导致可
动带从固定带移开；从而减小止推链带的
工作半径。同时，副带轮装置上的可移动
向固定带移动；从而增加副侧的工作半径。

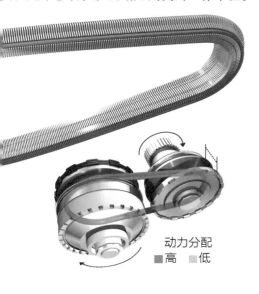

动力分配
■ 高 ■ 低

变速器传动比变大

无级变速器（CVT）控制单元通过无
级变速器主控制电磁阀促动主压力阀。这
会使主动带轮套件被施加更高的压力。施
加高压使得主动带轮套件的可移动带轮移
向固定带轮；从而增大止推链带的主工作
半径。同时，副带轮套件的可移动带轮移
向固定带轮，从而减小了止推链带的副工
作半径。

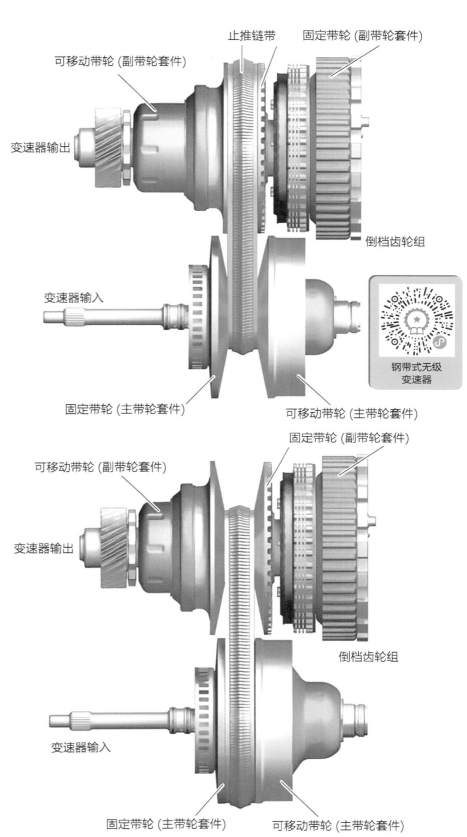

止推链带　　固定带轮 (副带轮套件)
可移动带轮 (副带轮套件)
变速器输出
倒档齿轮组
变速器输入
钢带式无级变速器
固定带轮 (主带轮套件)　　可移动带轮 (主带轮套件)

固定带轮 (副带轮套件)
可移动带轮 (副带轮套件)
变速器输出
倒档齿轮组
变速器输入
固定带轮 (主带轮套件)　　可移动带轮 (主带轮套件)

- 控制污染的曲轴箱通气阀研制成功。
- 奔驰公司首次进行汽车碰撞和翻滚试验。
- 世界上第一辆装备有三点式安全带的汽车——沃尔沃交付使用，沃尔沃也是世界上第一个把三点式安全带纳入标准配置的汽车制造商。

NCAP（New Car Assessment Program）新车评价程序最早始于美国，在 1978 年 USNCAP 提出 5 星评价方法用于在正面碰撞中评价汽车保护车内乘员的性能。NCAP 的星级包括成人保护、儿童保护、行人保护三部分。具体内容包括两个方面：正面和侧面碰撞。碰撞测试的内容各个国家标准不同，欧盟、美国、日本等国家或地区也均有相关评价规程。美国 40%ODB 正面碰撞速度为 64km/h，侧面碰撞速度为 50km/h，我国正面 100% 刚性壁碰撞速度为 50km/h，40%ODB 正面碰撞速度为 64km/h，侧碰速度为 50km/h。碰撞测试成绩则由星级（★）表示，共有五个星级，星级越高表示该车的碰撞安全性能越好。

NHTSA（National Highway Traffic Safety Administration）是美国高速公路安全管理局的简称，NHTSA 是美国政府部门汽车安全的最高主管机关。NHTSA 主要是通过测定模拟人所承受的全面双向（正面和侧面）撞击，进行车辆安全性五颗星级的评定。

IIHS 全称 Insurance Institute for Highway Safety（美国公路安全保险协会），是世界安全标准的重要组成部分。评测项目包括：前端侧角碰撞，侧面撞击、车顶强度测试和追尾对颈椎的影响。

世界主要的车辆安全测试

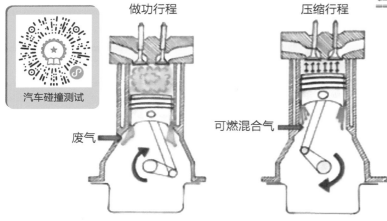

做功行程

压缩行程

汽车碰撞测试

废气

可燃混合气

空气软管
气缸盖罩
节气门
进气
机油温度

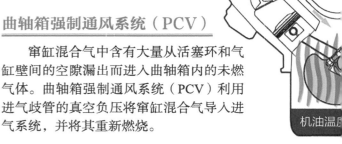

曲轴箱强制通风系统（PCV）

窜缸混合气中含有大量从活塞环和气缸壁间的空隙漏出而进入曲轴箱内的未燃气体。曲轴箱强制通风系统（PCV）利用进气歧管的真空负压将窜缸混合气导入进气系统，并将其重新燃烧。

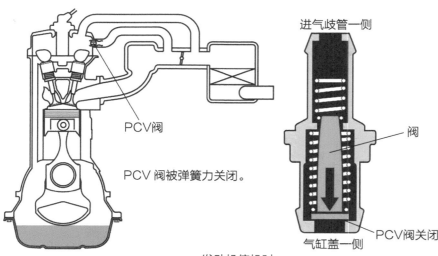

PCV阀

PCV 阀被弹簧力关闭。

进气歧管一侧

阀

PCV阀关闭

气缸盖一侧

发动机停机时

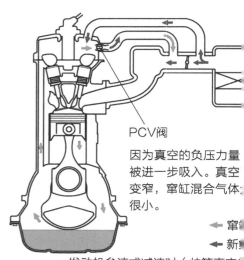

PCV阀

因为真空的负压力量被进一步吸入。真空变窄，窜缸混合气体很小。

窜
新

发动机怠速或减速时（歧管真空

● MINI 车型由亚历克·伊兹高尼（Alec Issigonis，1906—1988）设计。1959 年第一款 MINI 车型于 1959 年在牛津工厂正式下线，1994 年宝马集团并购了罗孚集团包括 Mini、Land Rover（路虎）、Rover（罗孚）及 MG(名爵) 等品牌。2000 年年初，宝马将 Land Rover 转卖给福特但保留了 Mini 品牌。2001 年经过宝马重新设计的全新 Mini 问世了，新品牌使用全部大写的"MINI"。

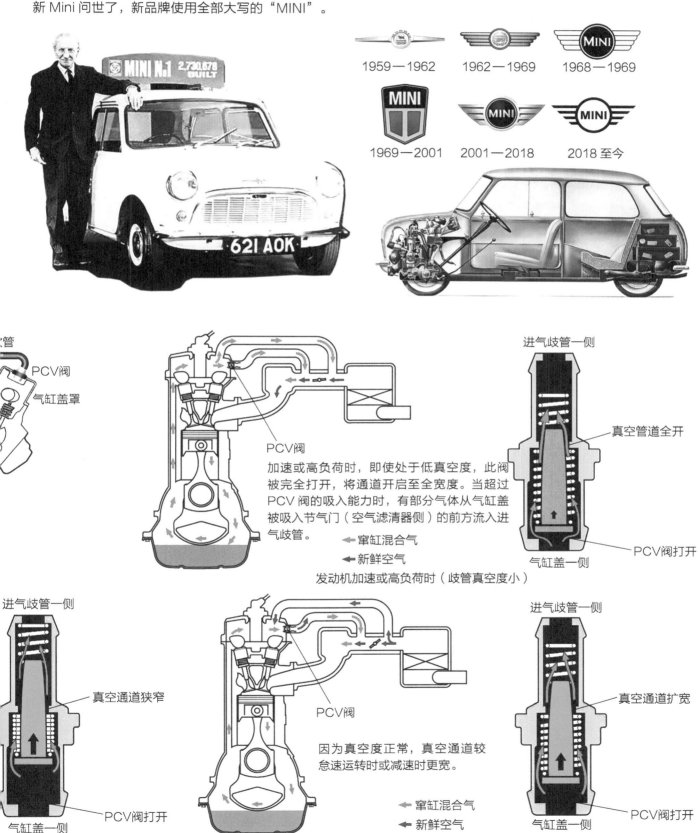

1959—1962　　1962—1969　　1968—1969

1969—2001　　2001—2018　　2018 至今

PCV阀
气缸盖罩

PCV阀

进气歧管一侧

真空管道全开

PCV阀打开

气缸盖一侧

PCV阀
加速或高负荷时，即使处于低真空度，此阀被完全打开，将通道开启至全宽度。当超过 PCV 阀的吸入能力时，有部分气体从气缸盖被吸入节气门（空气滤清器侧）的前方流入进气歧管。

⟵ 窜缸混合气
⟵ 新鲜空气
发动机加速或高负荷时（歧管真空度小）

进气歧管一侧

真空通道狭窄

PCV阀打开

气缸盖一侧

PCV阀

因为真空度正常，真空通道较怠速运转时或减速时更宽。

⟵ 窜缸混合气
⟵ 新鲜空气
发动机正常运行时

进气歧管一侧

真空通道扩宽

PCV阀打开

气缸盖一侧

- 卡迪拉克推出"一次性底盘润滑油"。
- "雷鸟"牌轿车采用外摆式转向轮。
- 克莱斯勒公司制成实用型汽车交流发电机。

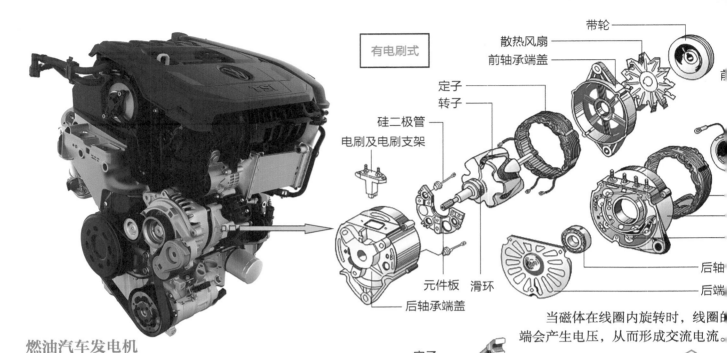

有电刷式

带轮
散热风扇
前轴承端盖
定子
转子
硅二极管
电刷及电刷支架
元件板　滑环
后轴承端盖

当磁体在线圈内旋转时，线圈的端会产生电压，从而形成交流电流。

燃油汽车发电机

　　发电机是燃油汽车的主要电源，其功用是在发动机正常运转时，向所有用电设备（起动机除外）供电，同时向蓄电池充电。汽车用发电机可分为直流发电机和交流发电机，由于交流发电机在许多方面优于直流发电机，直流发电机已被淘汰。

整流器
定子
散热风叶
转子
电压调节器

交流发电机工作原理

　　交流发电机分为定子绕组和转子绕组两部分，转子绕组由两块极爪组成。当转子绕组接通直流电时即被励磁，两块极爪形成 N 极和 S 极。磁力线由 N 极出发，透过空气间隙进入定子铁心再回到相邻的 S 极。转子一旦旋转，转子绕组就会切割磁力线，在定子绕组中产生正弦电动势，即三相交流电，再经由二极管组成的整流元件变为直流电输出。

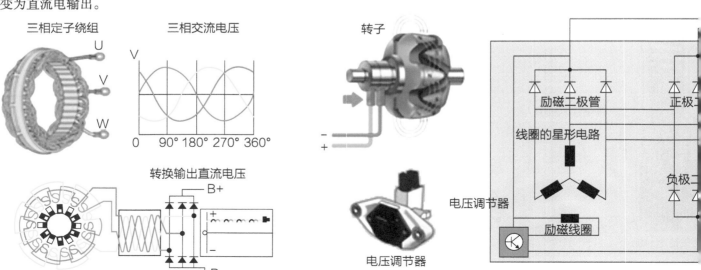

三相定子绕组
三相交流电压
转子
U
V
W
V
0　90°　180°　270°　360°

转换输出直流电压
B+
B-

励磁二极管
正极
线圈的星形电路
负极
电压调节器
励磁线圈

电压调节器

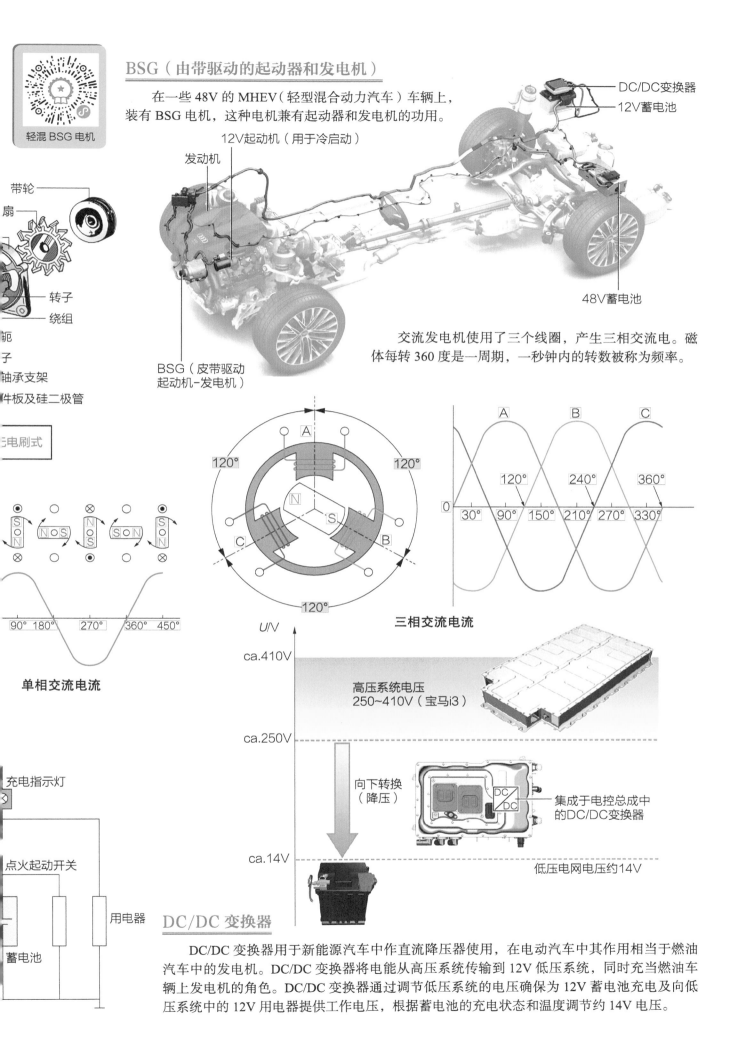

BSG（由带驱动的起动器和发电机）

在一些 48V 的 MHEV（轻型混合动力汽车）车辆上，装有 BSG 电机，这种电机兼有起动器和发电机的功用。

DC/DC变换器
12V蓄电池
12V起动机（用于冷启动）
发动机
48V蓄电池
BSG（皮带驱动起动机-发电机）

带轮
扇
转子
绕组
轭
子
轴承支架
件板及硅二极管

电刷式

轻混 BSG 电机

交流发电机使用了三个线圈，产生三相交流电。磁体每转 360 度是一周期，一秒钟内的转数被称为频率。

120°　120°
A
N
S
C　B
120°

三相交流电流

A　B　C
0
30° 90° 150° 210° 270° 330°
120°　240°　360°

90° 180° 270° 360° 450°

单相交流电流

U/V

ca.410V

高压系统电压
250~410V（宝马i3）

ca.250V

向下转换
（降压）

集成于电控总成中的DC/DC变换器

DC
DC

ca.14V

低压电网电压约14V

充电指示灯

点火起动开关

用电器

蓄电池

DC/DC 变换器

DC/DC 变换器用于新能源汽车中作直流降压器使用，在电动汽车中其作用相当于燃油汽车中的发电机。DC/DC 变换器将电能从高压系统传输到 12V 低压系统，同时充当燃油车辆上发电机的角色。DC/DC 变换器通过调节低压系统的电压确保为 12V 蓄电池充电及向低压系统中的 12V 用电器提供工作电压，根据蓄电池的充电状态和温度调节约 14V 电压。

1961 合成橡胶轮胎

- 奔驰汽车采用了带前后伺服——助推装置的盘式制动器。
- 合成橡胶轮胎问世，其寿命比普通橡胶轮胎提高一倍以上。

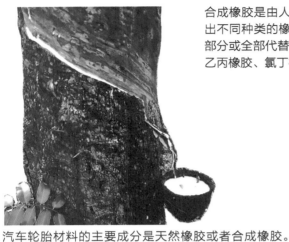

合成橡胶是由人工合成方法而制得的，采用不同的原料（单体）可以合成出不同种类的橡胶。在合成橡胶中又属通用橡胶应用最多，通用橡胶是指部分或全部代替天然橡胶使用的胶种，如丁苯橡胶、顺丁橡胶、异戊橡胶、乙丙橡胶、氯丁橡胶等。

汽车轮胎材料的主要成分是天然橡胶或者合成橡胶。天然橡胶主要来源于三叶橡胶树，当这种橡胶树的表皮被割开时，就会流出乳白色的汁液，称为胶乳，胶乳经凝聚、洗涤、成型、干燥即得天然橡胶。

合成橡胶
- 通用橡胶
  - 丁苯橡胶（SBR）
  - 顺丁橡胶（BR）
  - 异戊橡胶（IR）
  - 氯丁橡胶（CR）
  - 乙丙橡胶（EPDM）
  - 丁基橡胶（IIR）
  - 丁腈橡胶（NBR）
- 特种合成橡胶
  - 硅橡胶（VMQ）
  - 氟橡胶（FKM）
  - 聚氨酯橡胶（PU）
  - 聚硫橡胶（PS）
  - 丙烯酸酯橡胶（ACM）
  - 氯醇橡胶（ECO）

- 橡胶
- 添加剂
- 帘布
- 钢丝

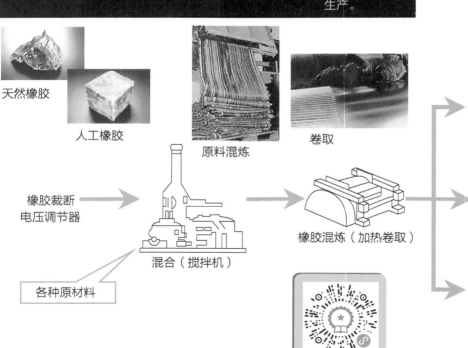

美国交通部认证　轮胎产地信息　工厂代码

生产日期：
尾数后两位代表生产年份，前两位代表是第几周生产，该轮胎为2013年第35周生产。

天然橡胶
人工橡胶
原料混炼
卷取

橡胶裁断
电压调节器

混合（搅拌机）

各种原材料

橡胶混炼（加热卷取）

汽车轮胎制造过程

子午线轮胎
RADIAL

无内胎轮胎
TUBELE

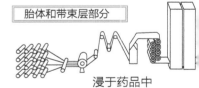

胎体和带束层部分

浸于药品中
将帘线压延成带状

胎圈用橡胶

整理胎圈钢丝　裹上橡胶后挤出

胎面用橡胶

胎面挤出

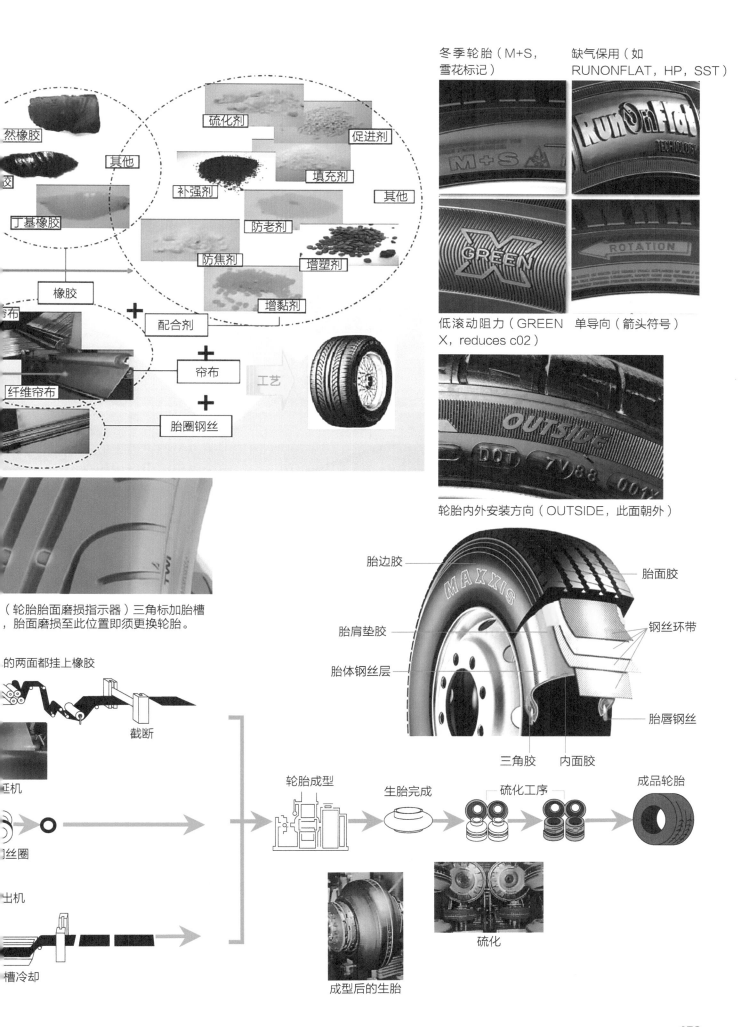

然橡胶

丁基橡胶

其他

硫化剂

促进剂

补强剂

填充剂

防老剂

其他

防焦剂

增塑剂

增黏剂

橡胶

配合剂

纤维帘布

帘布

胎圈钢丝

工艺

（轮胎胎面磨损指示器）三角标加胎槽，胎面磨损至此位置即须更换轮胎。

的两面都挂上橡胶

截断

正机

丝圈

出机

槽冷却

冬季轮胎（M+S，雪花标记）

缺气保用（如RUNONFLAT，HP，SST）

低滚动阻力（GREEN X，reduces c02）

单导向（箭头符号）

轮胎内外安装方向（OUTSIDE，此面朝外）

胎边胶

胎面胶

胎肩垫胶

钢丝环带

胎体钢丝层

胎唇钢丝

三角胶

内面胶

轮胎成型

生胎完成

硫化工序

成品轮胎

成型后的生胎

硫化

1962 野马汽车诞生—涡轮增压发动机

- 聚酯树脂轮胎线研制成功。
- 法国研制出碘钨汽车前照灯。
- 奥兹莫比尔 Cutlass Jetfire 成为世界上首款搭载涡轮增压发动机的车型。

利用发动机废气能量驱动涡轮增压器，称为废气涡轮增压（简称涡轮增压，Turbocharger，缩写为 Turbo 或 T）。发动机排出的废气可以推动涡轮排气端内的叶片，由于这个叶片通过轴承与进气端内的叶片相连，所以排气端叶片就可以带动进气端叶片，而进气端叶片快速转动产生的作用就是可以将更多的新鲜空气压入进气道，由此来提高发动机的效率。

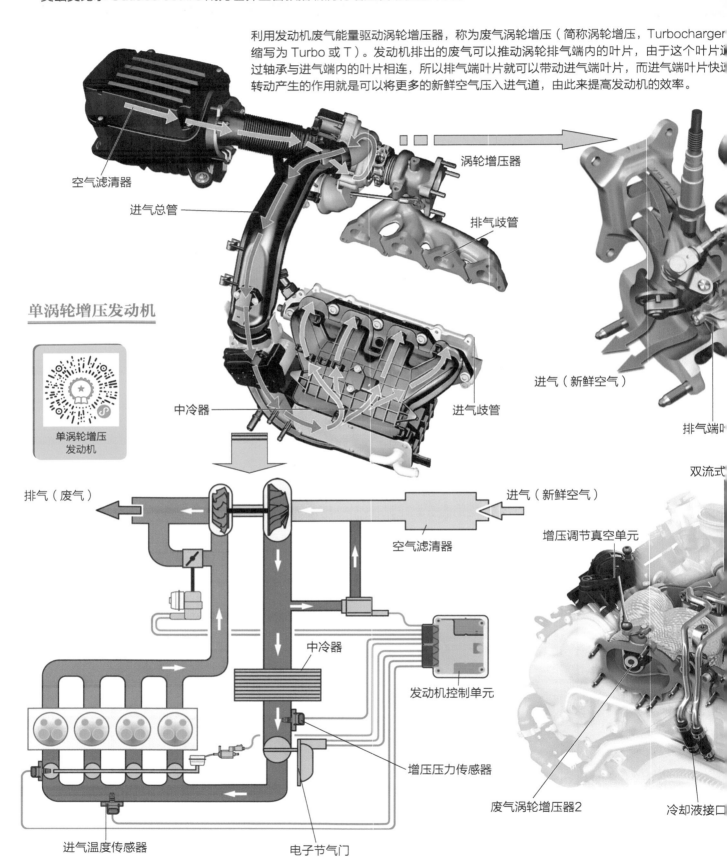

空气滤清器

进气总管

涡轮增压器

排气歧管

单涡轮增压发动机

单涡轮增压发动机

中冷器

进气歧管

进气（新鲜空气）

排气端

双流式

排气（废气）

进气（新鲜空气）

空气滤清器

增压调节真空单元

中冷器

发动机控制单元

增压压力传感器

废气涡轮增压器2

冷却液接口

进气温度传感器

电子节气门

● 野马首席设计师 John Najjar 是一位军事迷，非常喜爱曾经参加二战的 P-51 野马战斗机，于是把正在设计的车型命名为野马 1 型车。这是一款发动机中置的两座跑车，于 1962 年推出。

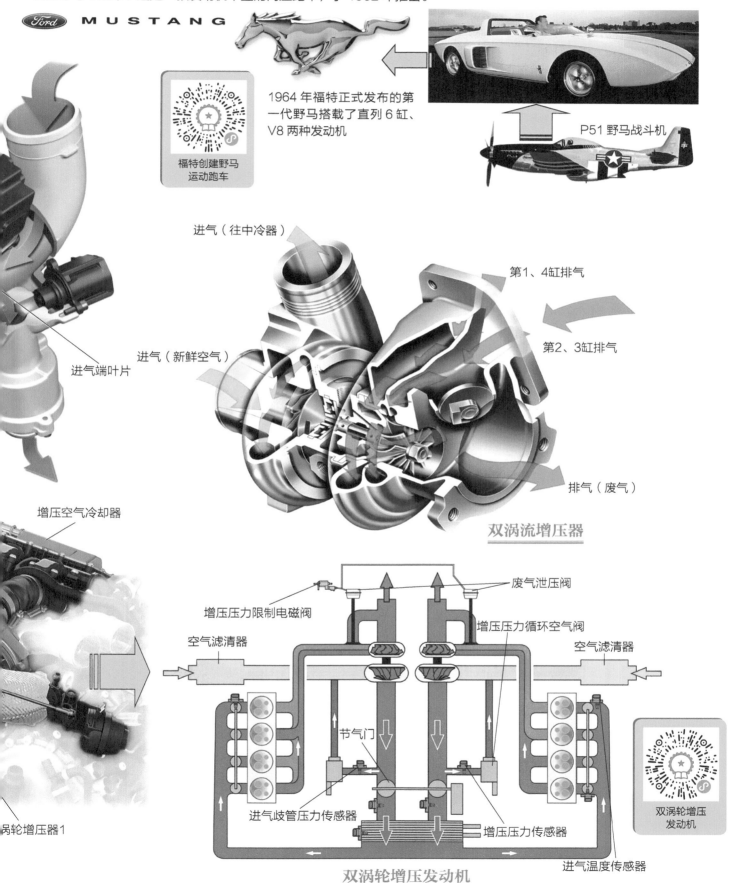

福特创建野马
运动跑车

1964 年福特正式发布的第一代野马搭载了直列 6 缸、V8 两种发动机

P51 野马战斗机

进气（往中冷器）

第1、4缸排气

进气端叶片

进气（新鲜空气）

第2、3缸排气

排气（废气）

双涡流增压器

增压空气冷却器

废气泄压阀

增压压力限制电磁阀

增压压力循环空气阀

空气滤清器

空气滤清器

节气门

双涡轮增压
发动机

涡轮增压器1

进气歧管压力传感器

增压压力传感器

进气温度传感器

双涡轮增压发动机

1963 兰博基尼汽车诞生—楔形汽车

- 内部带有备胎的轮胎问世，该轮胎能在外胎爆裂以后，利用备胎继续行驶 160km 以上。
- 为了从根本上解决鱼型汽车的升力问题，人们设想了种种方案，最后终于找到了"楔形"。就是将车身整体向前下方倾斜，车身后部像刀切一样平直，这种造型能有效地克服升力。1963 年斯蒂庞克公司设计出了第一款楔形轿车斯蒂庞克 avanti。楔形车身一般用于赛车和高性能跑车，而一般轿车车身多采用楔形加船形的复合设计。
- 沃尔沃在自产的 PV544 汽车上装配了三点式安全带。
- 兰博基尼的创始人费鲁吉奥·兰博基尼，是一位富有的拖拉机制造商，为了与法拉利竞争，于 1963 年决定制造高性能跑车。公司总部位于意大利的圣塔加塔·波隆尼塞。

兰博基尼的第一款车型是 350GT，于 1964 年推出，是一款搭载 V12 发动机的双门轿跑车。

2014 年 Asterion LPI-910 面世。这是一台硬顶跑车原型车，也是兰博基尼第一款混合动力车型。

1971 年，Countach LP 500 作为概念车在日内瓦车展上亮相。之后量产的 LP 400 作了细微的调整，并保留了剪刀门的设计。

2016 年，为庆祝费鲁吉欧·兰博基尼（Ferruccio Lamborghini）100 周年诞辰，兰博基尼发布了 Centenario。车身为碳纤维单体式车壳架构。

1983 年兰博基尼开始研究碳纤维应用于车身，首台采用碳纤维底盘的原型车 Countach Evoluzione 随之诞生。

2021 年为庆祝 Countach 发布 50 周年，兰博基尼推出了 Countach LPI 800-4，共生产了 112 台（112 是 20 世纪 70 年代 Countach 项目的编号）。

Invencible

Aventador S

Aventador S 搭载 6.5L 排量、740hp、峰值转矩为 690N·m，8400r/min 的 12 缸中置发动机，百公里加速时间为 2.8s。

Autentica

Huracan 敞篷

2023 年推出了 Invencible 和 Autentica 两门两座车，搭载 780hp 的 V12 发动机，它们是兰博基尼最后的（纯燃油动力）V12 发动机跑车。

Huracan 敞篷版搭载和 Coupe 版相同的自然吸气式 V10 5.2L 发动机，峰值功率和转矩输出分别为 610 PS 和 560N·m，并匹配 7 档双离合器变速器。

Urus

兰博基尼第一款全电动车将是一款 2+2 跨界车，预计于 2028 年问世，到 2024 年底，兰博基尼的所有三款车型——Aventador、Huracán 和 Urus——都将作为插电式混合动力车出售。

兰博基尼 Urus 搭载了 4.0T V8 双涡轮发动机，最大功率 650hp，峰值转矩为 850N·m。其 0—100km/h 加速时间仅需 3.6s，而 0—200km/h 加速时间也仅为 12.8s。

- 庞蒂克"强力"牌轿车开创了采用涡轮发动机的新时代。
- 凯迪拉克成为第一个在汽车上搭载自动空调的车企。
- 德国 NSU 正式下线第一台搭载转子发动机的跑车——NSU Wankel Spider。NSU Wankel Spider 搭载 498mL 单转子发动机，最大功率为 40kW（55PS），车身由知名跑车设计公司博通公司（Bertone）设计，直到 1967 年停产共生产了 2375 辆。
- 福特公司采用计算机辅助设计新车型。
- 福特公司开始采用电控喷漆新工艺。
- 自动变速器上的选档按钮按照"倒车 – 空档 – 驱动 – 低速 – 高速"的顺序实现了标准化。

装载转子发动机的 NSU

1967 年 8 月，NSU 推出了第二款量产的转子发动机车型——Ro80，Ro 代表 Rotary Engine（转子发动机），1969 年 NSU 跟奥迪合并，Ro80 成为奥迪 100 车型的前代车型。

1991 年 10 月，第三代 RX-7 推出，1998 年调整了散热系统后最大功率为 280hp（206kW），最大转矩为 313N·m。RX-7 在 2002 年正式停产。

马自达 RX-2 于 1970 年面世，基于马自达 Capella 改进而来，动力系统使用的是型号为 12A 的汪克尔转子发动机，最大功率 130hp。

1978 年推出前置后驱跑车 RX-7 搭载代号为 13B 的 1.3L 双转子双涡轮增压发动机，最大功率 255hp（188kW），最大扭矩为 294N·m，与发动机相匹配的是一台 5 档手动变速器和 4 档自动变速器。

2003 年，马自达推出四门四座的 RX-8 车型，采用对开门设计，搭载匹配 6 档手动变速器的可输出 250hp 功率的转子发动机，百公里加速用时仅需 6.4s。

搭载转子发动机的 RX-8

转子发动机的进化简史

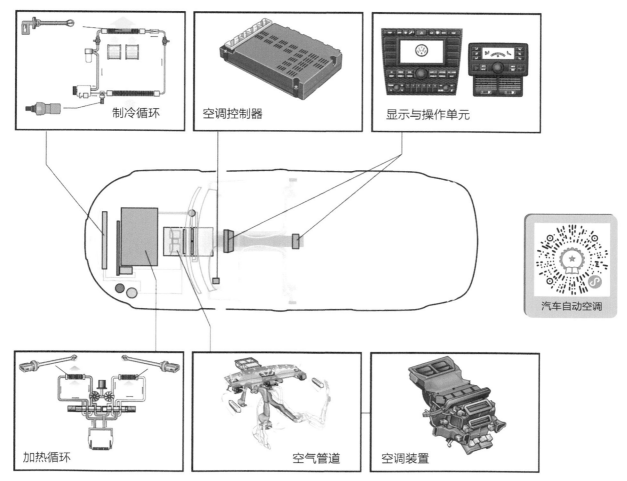

制冷循环　空调控制器　显示与操作单元

汽车自动空调

加热循环　空气管道　空调装置

自动空调控制系统的传感器一般有车厢内温度传感器、车厢外温度传感器、蒸发器温度传感器、太阳能传感器、水温传感器等。其中冷却液温度传感器位于发动机冷却液出口，它将冷却液温度反馈至ECU，当冷却液温度过高时ECU能够断开压缩机离合器而保护发动机，同时也使ECU依据冷却液温度控制冷却液通往加热芯的阀门。有些轿车的自动空调还装有红外温度传感器，专门探测乘员面额部的表面皮肤温度。当传感器检测到人体皮肤温度时也反馈到ECU。这样，ECU有多种传感器的温度数据输入，就能更精确地控制空调。

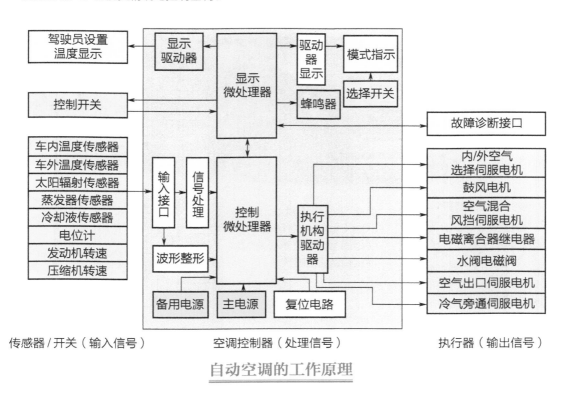

传感器/开关（输入信号）　空调控制器（处理信号）　执行器（输出信号）

自动空调的工作原理

- 美国颁布《机动车辆安全法规》《净化空气法案》。
- 美国汽车厂商傲视群雄，美、日、德三国汽车年产量分别为 1112 万辆、187 万辆、298 万辆。

别克 V6 3.8L 发动机

奥迪 V8 4.2L 发动机

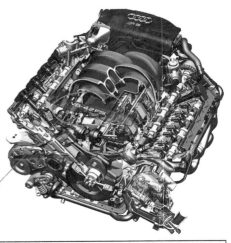

丰田 D-4S："D"表示发动机采用双喷射系统（缸内直喷和歧管喷射），"4"表示四冲程，"S"为加强版。

丰田 GR86（搭载 2.4L BOXER 发动机）

斯巴鲁 BRZ（搭载 2.4L BOXER 发动机）

水平对置发动机又被称为 BOXER 发动机。BOXER 原意是拳击手，水平对置发动机汽缸分成左右两边，活塞作 180 度的对向运动，如同拳击手出拳的姿势。

搭载 BOXER 发动机的丰田 GR86 与斯巴鲁 BRZ

奥迪 TFSI 是 Turbocharger Fuel Stratified Injection 的字母简写，中文意思是涡轮增压和燃油直喷技术。

大众 TSI 是英文 Twincharged Stratified Injection 的缩写，意思是拥有增压器和缸内直喷技术的汽油发动机。

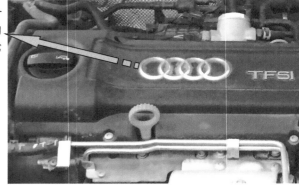

- 福特和摩托罗拉共同将 8 音轨磁带播放器引入到汽车上，从此人们在车内就可以选择想听的歌曲和内容，不再受到电台限制。虽然音质不佳，但依旧满足了人们更高的娱乐需求，带动了音乐产业的发展。

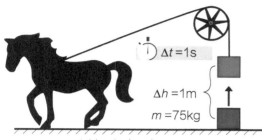

公制马力（ps）

丰田 D4S 燃油双喷射技术

发动机功率与转矩

功率的单位还有一种常见的表示方式是马力，目前对于"马力"主要有两种定义方式：英制马力（hp）和公制马力（PS）。其中 1PS≈735.5W，1hp≈745.7W。

"马力"的概念最初是让蒸汽机得以发扬光大的著名工程师詹姆斯·瓦特最初采用的，他是为了将蒸汽机与马匹的能力进行比较。根据瓦特的定义，一马力为一匹马在一小时内转动磨轮 144 次，车轮的半径为 12ft，这样一来这匹马需要 180lbf（800N）的力量，所以计算后四舍五入为 33000ft·lbf/min，换算国际单位，1hp=745.7W，这就是英制马力的来历。

而在德国标准协会颁布的 DIN 66036 中，将 1 公制马力定义为在 1s 内将 75kg 的重物提升 1m 的能力，换算国际单位为 1PS=735.5kW，而 PS 也是德语 Pferdestärke（马力）的缩写。

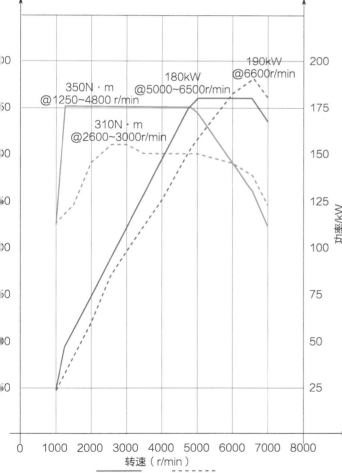

发动机输出功率曲线图

N20B2000　N52B3001

发动机输出功率

发动机功率越大，车辆动力性越好。最大功率一般用马力（PS）或千瓦（kW）来表示。随着转速的增加，发动机的功率也相应提高，但是到了一定的转速以后，功率反而呈下降趋势。

发动机输出转矩

发动机的转矩就是指发动机从曲轴端输出的转矩。最大转矩一般出现在发动机的中、低转速的范围，随着转速的提高，扭矩反而会下降。对于家用轿车，发动机输出转矩越大加速性越好；对于越野车，转矩越大其爬坡度越大；对于货车，转矩越大车拉的重量越大。排量相同的情况下，最大转矩越大说明发动机性能越好。

稀薄燃烧（稀燃）就是混合气中的汽油含量低，汽油与空气之比可达 1：25 以上的燃烧方式。分层燃烧采用燃油喷射定时与分段喷射技术，即将喷油分成两个阶段：进气初期喷油，燃油首先进入缸内下部，随后在缸内均匀分布，进气后期喷油，浓混合气在缸内上部聚集在火花塞四周被点燃，实现分层燃烧。

大众/奥迪 TDI 是英文 Turbo Direct Injection 的缩写，意为采用涡轮增压与直接喷射技术的柴油发动机。

奥迪 FSI 全称 Fuel Stratified Injection，指的是采用燃油缸内直喷技术的汽油发动机。

- 美国采用可折叠式转向盘。

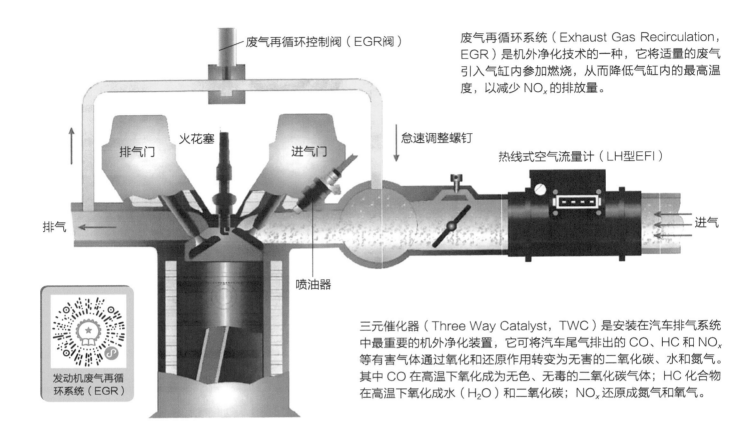

废气再循环控制阀（EGR阀）

火花塞

排气门   进气门

排气

喷油器

怠速调整螺钉

热线式空气流量计（LH型EFI）

进气

废气再循环系统（Exhaust Gas Recirculation, EGR）是机外净化技术的一种，它将适量的废气引入气缸内参加燃烧，从而降低气缸内的最高温度，以减少 NO_x 的排放量。

发动机废气再循环系统（EGR）

三元催化器（Three Way Catalyst，TWC）是安装在汽车排气系统中最重要的机外净化装置，它可将汽车尾气排出的 CO、HC 和 NO_x 等有害气体通过氧化和还原作用转变为无害的二氧化碳、水和氮气。其中 CO 在高温下氧化成为无色、无毒的二氧化碳气体；HC 化合物在高温下氧化成水（H_2O）和二氧化碳；NO_x 还原成氮气和氧气。

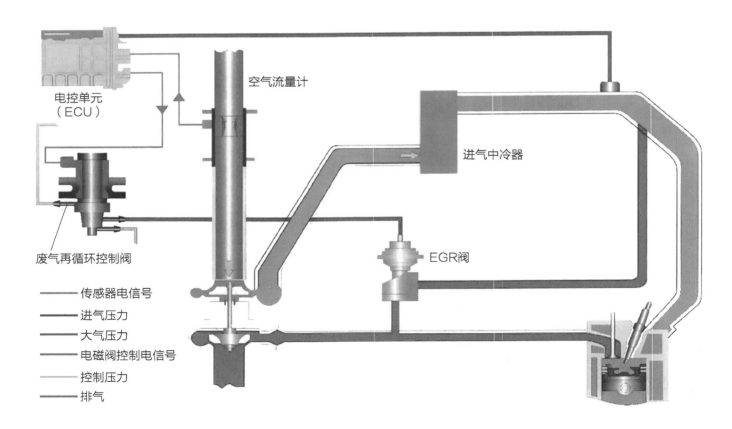

电控单元（ECU）

空气流量计

进气中冷器

废气再循环控制阀

EGR阀

— 传感器电信号
— 进气压力
— 大气压力
— 电磁阀控制电信号
— 控制压力
— 排气

● 英国人设计出车内空气排出系统，该方式后来被普遍采用。

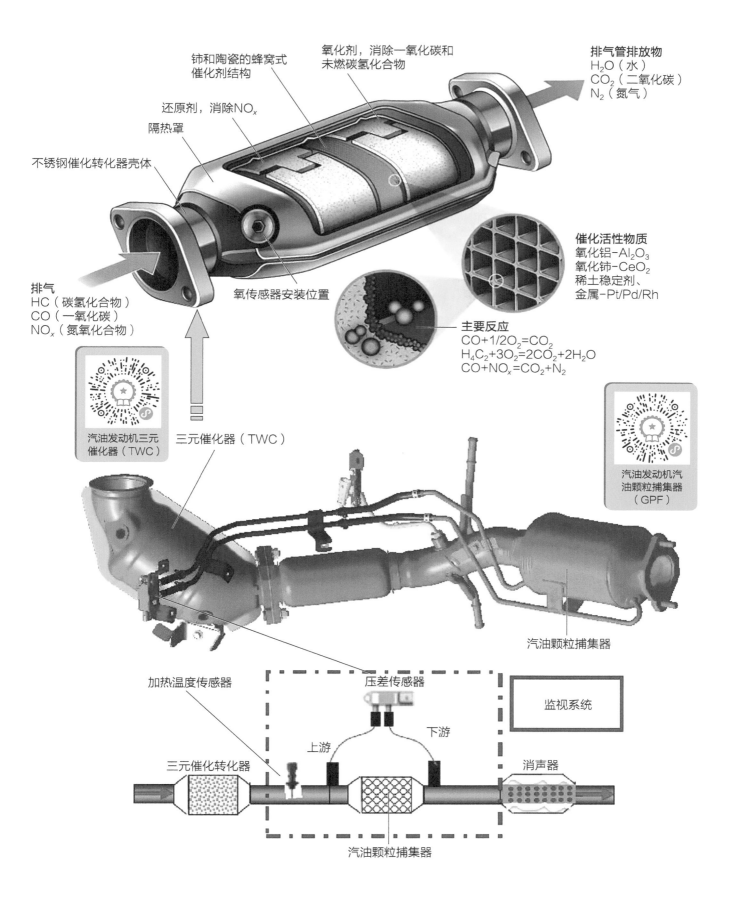

铈和陶瓷的蜂窝式
催化剂结构

氧化剂，消除一氧化碳和
未燃碳氢化合物

排气管排放物
H_2O（水）
CO_2（二氧化碳）
N_2（氮气）

还原剂，消除NO_x

隔热罩

不锈钢催化转化器壳体

催化活性物质
氧化铝-Al_2O_3
氧化铈-CeO_2
稀土稳定剂、
金属-Pt/Pd/Rh

排气
HC（碳氢化合物）
CO（一氧化碳）
NO_x（氮氧化合物）

氧传感器安装位置

主要反应
$CO+1/2O_2=CO_2$
$H_4C_2+3O_2=2CO_2+2H_2O$
$CO+NO_x=CO_2+N_2$

汽油发动机三元
催化器（TWC）

三元催化器（TWC）

汽油发动机汽
油颗粒捕集器
（GPF）

汽油颗粒捕集器

加热温度传感器

压差传感器

监视系统

三元催化转化器

上游

下游

消声器

汽油颗粒捕集器

1967 现代汽车诞生—汽油机电控燃油喷射系统被推出

- 通用公司累计生产了 1 亿辆汽车。
- 韩国成立现代汽车公司。
- 通用公司推出使点火钥匙与报警器相配合的防盗装置。
- 隐蔽式风窗玻璃刮水器开始流行。
- 德国博世（Bosch）公司首次推出由电子计算机控制的汽油喷射系统（Electronic Fuel Injection，EFI），开创了电控技术在汽车发动机上应用的历史。

汽油机直喷系统

发动机电控系统由传感器、控制器与执行器组成，发动机管理系统是一个电子操纵的汽油机控制系统，它提供许多有关操作者和车辆或设备方面的控制特性，系统采用开环和闭环（反馈）控制相结合的方式，对发动机的运行提供各种控制信号。系统的基本功能有：起动控制、暖机和三元催化器的加热控制、加速、减速和倒拖断油控制、

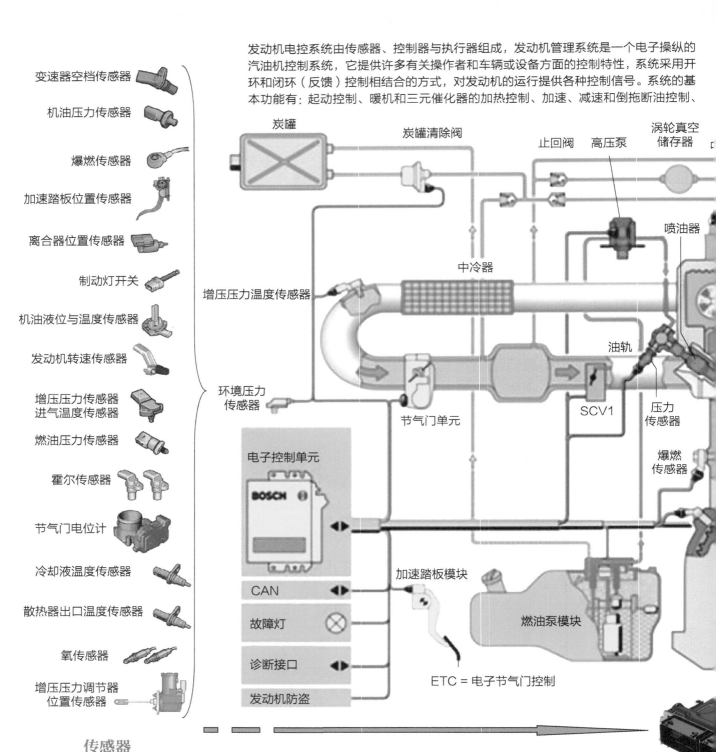

变速器空档传感器

机油压力传感器

爆燃传感器

加速踏板位置传感器

离合器位置传感器

制动灯开关

机油液位与温度传感器

发动机转速传感器

增压压力传感器
进气温度传感器

燃油压力传感器

霍尔传感器

节气门电位计

冷却液温度传感器

散热器出口温度传感器

氧传感器

增压压力调节器
位置传感器

传感器

炭罐　炭罐清除阀　止回阀　高压泵　涡轮真空储存器

喷油器

中冷器

增压压力温度传感器

环境压力传感器

节气门单元

油轨

SCV1　压力传感器

爆燃传感器

电子控制单元

BOSCH

加速踏板模块

CAN

故障灯

诊断接口

发动机防盗

燃油泵模块

ETC = 电子节气门控制

- 现代汽车成立于 1967 年，创始人是原现代集团会长郑周永，公司总部在韩国首尔。其商标是在椭圆中采用斜体字"H"，"H"是现代汽车公司英文名"HYUNDAI"的第一个大写字母。1998 年收购起亚汽车并于 2000 年联合成立了现代·起亚汽车集团。北京现代成立于 2002 年 10 月。捷尼赛思（Genesis）是现代旗下豪华品牌，诞生于 2015 年 11 月。

| 1969 | 1970 | 1990 | 2003 | 2011 |

怠速控制、氧传感器闭环控制、混合气控制功能、蒸发排放控制、爆燃控制、OBD 诊断控制等。此外，附加功能还有发动机控制防盗功能、起停控制、风扇控制、空调控制、VVT 控制、涡轮增压控制等。

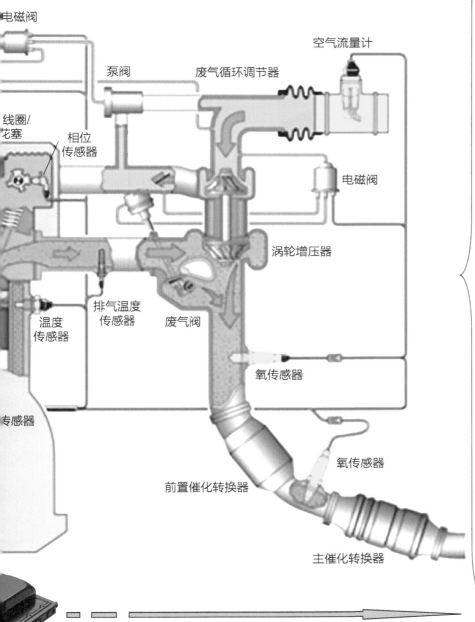

电磁阀

泵阀 废气循环调节器 空气流量计

线圈/花塞 相位传感器

电磁阀

涡轮增压器

排气温度传感器 废气阀

温度传感器

氧传感器

传感器

氧传感器

前置催化转换器

主催化转换器

发动机控制单元（ECU）

活塞冷却喷嘴控制阀
点火线圈
电子节气门
喷油器
增压器循环空气阀
变速器冷却液阀
进气歧管翻板阀
冷却液循环阀
凸轮轴调节阀
燃油计量阀
机油压力调节阀
活性炭罐电磁阀
发动机温度调节执行器
氧传感器加热器
增压压力调节器
燃油泵控制器
电子风扇控制器

执行器

1968 丰田年产 100 万辆—氢燃料电池汽车

- 丰田公司年产量达到 100 万辆。
- 1968 年美国累计生产了 2.5 亿辆汽车。

燃料电池系统

高压蓄电池　　储氢罐

2017 款本田 CLRITY 锂离子电池组安置在车厢地板下方。其所搭载的电机最大功率为 177hp（130kW），燃料电池的功率为 103kW。其加氢时间约为 3 分钟，续驶里程可以达到 750km。

储存在压力罐（黄色圆柱体）中的氢气被供应到燃料电池堆栈中。

燃料电池系统　高压蓄电池　储氢罐

本田于 2007 年 11 月在洛杉矶车展上推出了 FCX Clarity 燃料电池汽车。燃料电池功率达到了 100kW，使用了锂离子电池作为电池辅助系统，使用了 35MPa 的高压储氢罐。该车的续驶里程达到了 620km。

本田 Clarity 燃料电池技术

氢和氧在燃料电池堆内部发生反应，产生电力和水。

本田 FCX Clarity 燃料电池技术

燃料电池系统　　　　储氢罐　　高压蓄电池

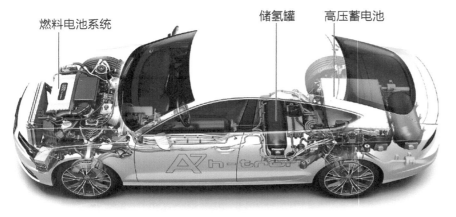

2014 年，奥迪在洛杉矶展示了搭载了燃料电池系统的 A7 Sportback h-tron quattro。四个储氢罐位于中央通道中行李舱底部下方，后轴前方。由碳纤维增强聚合物（CFRP）制成的外壳包裹了铝内壳。这些储罐在 700bar 的压力下可以存储约 5kg 的氢气，足以驱动车辆行驶 500 多 km。

H₂

加氢站

HYDROGEN STATION

奥迪氢燃料汽车 A7 h-tron

- 通用汽车公司生产出了世界上第一辆可使用的氢燃料电池汽车，该燃料电池汽车以厢式货车为基础，装载了最大功率为 150kW 的燃料电池组，续驶里程为 200km。

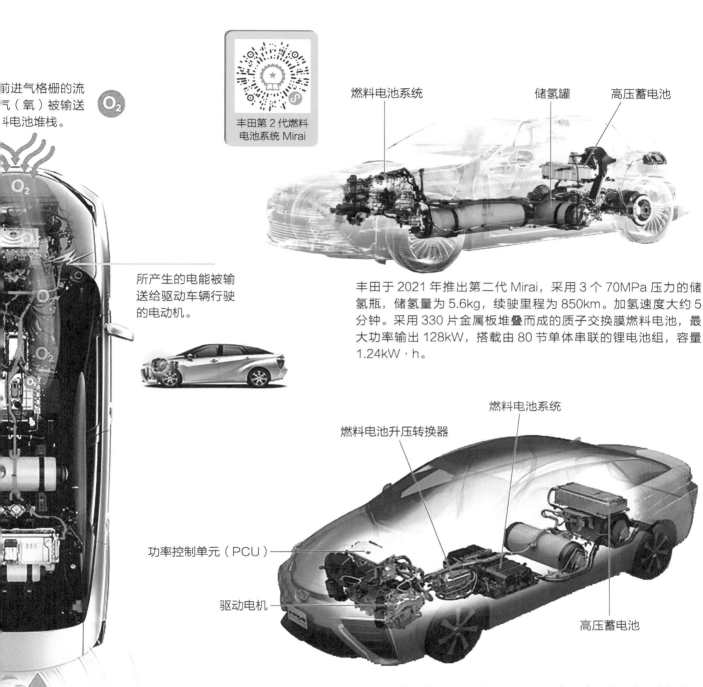

前进气格栅的流气（氧）被输送斗电池堆栈。

O_2

O_2

O_2

所产生的电能被输送给驱动车辆行驶的电动机。

料堆中产生电力的唯—产品是水，水通过排—排放。

H_2O

丰田于 2021 年推出第二代 Mirai，采用 3 个 70MPa 压力的储氢瓶，储氢量为 5.6kg，续驶里程为 850km。加氢速度大约 5 分钟。采用 330 片金属板堆叠而成的质子交换膜燃料电池，最大功率输出 128kW，搭载由 80 节单体串联的锂电池组，容量 1.24kW·h。

燃料电池系统　　储氢罐　　高压蓄电池

燃料电池系统

燃料电池升压转换器

功率控制单元（PCU）

驱动电机

高压蓄电池

丰田 Mirai 第一代于 2014 年 12 月 15 日在日本正式上市。车辆有两个氢气储气罐，可以存储 70MPa 的氢气，总重 87.5kg。车辆续驶里程为 650km。有一块 1.6kW·h 的机械轴封镍氢蓄电池组，燃料电池堆最大输出功率 114kW（153hp）。

丰田第 2 代燃料电池系统 Mirai

丰田氢燃料汽车第一代 Mirai

- 奥迪轿车获瓦尔德汽车外形奖。
- 通用最先在别克车上使用内置电动汽油泵。

燃油系统

　　燃油系统由燃油供给系统和燃油混合气制备装置组成。燃油供给系统负责将燃油从燃油箱输送至发动机，不同车辆的燃油供给系统不同。燃油混合气制备装置是发动机的组成部分，负责为每次燃烧过程提供准确的燃油量。

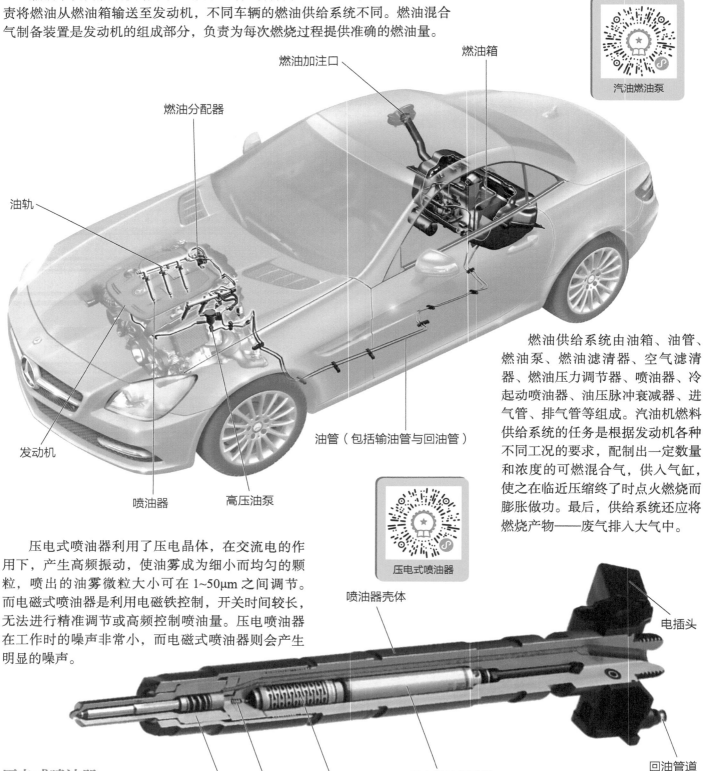

汽油燃油泵

燃油加注口

燃油箱

燃油分配器

油轨

发动机

喷油器

高压油泵

油管（包括输油管与回油管）

　　燃油供给系统由油箱、油管、燃油泵、燃油滤清器、空气滤清器、燃油压力调节器、喷油器、冷起动喷油器、油压脉冲衰减器、进气管、排气管等组成。汽油机燃料供给系统的任务是根据发动机各种不同工况的要求，配制出一定数量和浓度的可燃混合气，供入气缸，使之在临近压缩终了时点火燃烧而膨胀做功。最后，供给系统还应将燃烧产物——废气排入大气中。

　　压电式喷油器利用了压电晶体，在交流电的作用下，产生高频振动，使油雾成为细小而均匀的颗粒，喷出的油雾微粒大小可在 $1\sim50\mu m$ 之间调节。而电磁式喷油器是利用电磁铁控制，开关时间较长，无法进行精准调节或高频控制喷油量。压电喷油器在工作时的噪声非常小，而电磁式喷油器则会产生明显的噪声。

压电式喷油器

喷油器壳体

电插头

回油管口

喷嘴　控制阀组合　耦合器　压电晶体促动器

压电式喷油器

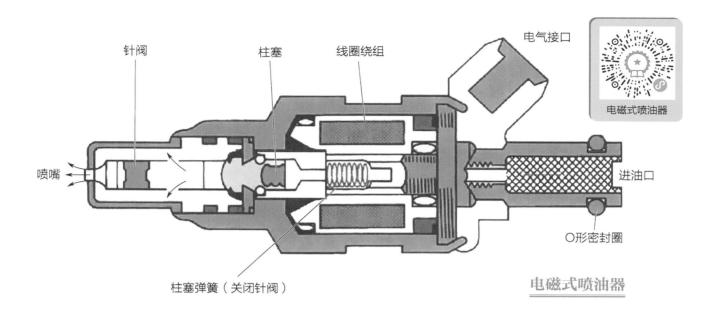

针阀　柱塞　线圈绕组

电气接口

电磁式喷油器

喷嘴

进油口

○形密封圈

柱塞弹簧（关闭针阀）

电磁式喷油器

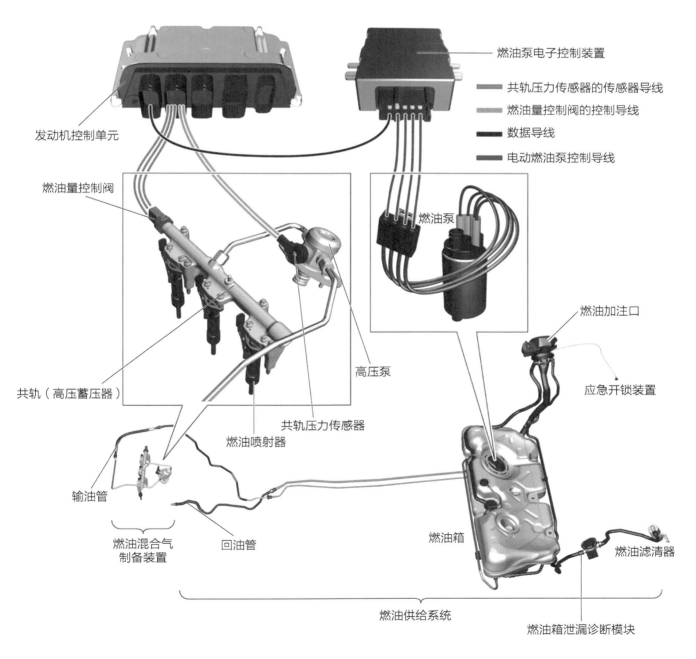

燃油泵电子控制装置

▬ 共轨压力传感器的传感器导线
▬ 燃油量控制阀的控制导线
▬ 数据导线
▬ 电动燃油泵控制导线

发动机控制单元

燃油量控制阀

燃油泵

燃油加注口

共轨（高压蓄压器）

应急开锁装置

高压泵

共轨压力传感器

燃油喷射器

输油管

燃油混合气
制备装置

回油管

燃油箱

燃油滤清器

燃油供给系统

燃油箱泄漏诊断模块

- 奔驰公司研制出模拟防抱死制动系统。
- 丰田公司建成多用汽车风洞。
- 福特汽车公司推出了"Sure-track"后轮 ABS 制动系统，它被装在了林肯大陆轿车上。
- 日本成为世界第二大汽车生产国。
- 卡带收音机开始出现在汽车之上逐步替代 8 音轨播放器。由于磁带的高保真，人们享受到了更好的音质，所以在后来十几年间卡带收音机作为主流产品一直搭载在汽车之上。

电子机械式制动系统

　　该制动系统包括以下部件：串联式制动主缸，车轮制动器，电子机械式制动助力器，ESC/ABS 系统，制动系统蓄压器和三相电流驱动装置，通过电子机械式制动助力器增强驾驶员施加的制动踏板力。

带能量回收的电动制动系统

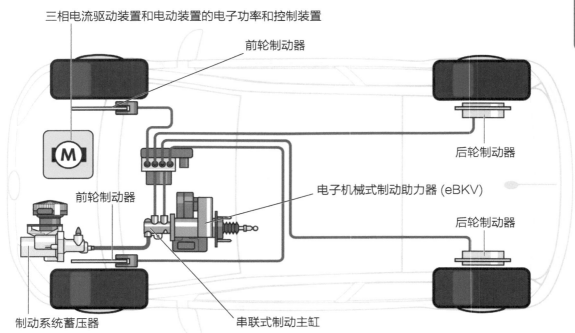

三相电流驱动装置和电动装置的电子功率和控制装置　前轮制动器　后轮制动器　电子机械式制动助力器 (eBKV)　后轮制动器　前轮制动器　制动系统蓄压器　串联式制动主缸

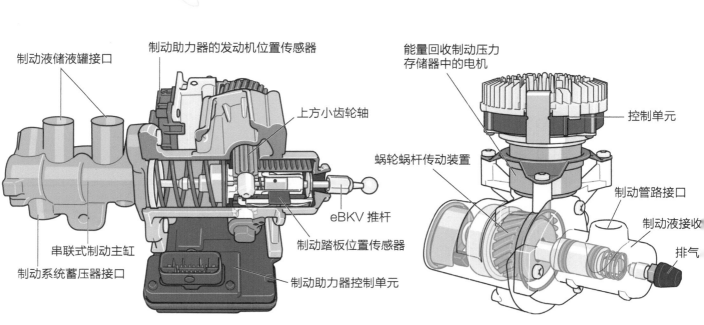

制动液储液罐接口　制动助力器的发动机位置传感器　上方小齿轮轴　eBKV 推杆　制动踏板位置传感器　制动助力器控制单元　串联式制动主缸　制动系统蓄压器接口

能量回收制动压力存储器中的电机　控制单元　蜗轮蜗杆传动装置　制动管路接口　制动液接收　排气

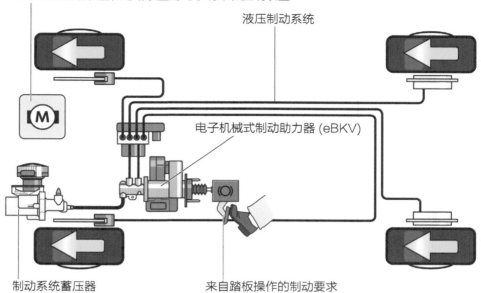

三相电流驱动装置和电动装置的电子功率和控制装置

液压制动系统

电子机械式制动助力器 (eBKV)

制动系统蓄压器

来自踏板操作的制动要求

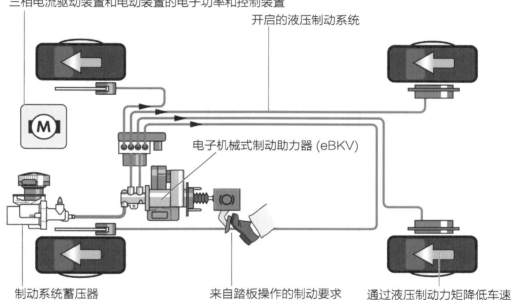

三相电流驱动装置和电动装置的电子功率和控制装置

开启的液压制动系统

电子机械式制动助力器 (eBKV)

制动系统蓄压器

来自踏板操作的制动要求

通过液压制动力矩降低车速

制动能量回收

在进行制动能量回收时，eBKV 的制动助力器控制单元从电动装置的电子功率和控制装置中获取信息，三相电流驱动装置能够对液压制动系统提供支持。当车速较高时会出现这种情况。根据提供的发电机制动转矩，不是产生制动压力就是卸载制动压力。如果车速降低，则发电机制动转矩提高。根据产生的发电机制动转矩卸载车轮上的制动压力。为此制动系统蓄压器将接收制动液并卸载液压制动系统中的压力。这样可以在已知的时间内仅通过发电机转矩进行制动。

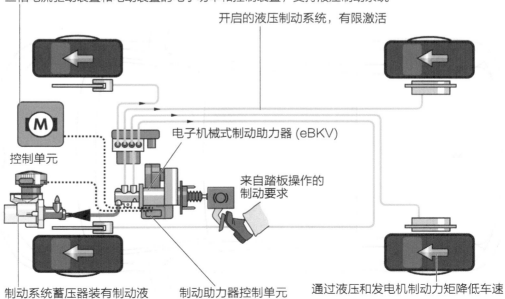

三相电流驱动装置和电动装置的电子功率和控制装置，支持液压制动系统

开启的液压制动系统，有限激活

电子机械式制动助力器 (eBKV)

控制单元

来自踏板操作的制动要求

制动系统蓄压器装有制动液

制动助力器控制单元

通过液压和发电机制动力矩降低车速

大众与奥迪的品牌之路—月球漫游车

- 奥迪公司被大众公司兼并。

1936 年，大众汽车成立。1937 年 3 月 28 日，"Gesellschaft zur Vorbereitung des Deutschen Volkswagens mbH" 公司宣告成立。1938 年 9 月 16 日更名为 Volkswagenwerk GmbH。

1937　　1939　　1945

大众在 2016 年（1031 万）、2017 年（1070 万）、2018 年（1083 万）、2019 年（1097 万）连续四年销量全球第一。

1964—1969 年间分阶段从奔驰手中收购奥迪品牌。

Volkswagen

大众（VOLKSWAGEN）

Volks 在德语中意为"国民"，Wagen 在德语中意为"汽车"，创意来自希特勒在 1936 年提出设想，即要生产一种经济型的国民汽车。

布加迪（BUGATTI）

布加迪由意大利人埃多尔·布加迪在 1909 年创造，1998 年被大众收购，布加迪的总部设立在法国的莫尔塞姆。

曼（MAN）

曼/曼恩/猛狮总部位于德国慕尼黑，前身为创立于 1758 年的圣安东尼炼铁厂，1908 年发展为"奥格斯堡－纽伦堡机械工厂股份公司"，简称 M.A.N.。2011 年被大众收购。

ŠKODA

斯柯达（SKODA）

斯柯达创立于 1895 年，总部位于捷克姆拉达 - 博莱斯拉夫。1991 年大众收购了其 70% 的股份，剩余 30% 股份在 2000 年完成收购。

大众商用车

1956 年，大众在德国汉诺威成立了专门生产客货两用运输车的生产基地，产品包括从微型车，豪华巴士到客货两用运输车、轻型货车等。

SCANIA

斯堪尼亚（SCANIA）

斯堪尼亚是瑞典的货车及巴士制造厂商之一，于 1891 年在瑞典南部的马尔默成立，2008 年大众成为其控股公司。

BENTLEY

宾利（BENTLEY）

宾利是英国豪华汽车品牌，总部位于英国克鲁，是 W.O. 宾利先生在 1919 年创立的。1998 年，宾利被大众收购。

PORSCHE

保时捷（PORSCHE）

1931 年保时捷成立于斯图加特，创始人为费迪南德·保时捷，总部位于德国斯图加特。2009 年被大众收购。

CUPRA

2018 年西雅特发布了全新性能品牌 CUPRA。CUPRA 是 "Cup Racer" 的缩写，为赛事活动中杯赛的简称。

AUDI

奥迪（AUDI）

奥迪总部设在德国的英戈尔施特，1959 年被奔驰收购，1 年被大众收购，1985 年更奥迪股份公司 (Audi AG)。

LAMBORGHINI

兰博基尼（LAMBORGHI

兰博基尼是一家超级跑车制总部位于意大利圣亚加塔·尼，1998 年被大众收购并奥迪管理。

苏联 1959 年 1 月 2 日发射球 -1 实现了人类首次飞越此后一直到 1976 年，苏联发射了 24 个"月球"系列器，1970 年 11 月，苏联了"月球 17"号探测器，首上一辆无人月球车，即"月1 号"，工作了 10 个月，行10km。

- "月球漫游者"被美国"阿波罗1号"宇宙飞船送往月球执行任务，创造了汽车在外星行驶的奇迹。

年德国工程师奥古斯特·霍希创立了
车股份公司。1909年另创奥迪汽车
司（Audi Automobil werke GmbH）。

月球漫游者（Lunar Roving Vehicle）月球车。由波音公司和通用汽车公司的子公司 DelcoElectronics（由 Kettering 共同创立）研发制造，每个车轮配备一个直流驱动电机，以及一对36伏银锌氢氧化钾不可充电电池。

月球漫游者在月亮上的行驶影像

1932年，霍希公司与奥迪公司合并，并联合蒸汽动力车公司（Dampf Kraft WAGen，DKW）以及西格马尔流浪者汽车制造厂（Wanderer Werke Siegmar），成立了全新的汽车联盟股份公司（AutoUnionAG）。

1971年7月30日22时16分，阿波罗15号飞船的登月舱在月球着陆。这是人类第四次成功登月，但与之前不同的是，和两位宇航员一起登陆的还有一辆特制的电动汽车——月球漫游者（Lunar Roving Vehicle），航天员大卫·斯科特和吉姆·欧文驾驶月球漫游者这辆四轮电动车完成了人类首次月球行驶。

特（SEAT）
特是西班牙最大的汽车公司，
年成立于巴塞罗那。1983年
众收购。

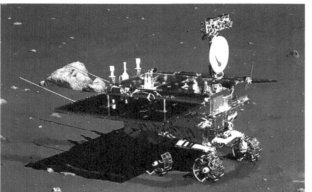

2013年12月14日21时11分，中国第一个无人登月探测器"嫦娥三号"成功落月，2016年7月31日晚，"玉兔号"月球车在超额完成任务之后宣布停止工作，它一共在月球上工作972天。它的设计重量为137kg，具备20度的爬坡和20厘米的越障能力，而且还配备了全景相机、红外成像光谱仪、测月雷达、粒子激发X射线谱仪等科学探测仪器。

迪（DUCATI）
迪是一家意大利摩托车生产商，
于1926年，总部位于意大利
洛尼亚，2012年被奥迪收购。

2023年8月23日印度月船三号成功登陆月球，印度成了继苏联、美国和中国之后全球第四个成功登月的国家，同时也是第一个成功踏入月球南极的国家。月球三号的重量为3900kg，由推进器和维克拉姆月球着陆器组成。在维克拉姆月球着陆器上，还有一台名为Pragyan的月球车，重量仅仅只有26kg。Pragyan在梵语中的含义是"智慧"。Pragyan月球车只能在月球上工作一个月日（15天），即月球上的一个白天。

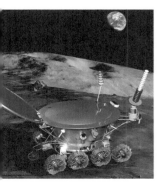

1972 甲壳虫汽车量产—本田思域诞生

- 甲壳虫汽车累计产量超过 1500 多万辆，打破了福特"T"型车所保持的单一型累计产量最高的世界纪录。1981 年 5 月 15 日，甲壳虫的生产数量就达到 2000 万辆。

1972 第 1 代思域

第 1 代 Civic 搭载 1.2L 直列两气门四缸发动机，最大功率 60hp。1975 年搭载了 1.5L CVCC 低排放发动机，最大功率达到了 69hp。

1979 第 2 代思域

第 2 代 Civic 搭载最大功率 55hp 的 1.3L 发动机和最大功率 67hp 的 1.5L 发动机。车的轴距加长了 50mm。1981 年还为高配车型提供了新开发的 3 档自动变速器。

1983 第 3 代思域

第 3 代 Civic 在悬架系统作了很大的改进，配备了前独立悬架并采用螺旋弹簧减振器和后半独立扭力梁悬架搭配钢板弹簧的结构。1984 年 Civic 推出带有后传动轴的四驱车型。

1987 第 4 代思域

第 4 代 Civic 新增了 1.2L 和 1.4L 两款发动机，本田还首次将 VTEC 技术应用于 Civic（型号为 B16A 的 1.6L 发动机），使最大功率达到 158hp。

1991 第 5 代思域

第 5 代 Civic 使用流线型车身，搭载使用 VTEC 技术的发动机，排量为 1.3L、1.5L 和 1.6L，并推出了三门掀背版与两门敞篷版，1994 年的改款车型加了 ABS 防抱死制动系统以及后轮盘式制动器。

1995 第 6 代思域

第 6 代 Civic 采用了前双叉臂和后多连杆的悬架设计，这一代取消了 1.3L 发动机，1.6L 发动机成为主流配置，并且出现了 CVT 变速器。

2000 第 7 代思域

第 7 代 Civic 前桥使用麦弗逊式悬架，2001 年推出了新一代的 Type R 车型，为 3 门掀背结构，搭载的 K20A2 i-VTEC 发动机最大功率达到 200hp。

2006 第 8 代思域

第 8 代 Civic 针对欧洲市场推出前麦弗逊后扭力梁式半独立悬架的车型，欧洲以外市场推出使用前麦佛逊后双横臂式的四轮独立悬架结构的车型。2006 年，东风本田将第 8 代 Civic 引入国产命名为思域，国产版以北美版 Civic 为基础打造。

- 韩国大宇汽车公司成立。
- 第一台凝聚 Honda 顶尖技术精华与设计理念的思域（Civic）轿车诞生。

2011 第 9 代思域

第 9 代思域率先在北美市场上市，在欧洲市场推出旅行版车型，新一代 TYPE-R 车型搭载代号为 KC20C 地球梦科技的 2.0L 涡轮增压发动机，最大功率 310hp。

2015 第 10 代思域

第 10 代思域基于全新的全球性紧凑车型平台所开发的，大量采用高强度新型钢材。搭载 1.8L 和 2.0L 自然吸气发动机，以及 1.5L 涡轮增压发动机，1.5T 发动机最大功率 177hp，最大转矩 226N·m。

2021 第 11 代思域

第 11 代思域搭载 180 TURBO（最大功率 95kW，最大转矩 180N·m）及 240 TURBO（最大功率 134kW，最大转矩 240N·m）两种动力形式，匹配 CVT 无级变速器。

2022 年，第 11 代思域 e:HEV 混动版推出，搭载第四代 2.0L i-MMD 双电机混合动力系统。

本田历代思域
（1972—2023）

- 克莱斯勒公司制成电子点火器。
- 美国政府规定：所有在美销售的新型客车都必须安装前后保险杠，并能经受得住速度为 9km/h 的碰撞。
- 石油危机爆发，燃油价格大幅度上涨。

电动全景天窗

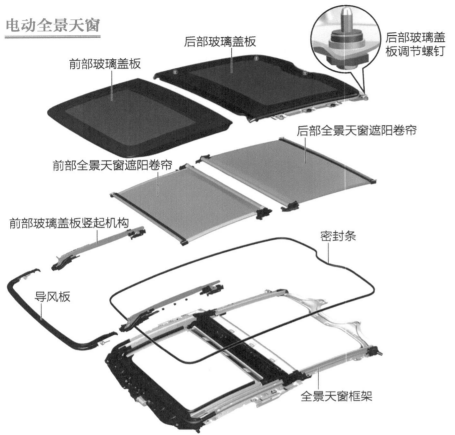

前部玻璃盖板

后部玻璃盖板

后部玻璃盖板调节螺钉

前部全景天窗遮阳卷帘

后部全景天窗遮阳卷帘

前部玻璃盖板竖起机构

密封条

导风板

全景天窗框架

机舱罩盖（前行李舱盖——电动汽车

保险杠托架（

前泊车雷达

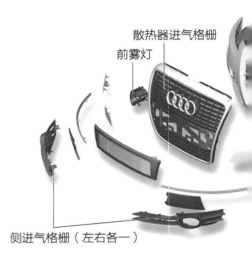

散热器进气格栅

前雾灯

侧进气格栅（左右各一）

全景玻璃天窗与传统滑动 / 外翻式玻璃天窗相比改善了后座区乘员的空间感。前部玻璃盖板可向外移动到后部玻璃面上方。后部玻璃盖板是固定的，作为滑动面用于确保车身刚度。为了起到防晒和隔音作用，全景玻璃天窗带有两个全景天窗遮阳卷帘，分别用于前部和后部车顶内衬区域。

电动单天窗

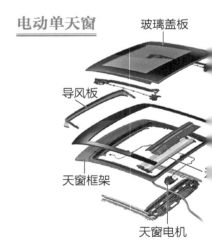

玻璃盖板

导风板

天窗框架

天窗电机

全景天窗遮阳卷帘连接插头

全景天窗框架

后部全景天窗遮阳卷帘驱动单元

前部全景天窗遮阳卷帘驱动单元

全景天窗照明装置触点

前部玻璃盖板驱动单元

两个全景天窗遮阳卷帘可以无级方式彼此独立地打开和关闭。在自动关闭期间执行防夹保护功能。通过相应电机对前部玻璃盖板和全景天窗遮阳卷帘进行驱动。通过立管将驱动力传至导轨内的滑块。

- 丰田公司的"精益生产方式"在全日本推广，继而引起全世界注意。
- 林肯大陆 Mark 车型上安装了电动滑动式天窗。1941 年上市的林肯大陆 Derham 是有资料可查的最早配备全景天窗的汽车。

前保险杠

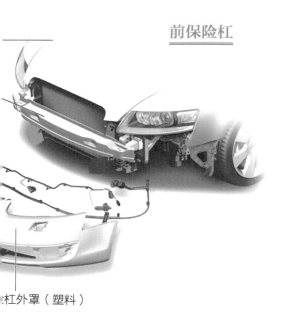

杠外罩（塑料）

手动天窗

第一辆带天窗的汽车

最早的天窗称为 Baier 折叠车顶，第一辆带天窗的汽车是 1932 年的 Austin Seven Box Saloon，设计的初衷是为了采光照明。

后保险杠

行李舱盖（后备箱盖）
Audi A6
保险杠托架
后泊车雷达及线束
保险杠内罩
保险杠罩下饰件
保险杠外罩（塑料）

窗关闭状态
窗打开状态

太阳能天窗

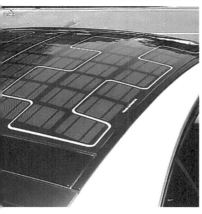

太阳能天窗可以利用半导体的光电效应为汽车蓄电池充电或为用电设备提供电源。当晶片受到光照后，PN 结中 N 型半导体的空穴往 P 型区移动，而 P 型区中的电子往 N 型区移动，从而形成从 N 型区到 P 型区的电流。然后，在 PN 结中形成电势差，这就生成了电源。

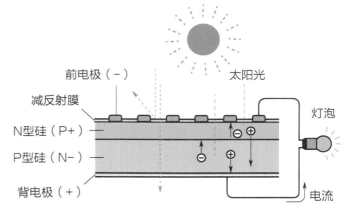

前电极（-）
减反射膜
N型硅（P+）
P型硅（N-）
背电极（+）
太阳光
灯泡
电流

1974

座椅安全带成标配—大众高尔夫

- 美国规定新型客车都必须装备座椅安全带和点火装置联锁系统。

高尔夫 MK1（1974—1983）

高尔夫为前置前驱两厢车型，首批高尔夫于 1974 年 3 月在沃尔夫斯堡下线，同年 5 月开始销售。1976 年 10 月，第 100 万辆高尔夫下线，首款高尔夫 GTI 上市，首款柴油版高尔夫上市。

高尔夫 MK2（1983—1991）

1983 年，第 2 代高尔夫在法兰克福车展亮相。体积增大的风阻却减小了。这一代高尔夫配备了三元催化器（1984）、死制动系统（1986）、动力转向系统、四驱系统、四气门技动机（1986）。

高尔夫 MK5（2003—2008）

这一代高尔夫车型上开始出现 8 气囊、多连杆后悬架、氙气大灯、雨水传感器、全景天窗。涡轮增压汽油机第一次出现在高尔夫上。

高尔夫 MK6（2008—2012）

这一代被评选为 2009 年的世界年度车。它在 EuroNCAP 洲碰撞安全测试）中也摘得五星。ACC/ 动态转弯灯 / 自适应盘控制 / 无钥匙起动 / 触控中控屏 / 倒车影像 / 起停系统 / 泊助系统等配置普及。

大众高尔夫 8 代车型

烟火式安全带张紧器（带式）

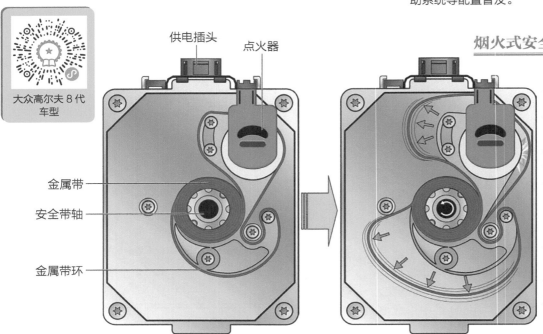

如果安全气囊控制单元触发了这个点火器，那么所产生的压力会使得金属带环变大。金属带的运动同时会拉动安全带轴，该轴随之就转动，因此安全带就拉紧了。如果安全带的反作用力大于安全带张紧器的力了，那么安全带张紧过程就结束了。

供电插头　点火器

金属带

安全带轴

金属带环

- 第 1 代高尔夫正式下线。

高尔夫 MK3（1991—1996）
第 3 代高尔夫于 1991 年 8 月在欧洲推出，车身设计的巨大进步显著改善了碰撞安全性能，同时安全气囊开始出现在高尔夫上。

高尔夫 MK4（1997—2003）
这一代高尔夫开始进入中国市场，并且配置更高，包括电子稳定控制系统（ESC）、制动辅助系统（ABS）、4Motions 四驱系统、彩色中控屏及导航系统、六档手动变速器（1999 年）、缸内直喷汽油机（FSI）（2002 年）。

高尔夫 MK7（2012—2019）
这一代高尔夫注重轻量化车身，采用大众 MQB 平台，尺寸加大且车重减轻 100kg。同时，诞生了大量衍生与赛车车型。

高尔夫 MK8（2020— ）
自 1974 年诞生以来至第 8 代发布，全球累计销量已超 3500 万辆。

烟火式安全带张紧器（齿条式）

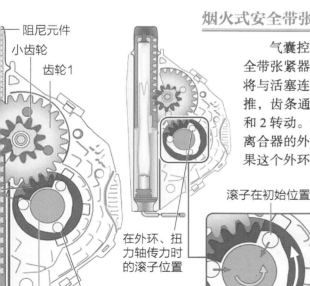

气囊控制器的信号触发了安全带张紧器的点火器，气体压力将与活塞连接在一起的齿条向上推，齿条通过小齿轮使得齿轮 1 和 2 转动。齿轮 2 与扭力轴单向离合器的外环是刚性连接的，如果这个外环扭转了，那么就会将滚子向内压，直至滚子卡在外环和扭力轴之间。这个转动就被传递到扭力轴上，安全带开始收紧。

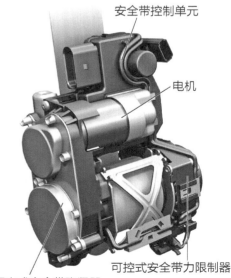

- 1975 年美国汽车开始采用电控燃油喷射系统。
- 1975 年五家来自欧洲不同国家的汽车厂组成了一家名为工业车辆公司（Industrial Vehicles Corporation）的公司，简称 IVECO（依维柯）。公司总部位于意大利都灵，目前是属于菲亚特（Fiat）旗下的子公司。

K 型机械式燃油喷射系统

K 型是德语 Kontinuierlich（连续）的首字母。此系统也被称为 CIS（连续喷射系统）。燃料以 0.36MPa 的压力从喷油嘴直接喷射到进气阀附近，进入发动机进气道参与燃烧。常见的系统是 K 型系统，于 1973 年上市。它根据吸气量来控制喷射量。也被称为机械汽油喷射系统、多点连续喷射以及单独控制汽油喷射系统。

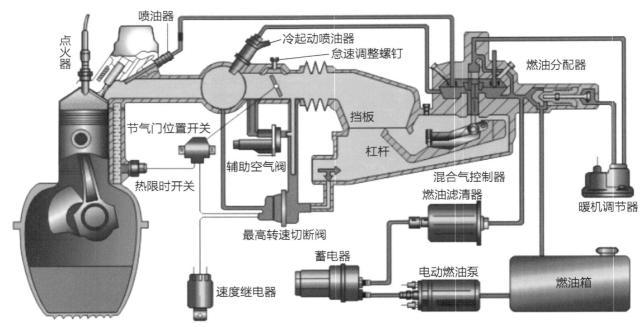

KE 型机电式燃油喷射系统

KE 型机电式汽油喷射系统，E 是"电子"英文的第一个字母。实际上，KE 型汽油喷射系统带有 ECU 和相关传感器。燃料通过燃料分配器、隔膜式液压调节器保持一次液压恒定。与 K 型喷射系统一样，控制柱塞由空气流量板驱动。根据电气——液压差调节器的电流变化，计量槽两面的压力差发生变化，从而控制喷射量。

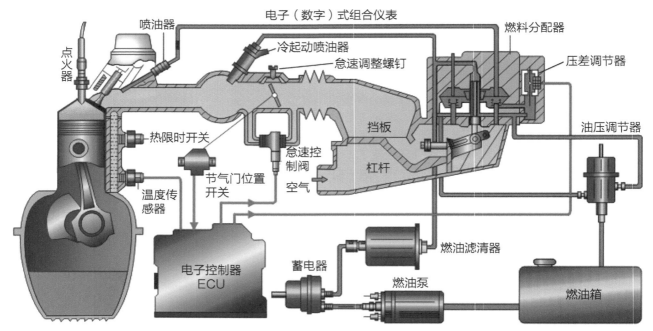

SPI 单点电控燃油喷射系统

电子控制单点喷射系统是指安装在节气门体上的一只或两只喷油器，向进气歧管中喷射汽油，与高速流动的空气相混合，形成可燃混合气，由于喷油器对发动机各缸进行集中喷射，故又称之为集中喷射系统。

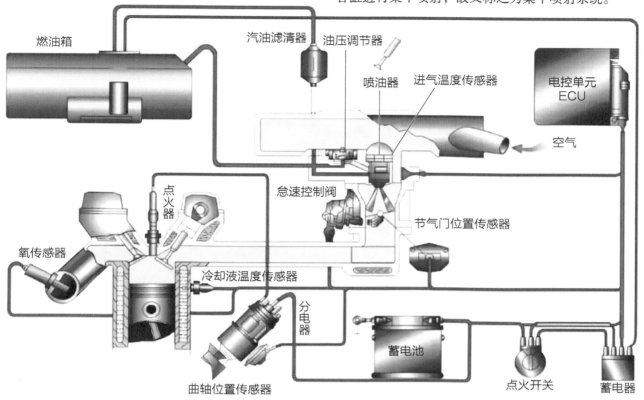

电子控制燃油喷射系统

电子控制燃油喷射系统（Electronic Fuel Injection，EFI）——简称"电喷"。它是汽油发动机取消了化油器而采用的一种先进的喷油装置，电控汽油喷射系统主要由空气系统、燃料系统和控制系统三大部分组成，质量流量式喷射系统的空气系统由空气滤清器、空气流量计、节气门体、空气阀以及稳压箱等构成。燃料系统主要由燃油箱、燃油泵、燃油滤清器、调压器以及喷油器构成。控制系统主要由传感器、输入/输出电路以及微机等组成，ECU 是控制系统的核心。

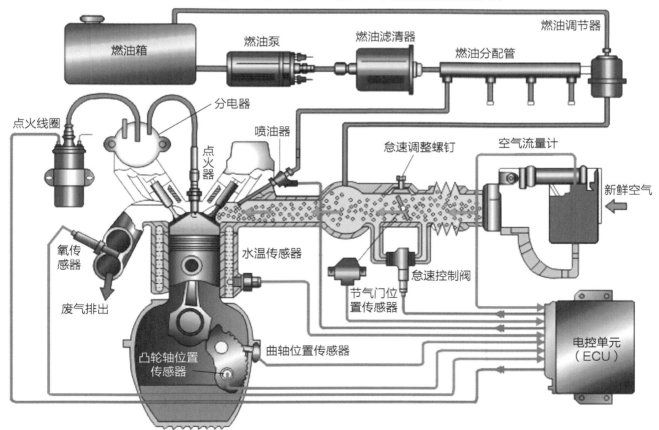

标致与雪铁龙合并—汽车仪表与开关模块

- 标致公司与雪铁龙公司合并。
- 本田雅阁牌轿车问世。

1974 年 6 月，标致获得米其林持有雪铁龙的 38.2%股权，两年后进一步控股至 90%。作为交换，米其林获得标致的 10% 股份。

1976 年 5 月 12 日，标致和雪铁龙合并，取名 PSA（Peugeot Société Anonyme）。

汽车组合仪表反映车辆各系统工作状况的装置；为驾驶员提供所需的汽车运行参数信息，早期的汽车多用机械式组合仪表，现在的汽车特别是新能源汽车应用电子液晶式仪表，有的车型将仪表功能融合进中控屏里边，从而在配置上取消了组合仪表。

第 1 代雅阁

本田雅阁车型
诞生

电子（数字）式组合仪表

机械（模拟）式组合仪表

多功能转向盘在转向盘两侧或者下方设置一些功能键，让驾驶员更方便操作。这些按钮包括巡航设置、音响调节、车载电话、车辆参数设置等。

多功能转向盘

汽车组合开关安装于转向管柱上，转向盘下方，便于行车中操作。右边为刮水器与洗涤器控制开关，左边为灯光控制开关。

组合开关

汽车前照灯开关可以调节大灯工作模式如手动、自动、近光、远光、小灯等，有的还集成了雾灯开关。

电动座椅调节按钮一般位于座椅外侧塑料面板上，也有的安装在驾驶员侧车门装饰面板上。

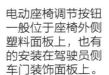

大灯开关

座垫调
上下扳
高低
动可调
纵向空

• 奔驰公司改建成全尺寸现代化汽车风洞，气流速度高达 270km/h。

汽车空调控制面板按类型分为手动和自动两种，一般用来调节工作模式录制冷、取暖、通风，调节温度高低，调节循环气流大小及分布。

手动空调控制面板开关

自动空调控制面板开关

车顶控制台安装于中控台即副仪表台正上方，用于操作天窗、遮阳帘、内部小灯照明等开关。

车顶控制台（天窗开关、灯光开关等）

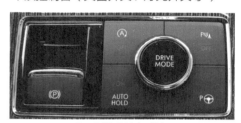

驾驶模式选择旋钮

电动外后视镜调节开关

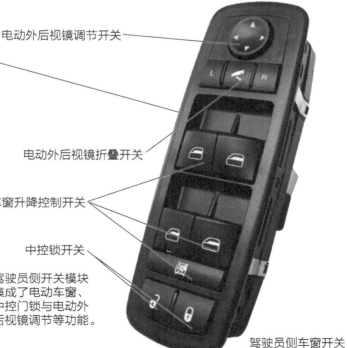

电动外后视镜折叠开关

电动车窗升降控制开关

中控锁开关

驾驶员侧开关模块集成了电动车窗、中控门锁与电动外后视镜调节等功能。

驾驶员侧车窗开关

靠背调节按钮：前后扳动可以调节靠背倾斜角度。

腰托调节按钮：上下按动可以调节托靠高度位置；前后按动可以调节托靠与腰部的结合度。

调节按键

1977 电动汽车展出—纯电动汽车

• 第一次国际电动汽车会议在美国举行，会上展出了 100 多辆电动汽车。

纯电动汽车

纯电动汽车（Battery Electric Vehicle，BEV）是完全由可充电电池（如铅酸电池、镍氢电池或锂离子电池）提供动力源的汽车。

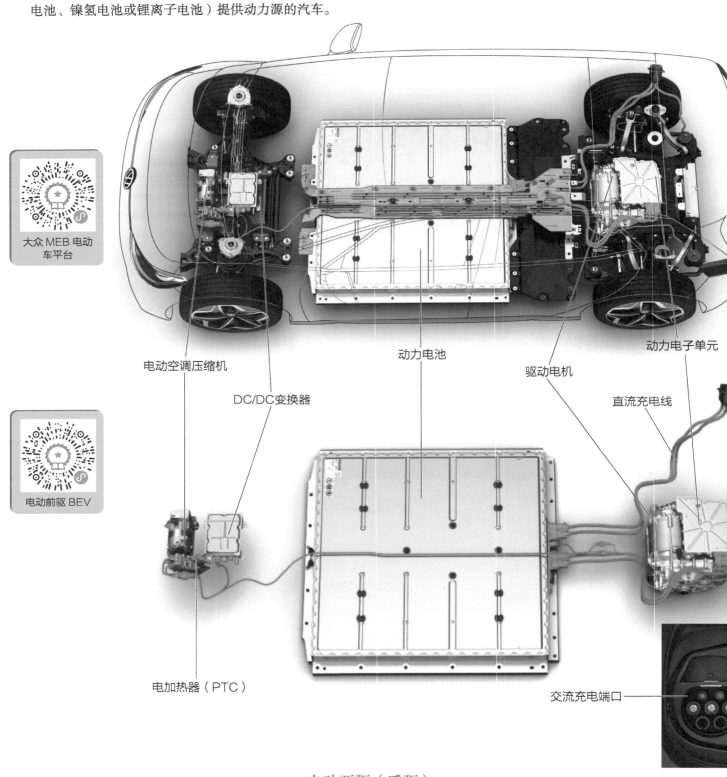

大众 MEB 电动车平台

电动前驱 BEV

电动空调压缩机

DC/DC变换器

动力电池

驱动电机

动力电子单元

直流充电线

电加热器（PTC）

交流充电端口

电动两驱（后驱）

- 克莱斯勒发明了带锁止离合器的液力变矩器。

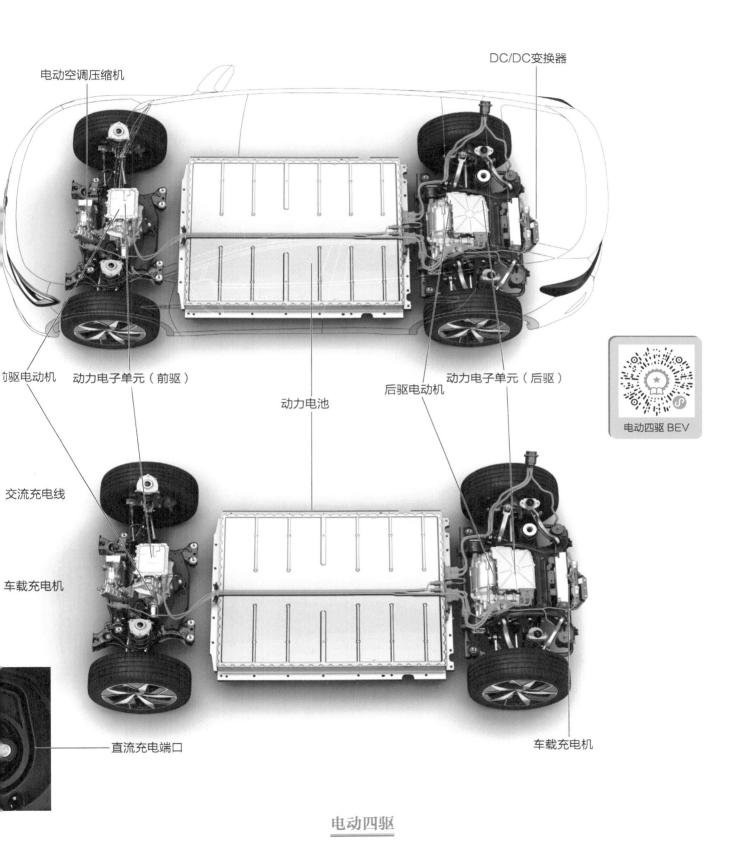

电动四驱

- 日本研制出复合燃料的汽车。
- 防抱死制动系统（Antilock Braking System，ABS）开始量产；梅赛德斯-奔驰与博世在德国斯图加特发布了全

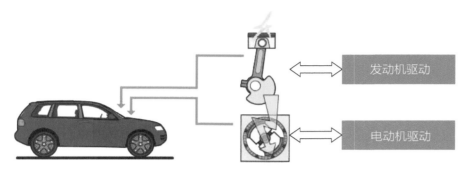

混合动力（Hybrid）汽车是指使用两种或两种以上能源作为驱动力的车辆，而这些能源可能来自发动机、电动机、氢能源以及燃料电池等。目前市面上我们所能见到的混动汽车大多数采用发动机和电动机的组合方式作为驱动力，能源来自汽油和电池，这种油电混合的车辆可以被简称为HEV（Hybrid Electric Vehicle）。

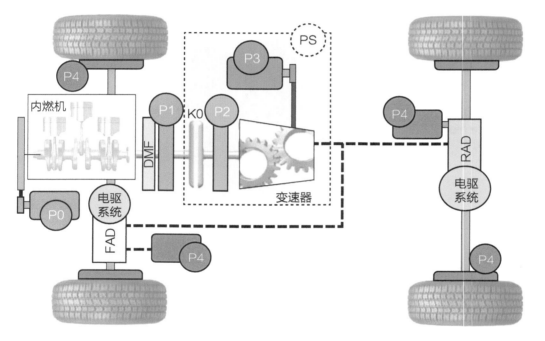

混合动力汽车
类型

混合动力汽车中，按电机位置的不同可分为P0~P4（并联混动）以及动力分流（Power Split，PS）架构，其中P代表电机位置（Position），P后的数字越大，表示电机距离发动机的距离越远。

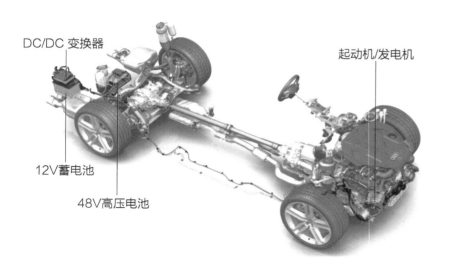

轻混汽车
MHEV

电机安装在发动机前端，该类型的混动叫P0架构，以驱动带的方式与发动机相连，又称之为BSG或BAS，因为驱动带输出力矩有限，多数为具有直接起停功能的轻混（MHEV）车型。电机与发动机一般为并联关系。

球首款 ABS，并且率先应用在 W116 型号的 S 级车型上。

- 1978 年，日本成功研发出了混合动力汽车。

把电机装在发动机后端与发动机刚性相连，此种架构形式称为 P1 结构，又称为 ISG，因为与发动机无法脱开，输出的动力受发动机牵绊，多以中混车型应用为主。电机与发动机一般为并联关系。

使用 ISG 电机的混动汽车

转子位置传感器

温度传感器

带线圈的定子

定子支架

转子

中间壳体

发动机　电动机　变矩器　自动变速器

发动机

高压电缆

电动机

在变速器与发动机中间的离合器之后变速器齿轮输入端安装电机的构型，被称为 P2 结构，这种类型的混动技术简单易行，效率不高，但是成本相对较低，宝马 ActiveHybrid X6 采用了这种结构。

电动机A　电动机B

前后电机配合的混动汽车

分时四驱汽车技术

汽油发动机

后驱电机

动力电池

双电机驱动系统

电动机

发电机

电机位于变速器中的混动汽车

如果将电机直接安装于驱动轴 / 轮上则为 P4 架构，P4 架构很少单独使用，一般为 PS（动力分流）+P4 组合。丰田汉兰达混动 E 四驱车型就采用了 P4 结构的后桥。

1979 烧酒精的汽车—汽车传感器

汽车传感器
作用

- 巴西制造出以酒精为燃料的汽车。至今巴西仍是世界上使用乙醇燃料最多的国家。
- 雪佛兰公司第一亿辆汽车下线。

巴西盛产甘蔗和玉米，是全球最大的蔗糖生产与出口国。甘蔗与玉米除了能榨糖和油外，还能制成乙醇。乙醇汽油是汽油和乙醇（酒精）的混合燃料，乙醇汽油的乙醇比例前加英文字母"E"，如 E85 指含有 85% 乙醇的汽油。

名称	空气流量计（热膜式）	空气流量计（热线式）	进气歧管压力传感器
位置	一般安装在在空气滤清器与节气门体之间，也可以安装在空气滤清器上，亦可将空气流量计与节气门体一体化安装在发动机上		安装在进气歧管上
识别			
名称	进气温度传感器	冷却液温度传感器	节气门位置传感器
位置	安装在空气滤清器或之后的进气管道上	安装在发动机缸体水套或冷却液管路中	安装在节气门体上
识别			
名称	曲轴位置传感器	凸轮轴位置传感器	燃油油位传感器
位置	安装在曲轴前端，接近发动机飞轮附近	安装在凸轮轴前端	安装在燃油箱中
识别			
名称	加速踏板位置传感器	爆燃传感器	机油压力传感器
位置	安装在加速踏板上	缸体中间接近气缸套的地方	安装在气缸缸体机油油道上
识别			
名称	氧传感器	柴油氮氧化物传感器	油轨压力传感器
位置	安装在排气管三元催化器前后	安装在排气系统中	安装在油轨上
识别			

名称	ABS 转速传感器	
位置	安装在车轮制动盘附近	安
识别		
名称	高度传感器	
位置	安装在底盘高度可控悬架系统上	安
识别		

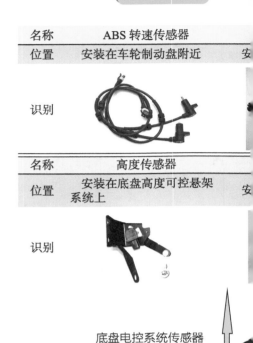

底盘电控系统传感器

发动机电控系统传感器

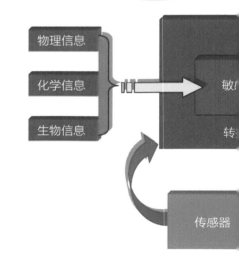

物理信息

化学信息　→　敏

生物信息　　　　转

传感器

传感器是指能感受规定的物理、化学、生物信息，并按一定规律转换成可用输入信号的器件或装置。它可以将非电量转换成电量，通常由敏感元件、转换元件和测量电路三部分组成。被测量对象通过传感器的敏感元件转换成与被测量有确定关系的非电量或其他量。转换元件再将非电量转换成电参量。测量电路将转换元件输入的电参量经过处理转换成电压、电流或频率等可测电量，以便进行显示、记录、控制和处理的部分。

- 汽车压力传感器的历史开始于 1979 年，是用于发动机燃烧控制的进气绝对压力传感器。

	横摆角速度和侧向加速度传感器
感器	安装在驾驶员座椅下方

	制动踏板位置传感器
感器	安装在制动控制装置上
片上	

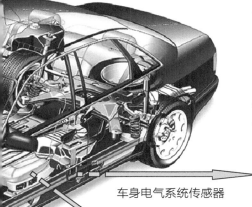

车身电气系统传感器

电动汽车高压系统传感器

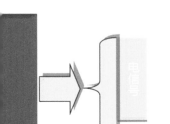

1979 款 Monza 作为雪佛兰的第一亿辆汽车下线。早在 1927 年，雪佛兰就成了北美第一个销量超一百万台的汽车品牌。

雪佛兰第一亿辆汽车

名称	晴雨传感器	蒸发器温度传感器	空调压力传感器
位置	安装在前风窗玻璃上，车内后视镜前方	安装在蒸发器上	安装在发动机舱空调高压管路上
识别			

名称	车外温度传感器	安全气囊碰撞传感器	车距传感器
位置	安装在前部车身上	安装在前部车身或侧面车门内	安装在前保险杠内，车头中网下方
识别			

名称	超声波传感器	座椅占用 / 识别传感器	胎压传感器
位置	安装在前后保险杠上	安装在驾驶员与前乘客座椅内	安装在车轮内
识别			

名称	转子位置传感器	电机温度传感器	PTC 温度传感器
位置	安装在驱动电机壳体上	安装在电机壳体上	安装在 PTC 加热器壳体上
识别			

名称	冷却液压力温度传感器	热泵温度传感器	锂电池温度传感器
位置	安装在高压蓄电池单元和冷凝器的低压管路中	安装在热泵回路中	安装在动力电池包中
识别			

- 在当年的日内瓦国际车展上，第一代奥迪 Quattro 首次出现在公众面前。
- 日本汽车年产量（1104 万辆）首次超过美国（801 万辆），成为世界头号汽车生产国。
- 日本研制成功液态氢汽车。在后部装有保持液态氢低温和一定压力的特制贮存罐。该车用 85L 的液氢，行驶了 400km，时速达 135km。
- 美国试制成功了一种锌氯电池电动汽车。

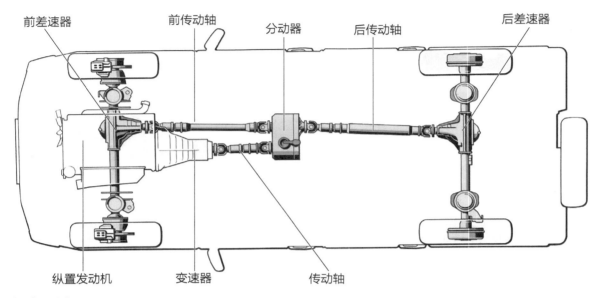

前差速器　　前传动轴　　分动器　　后传动轴　　后差速器

纵置发动机　　变速器　　传动轴

分时四驱

　　分时四驱（PART TIME）是一种驾驶员可以在两驱和四驱之间手动选择的四轮驱动系统。驾驶员根据路面情况，通过接通或断开分动器来变化两轮驱动或四轮驱动模式。

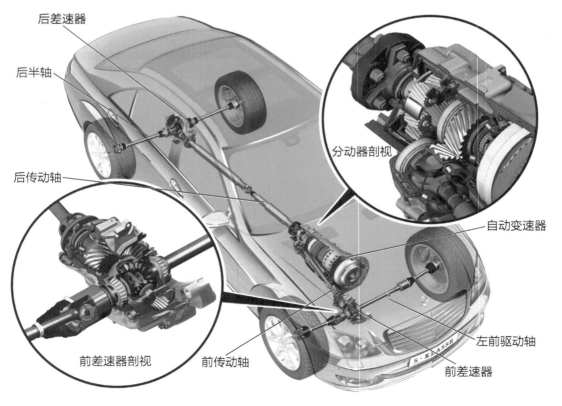

后差速器

后半轴

后传动轴

分动器剖视

前差速器剖视　　前传动轴　　左前驱动轴　　前差速器

自动变速器

全时四驱汽车

全时四驱（AWD）

　　全时四驱（All-Wheel Drive）车辆在整个行驶过程中一直保持四轮驱动的形式，由于四个轮子都能传递动力，因此在低附着力或者恶劣路况下，车辆的抓地力更强，行驶稳定性更高。此外，加速性能也更好。缺点是油耗较高、维护成本也相对较高。

- 西班牙试研制成功一种太阳能汽车。
- 西德汉堡市西北伊策霍的一位工程师发明了一种利用电石气（乙炔气）作动力的汽车。先将电石变成气体，然后用这种气体燃烧推动喷气式发动机来驱动汽车，其速度和安全性均不亚于汽油车，20kg 电石块可以使汽车至少行驶300km。
- 一种新型燃料电池技术被研发出来。这就是质子交换膜燃料电池（PEMFC），可以在 60~120℃的温度下工作。

　　四轮驱动，顾名思义就是采用四个车轮作为驱动轮，简称四驱（4 Wheel Drive，4WD），也有称为全轮驱动的（英文简称 AWD），或车身标记为 4×4，都表示该车带有四驱功能。由于四驱汽车的四个车轮都可以驱动汽车，如果在一些复杂路段出现前轮或后轮打滑时，另外两个轮子还可以继续驱动汽车行驶，有利于摆脱困境。在冰雪或湿滑路面行驶时，也不容易出现打滑现象，比一般的两驱车型稳定。

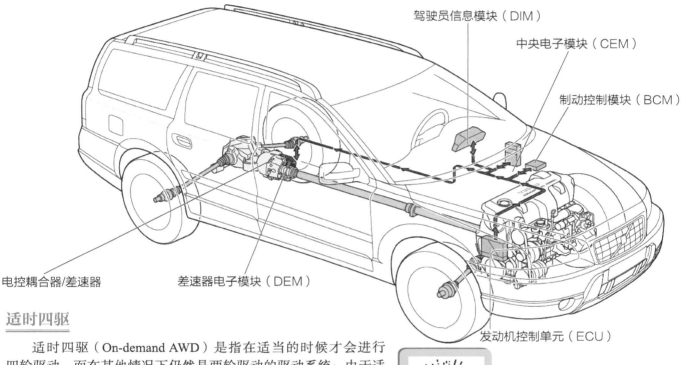

适时四驱

　　适时四驱（On-demand AWD）是指在适当的时候才会进行四轮驱动，而在其他情况下仍然是两轮驱动的驱动系统；由于适时四驱的特殊结构，它更适合于前横置发动机前驱平台的车型配备。适时四驱越野性能优于两驱车型，但比不上全时四驱车型。

适时四驱车型

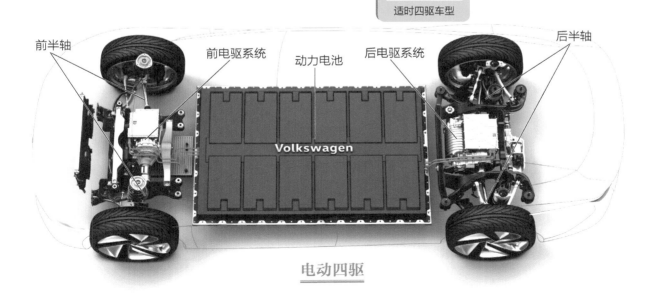

电动四驱

1981 甲烷燃料汽车研制成功—前轮驱动型汽车

- 福特公司研制出以甲烷为燃料的汽车，每升甲烷可行驶 11.5km。

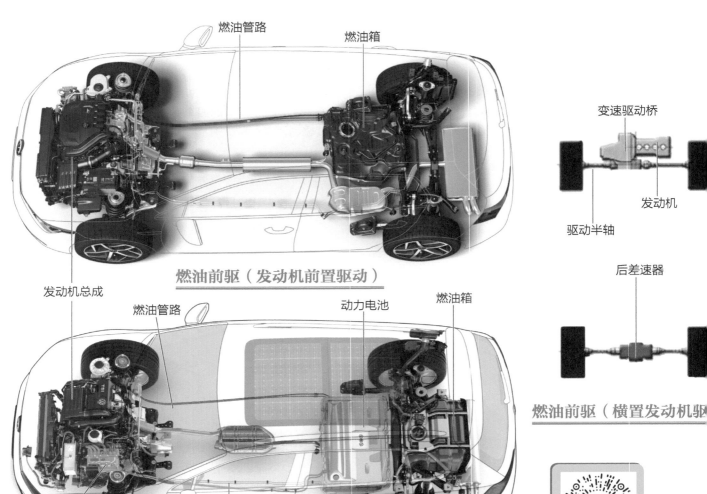

燃油管路　燃油箱

变速驱动桥

驱动半轴　发动机

燃油前驱（发动机前置驱动）

发动机总成

燃油管路　动力电池　燃油箱

后差速器

混动前驱（发动机加电动机前置驱动）

电驱总成

高压电缆

燃油前驱（横置发动机驱

燃油前驱（横置发动机）汽车

高压电缆

动力电池

电动前驱（电动机前置驱动）

前驱车型相比后驱车型少了中间传动轴，车重降低，车内空间好，底盘结构更简单，制造成本也低，由于动力输出离驱动轮更近，转矩损失变少。而由于动力总成等部件都分布于车头，会导致头重尾轻，转弯易"推头"，制动时易"点头"，急加速时车轮易打滑，总之，操控性不如后驱车辆好。

● 前轮驱动型汽车开始在美国流行。

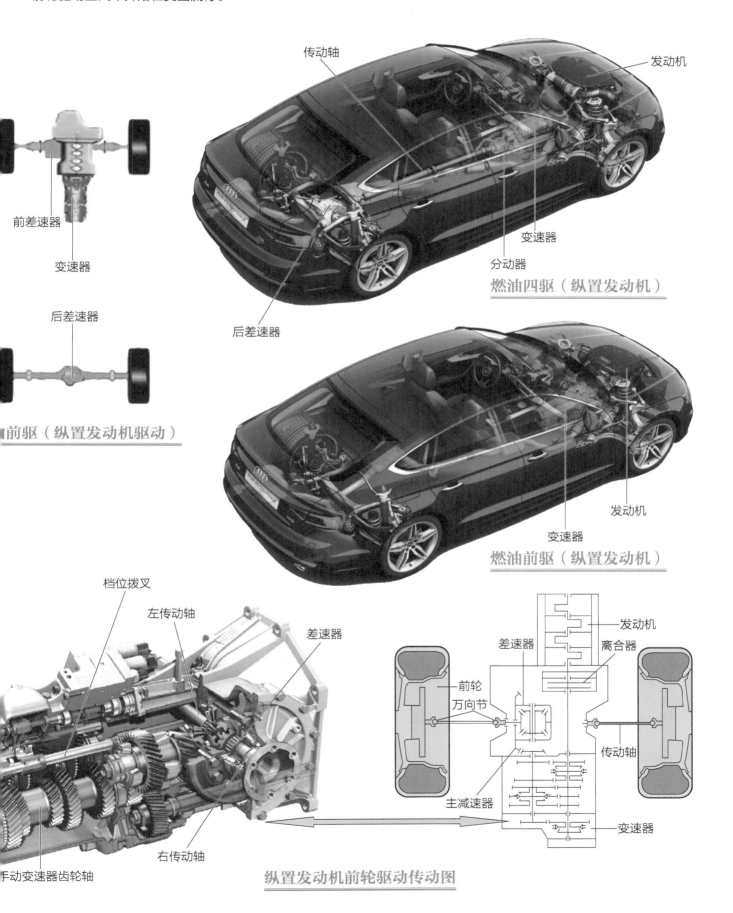

前差速器

变速器

后差速器

前驱（纵置发动机驱动）

传动轴

发动机

变速器

分动器

后差速器

燃油四驱（纵置发动机）

发动机

变速器

燃油前驱（纵置发动机）

档位拨叉

左传动轴

差速器

发动机

离合器

差速器

前轮

万向节

传动轴

主减速器

变速器

右传动轴

手动变速器齿轮轴

纵置发动机前轮驱动传动图

● 汽车的空气动力学性能已成为汽车的重要设计指标。批量生产的轿车风阻系数首次达到 0.3（奥迪 100）。

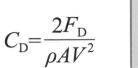

风阻系数是通过风洞实验和下滑实验所确定的一个数学参数，用它可以计算出汽车在行驶时的空气阻力。风阻系数的大小取决于汽车的外形，对于横截面面积相同的车型，在同等车速下风阻系数越大，则空气阻力越大。

$$C_D = \frac{2F_D}{\rho A V^2}$$

奥迪 100 车
1982 款

F_D 为空气阻力（drag force）
C_D 为风阻系数（drag coefficient）
A 为迎风面积（frontal area）
V 为空气流速（velocity）
ρ 为空气密度（rho）

汽车空调压缩机发展到现在共有四个阶段，分别是：曲轴连杆式压缩机、轴向活塞压缩机、旋转叶片式压缩机、涡旋式压缩机。

压缩机将气态的制冷剂压缩为高温高压的气态，并送至冷凝器进行冷却，经冷却后变成中温高压的液态制冷剂进入干燥瓶进行过滤与去湿，中温液态的制冷剂经膨胀阀（节流部件）节流降压，变成低温低压的气液混合体（液体多），经过蒸发器吸收空气中的热量而汽化，变成气态，然后再回到压缩机继续压缩，继续循环进行制冷。制热的时候有一个四通阀使氟利昂在冷凝器与蒸发器的流动方向与制冷时相反，所以制热的时候车外吹的是冷风，车内吹的是热风，这也是热泵的工作原理。

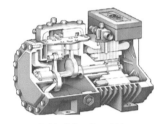

曲轴连杆式压缩机　　旋转叶片式压缩机　　压盘轴向活塞压缩机

汽车风阻系数　　新能源车电动空调压缩机

涡旋式压缩机主要由动涡盘、静涡盘、支架、偏心轴、防自转机构及其他配件构成。涡旋式压缩机由一个固定的渐开线涡旋盘和一个呈偏心回旋平动的渐开线运动涡旋盘组成压缩腔，通过动涡盘的运动实现压缩器容积的变化而提高气体压力，属于容积式回转压缩机。气体通过空气滤芯吸入静涡旋盘的外围，随之偏心轴的旋转，气体在动静盘啮合所组成的若干个月牙形压缩腔内被逐步压缩，然后由静涡旋盘中心部件的轴向孔连续排出。螺旋截面外盘由同步电机通过一个轴驱动并进行偏心旋转。通过螺旋截面外盘上的两个开口吸入低温低压气态制冷剂并通过两个螺旋截面盘片的移动使其压缩、变热。经过三周旋转后，吸入的制冷剂压缩、变热，可通过外盘中部开口以气态形式释放。高温高压气态制冷剂由此经油气分离器流至空调压缩机与冷凝器的接口。

燃油汽车多活塞式压缩机　　燃油车空调压缩机

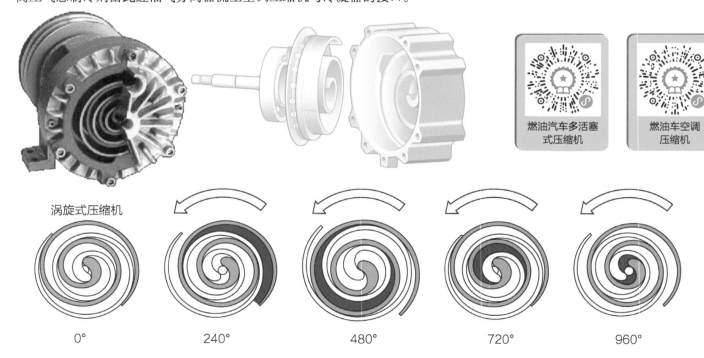

涡旋式压缩机

0°　　　240°　　　480°　　　720°　　　960°

- 三菱公司开始批量生产汽车空调涡旋压缩机。

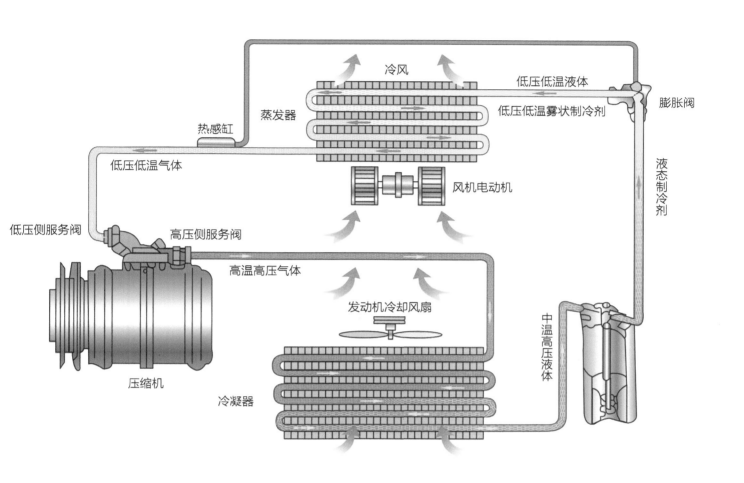

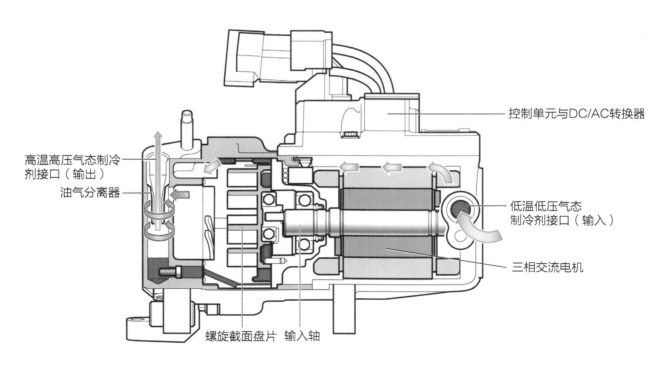

1983 雷克萨斯汽车诞生及其经典车型

- 涡轮增压发动机技术被广泛使用。
- 铜芯火花塞问世。

雷克萨斯（英语：Lexus；日语：レクサス），曾译名"凌志"，是日本丰田旗下全球著名豪华汽车品牌。1999 年起，雷克萨斯品牌连续 11 年位居美国豪华汽车销量第一的宝座。2011 年被宝马超越。

2007 年，全球首款搭载 V8 全混动系统 LS600h 上市。

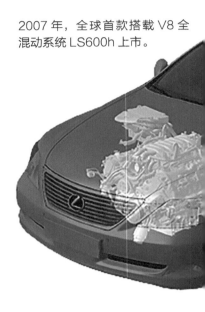

第一款车型 LS400 于 1989 年在北美国际车展上首发，搭载 4.0L V8 发动机输出功率达 250hp，峰值转矩为 353N·m。配备转向盘安全气囊，电动调节式转向柱与防眩目后视镜等豪华配置。

雷克萨斯的第一款双门轿跑车 SC400 于 1991 年首次亮相。

1998 年 3 月，第一款具备轿车（Sedan）、旅行车（Wagon）特征的 SUV，RX300 在北美开售。

2004 年，使用混合动力系统的 RX400h 首次在北美车展上亮相。这是雷克萨斯品牌下的首款混合动力车型，也是全球首款采用混合动力系统的高级车型。

- 奔驰系列车型首先将多连杆悬架这个概念应用于 W201 车型上。
- 雷克萨斯品牌正式诞生。

LX 系列车型作为丰田 Land Cruiser 80 的升级版，于 1996 年首次推出。右图为 LX450 车型。它是雷克萨斯的第一款 SUV 车型。

2010 年，旗下超级跑车 LFA 发布，与 Yamaha 共同开发，在手工打造的碳纤维车身上配备了 V 型 10 缸发动机。

2017 年，推出豪华双门轿跑 LC 系列，搭载 3.5L V6 的混合动力车型输出功率为 359PS。配备 5.0L V8 发动机功率为 477PS，型号为 LC500。

993 年，推出 GS 系列中级豪华轿车，上图为 GS300。

1989 年推出的 ES 系列是雷克萨斯最畅销的车型之一，2012 年 ES 系列首次引入了油电混合动力车型 ES300h，搭载 2.5L 汽油机加电动机的动力组合，采用 THS 混动专用变速器。

1984 长城汽车诞生—空气悬架

- 长城汽车成立。
- 林肯公司的"大陆"和"马克Ⅱ"型轿车采用了可调整的空气悬架系统。
- 美国纽约规定：十人以下乘用车的驾驶员、前排乘客和儿童必须使用安全带。
- 苏联研制出一种双燃料汽车。当汽车起动时，首先使用汽油，然后使用天然气。

长城旧车标

长城哈弗 SUV 品牌（2009）

长城新车标

长城汽车成立于 1984 年，总部位于河北省保定市。公司 1993 年开始生产皮卡，正式进入汽车制造行业。1998 年推出自主品牌——"长城汽车"并开始销售。

电子控制

电子控制

双叉臂悬架

空气泵

空气阀

蓄压器

减振器

上控制臂

定位臂

下控制臂

前控制臂

前悬架

空气减振器（弹簧）

上控制臂

下控制臂

前控制臂

后悬架

- 美国美孚石油公司的阿莫柯比化学公司研制出了一种叫杜隆塑料的合成材料，该公司采用这一塑料成功地制造出了世界上第一台全塑料汽车发动机，其重量只有84kg。美国的洛拉T-616GT型汽车用的就是这种全塑发动机。
- 澳大利亚工程师沙里许研制成功了一种OCP发动机（采用压缩空气形成超细油滴和空气的混合物进入燃烧室）。

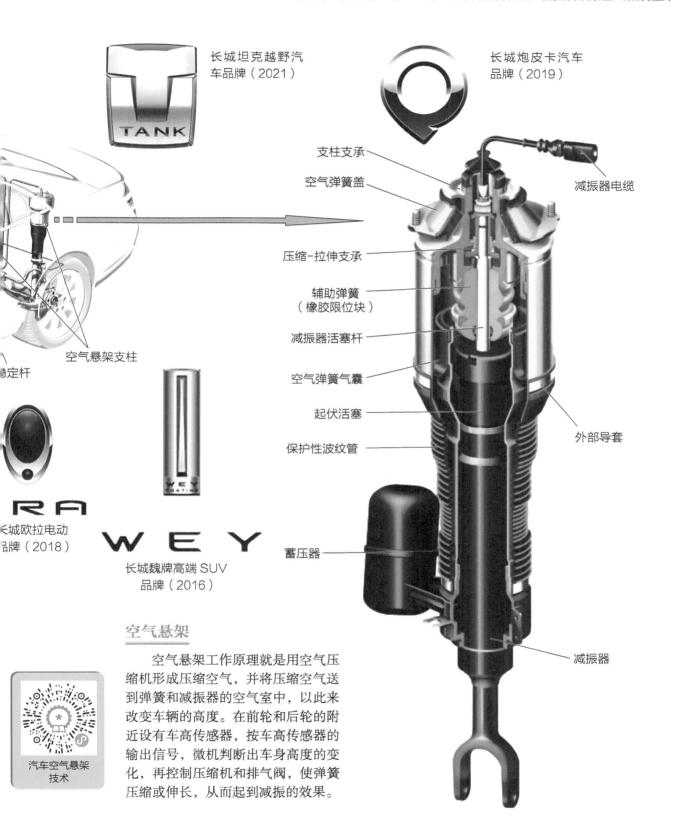

长城坦克越野汽车品牌（2021）

长城炮皮卡汽车品牌（2019）

TANK

长城欧拉电动品牌（2018）

WEY

长城魏牌高端SUV品牌（2016）

空气悬架支柱

稳定杆

支柱支承

空气弹簧盖

减振器电缆

压缩-拉伸支承

辅助弹簧（橡胶限位块）

减振器活塞杆

空气弹簧气囊

起伏活塞

外部导套

保护性波纹管

蓄压器

减振器

汽车空气悬架技术

空气悬架

空气悬架工作原理就是用空气压缩机形成压缩空气，并将压缩空气送到弹簧和减振器的空气室中，以此来改变车辆的高度。在前轮和后轮的附近设有车高传感器，按车高传感器的输出信号，微机判断出车身高度的变化，再控制压缩机和排气阀，使弹簧压缩或伸长，从而起到减振的效果。

1985 后轮转向汽车—全轮转向系统

- 日本日产公司和马自达公司开发出后轮转向汽车。
- 6月25—29日，世界第一届太阳能汽车竞赛在瑞士举行，有68辆汽车参赛，获得第一名的奔驰牌汽车车速达71km/h。

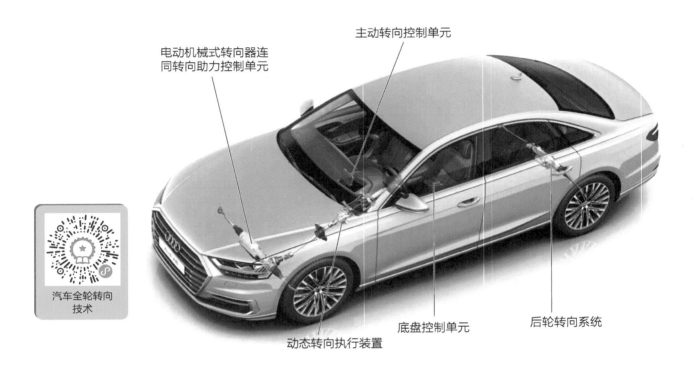

电动机械式转向器连同转向助力控制单元

主动转向控制单元

汽车全轮转向技术

底盘控制单元

后轮转向系统

动态转向执行装置

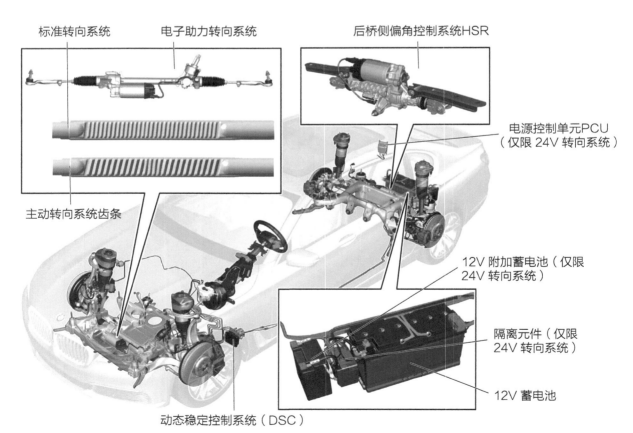

标准转向系统

电子助力转向系统

后桥侧偏角控制系统HSR

主动转向系统齿条

电源控制单元PCU（仅限 24V 转向系统）

12V 附加蓄电池（仅限 24V 转向系统）

隔离元件（仅限 24V 转向系统）

12V 蓄电池

动态稳定控制系统（DSC）

- 第一辆装配 CD 主机的车型诞生。
- 澳大利亚彼兰丁研制出一种安全可靠、启动灵活、高速而又不冒烟的蒸汽机汽车。

后轮转向系统

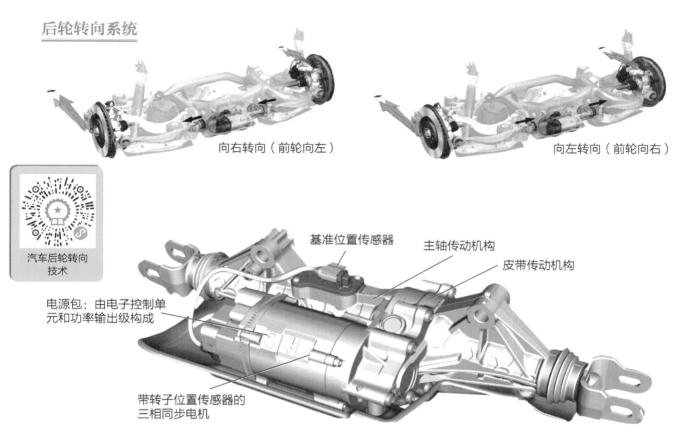

向右转向（前轮向左）　　　　　　　向左转向（前轮向右）

基准位置传感器　　主轴传动机构

皮带传动机构

电源包：由电子控制单元和功率输出级构成

带转子位置传感器的三相同步电机

汽车后轮转向技术

　　电机通过传动带驱动螺杆螺母。螺母转动使螺杆可以直线运动。转向横拉杆将这种直线运动传递到车轮支架上，车轮一同向右或向左转动（取决于电机的转动方向）。

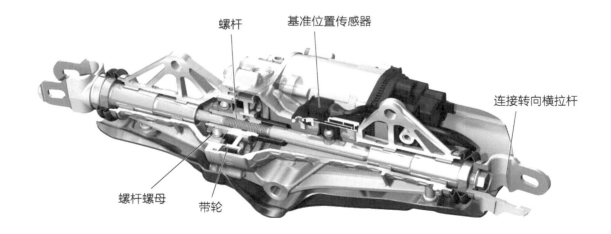

螺杆　　基准位置传感器

连接转向横拉杆

螺杆螺母　　带轮

　　宝马集成式后轮转向系统不再采用带叠加减速器的主动转向系统，而是被带可变齿条的电动机械式助力转向系统（运动型转向系统）和后桥侧偏角控制系统 HSR 所取代。根据车辆前端车桥负荷，在前桥上使用一个 12 V 或一个 24 V 转向系统。后桥侧偏角控制系统 HSR 基本上以 12 V 电压工作。

- 通用公司收购莲花公司。
- 丰田公司累计生产 5000 万辆汽车。

Acura 源于拉丁语 accuracy（精确），标志为一个用于工程测量的卡尺形象，反映出讴歌精湛的造车工艺与追求完美的理念。

1986 年，本田在美国市场推出了豪华品牌 Acura（讴歌），是北美第一个日本豪华品牌。早于丰田雷克萨斯（1989 年推出车型）和日产英菲尼迪（1989 年推出）。

1986 年，讴歌在北美推出悬挂讴歌标识的本田 Legend（里程），该车是本田于 1985 年推出的第一款搭载 2.5L V6 发动机的量产车。

1990 年，讴歌推出了世界上第一款全铝制造的汽车 NSX，搭载带 VTEC 技术的 3.0L V6 全铝发动机。

2006 年 Acura（讴歌）正式进入中国市场。

讴歌里程上市影像

第 1 代卡罗拉 E10（1966—1970）

尺寸为 3866mm × 1485mm × 1380mm，轴距为 2285mm，采用排量为 1.1L 的单顶置凸轮轴直列 4 缸发动机。

第 4 代卡罗拉 E70（1979—1987）

这一代注重空气动力学的改进，进一步减小了空气阻力，发动机采用排量 1.5L 的水冷直列 4 缸 OHC 发动机"3A-U"，搭载了三档自动变速器。

第 7 代卡罗拉 E100（1991—1995）

第 8 代卡罗拉（1995—2002

1991 年 6 月，被誉为"史上最豪华"的 Corolla 问世，以雷克萨斯标准进行设计，拥有四门轿车、双门跑车、旅行车及掀背车等 4 种车型，且全部改为前置前驱。

第 10 代卡罗拉 E140 /E150（2006—2014）

2006 年底，第 10 代卡罗拉在北京车展亮相；2007 年 5 月，国产卡罗拉正式下线，搭载 1.6L、1.8L 两款发动机，匹配 5MT、6MT、CVT 和 4AT 四款变速器。

丰田在 2023 年 9 月完成了品牌创立以来第 3 亿辆汽车的下线。卡罗拉车系自 1966 年发布至今，已经在全球售出超过 53339000 辆，占据了 3 亿辆丰田汽车中的 17.7797%，是全球第一款累计销量超过 5000 万辆的汽车。该车于 2020 年之前连续六年夺得全球单一车型销量冠军。

第 2 代卡罗拉 E20（1970—1978）

整体尺寸变大了，轴距增加 50mm，为 2335mm，车身长度将近 4m，车款包括四门版以及旅行版（CorollaVan）。

第 3 代卡罗拉 E30/E40/E50/E60（1974—1981）

与上代一样采用前置后驱，发动机排量为 1.2L 和 1.6L，澳洲版多了 1.3L 版，变速器为 5 档手动和 3 档自动。

第 5 代卡罗拉 E80（1983—1987）

这一代改用前驱结构，外后视镜移至 A 柱下方，尺寸增大，轴距增至 2430mm，北美版车长 4255mm。

第 6 代卡罗拉 E90（1987—1992）

这一代运用了空气动力学设计，驱动形式为前驱，有四驱版本可选。衍生车型众多，包括两门轿跑、三门/五门掀背、五门旅行等。车身尺寸增长了 191mm。此时的累积总生产量已超过福特 T 型车，成为全球产量最多的单一车系。

这一代在保证低油耗的同时，使用了更高强度的车身并安装了安全气囊，并减轻了车辆的重量。

第 9 代卡罗拉 E120/ E130（2000—2009）

这一代开始进入中国市场，并在天津一汽国产，命名为"花冠"，于 2004 年 2 月下线。

丰田历代卡罗拉历史

第 11 代卡罗拉 E160（2014—2019）

这一代卡罗拉的设计灵感来自于丰田 Furia 概念车，整体更运动，以及更好的空气动力学设计换来更低的风阻系数。

第 12 代卡罗拉（2019 至今）

这一代采用"Shooting Robust"的设计理念，实现整体车身低重心设计，全系标配智行安全系统、智行互联系统以及 8 个安全气囊；该车搭载 1.2T 和 1.5L 发动机，匹配 CVT 无级变速器，以及由 1.8L 发动机与电动机组成的混动系统。

- 福特公司投资 350 万英镑建立汽车驾驶性能检测室。
- 克莱斯勒公司向中国一汽供应发动机技术与设备。

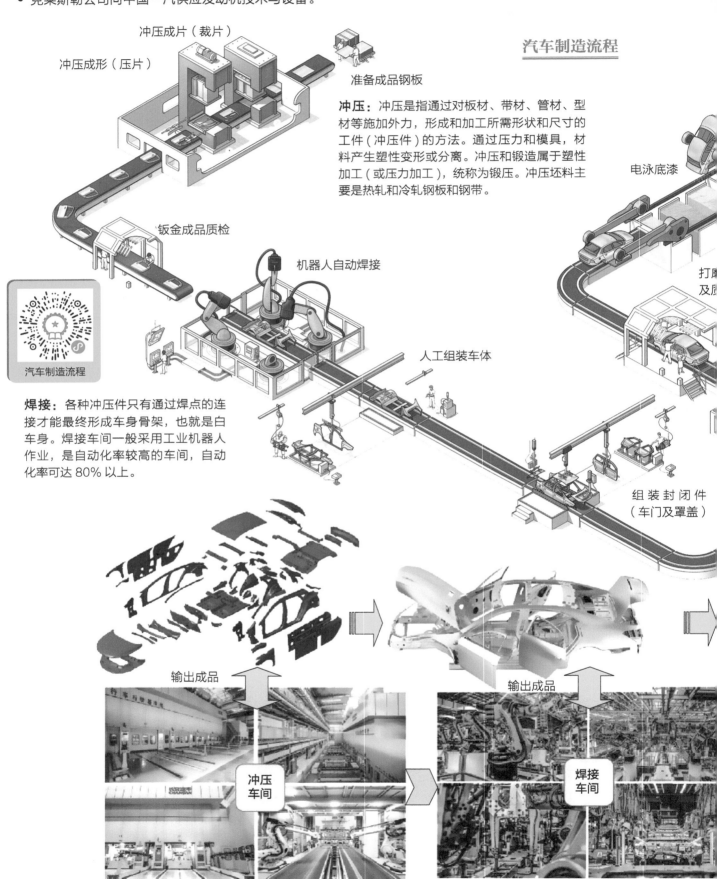

汽车制造流程

冲压成片（裁片）

冲压成形（压片）

准备成品钢板

冲压：冲压是指通过对板材、带材、管材、型材等施加外力，形成和加工所需形状和尺寸的工件（冲压件）的方法。通过压力和模具，材料产生塑性变形或分离。冲压和锻造属于塑性加工（或压力加工），统称为锻压。冲压坯料主要是热轧和冷轧钢板和钢带。

电泳底漆

钣金成品质检

机器人自动焊接

人工组装车体

打磨及腻子

汽车制造流程

焊接：各种冲压件只有通过焊点的连接才能最终形成车身骨架，也就是白车身。焊接车间一般采用工业机器人作业，是自动化率较高的车间，自动化率可达 80% 以上。

组装封闭件（车门及罩盖）

输出成品

输出成品

冲压车间

焊接车间

- 克莱斯勒公司收购美国汽车公司（AMC）。

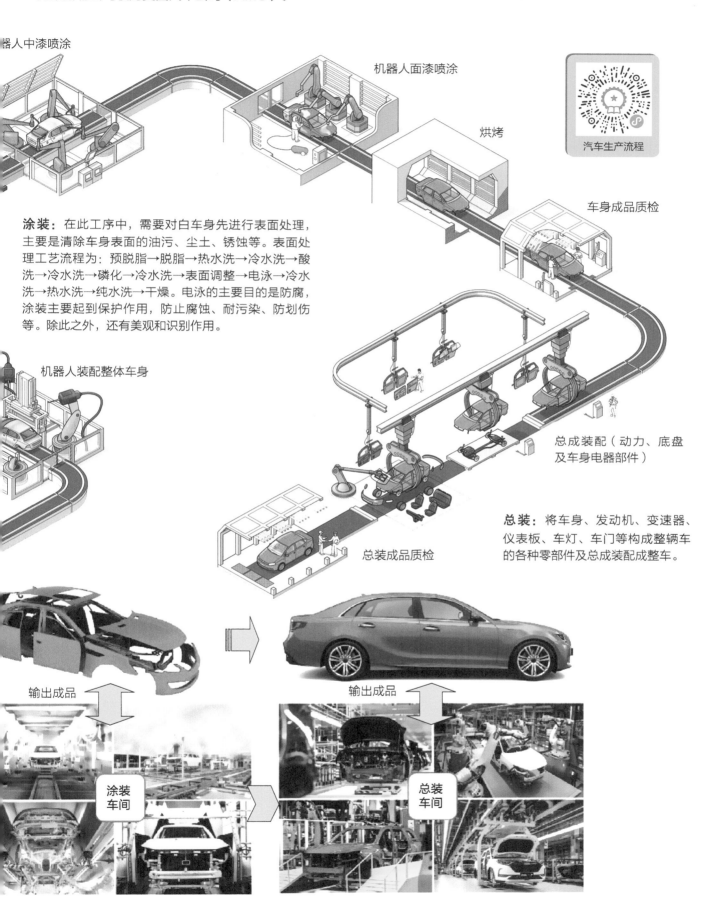

器人中漆喷涂

机器人面漆喷涂

烘烤

车身成品质检

汽车生产流程

涂装： 在此工序中，需要对白车身先进行表面处理，主要是清除车身表面的油污、尘土、锈蚀等。表面处理工艺流程为：预脱脂→脱脂→热水洗→冷水洗→酸洗→冷水洗→磷化→冷水洗→表面调整→电泳→冷水洗→热水洗→纯水洗→干燥。电泳的主要目的是防腐，涂装主要起到保护作用，防止腐蚀、耐污染、防划伤等。除此之外，还有美观和识别作用。

机器人装配整体车身

总成装配（动力、底盘及车身电器部件）

总装： 将车身、发动机、变速器、仪表板、车灯、车门等构成整辆车的各种零部件及总成装配成整车。

总装成品质检

输出成品

输出成品

涂装车间

总装车间

- 抬头显示系统起源于战斗机领域，1988 款奥兹莫比尔 Cutlass Supreme 运用了这一军用技术，成了世界上第一款配备抬头显示的车型，当时的抬头显示系统仅能显示车速。

HUD 相当于一部投影装置，需要使用一个光源来投射 HUD 信息，利用 LED 灯组作为光源，通过 TFT 投影显示屏产生图像内容。TFT 投影显示屏相当于一个滤波器，允许光线通过或阻止光线通过，由一个图像光学元件确定 HUD 显示图像的形状、距离和尺寸。图像看起来就好像自由漂浮在道路上一样，风窗玻璃的作用相当于反光镜。

汽车抬头显示（HUD）技术

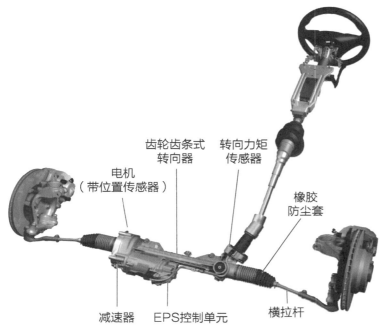

齿轮齿条式转向器

转向力矩传感器

电机（带位置传感器）

橡胶防尘套

减速器

EPS控制单元

横拉杆

电动助力转向系统

电动助力转向系统（Electric Power Steering，EPS）是一种直接依靠电机提供辅助力矩的动力转向系统，根据助力电机安装位置的不同，可以分为转向柱助力式（C-EPS）、小齿轮助力式（P-EPS）、齿条式（R-EPS）三种。

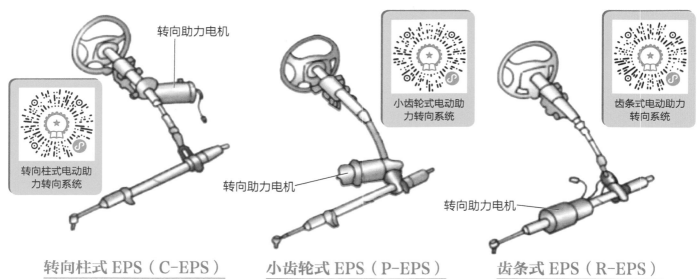

转向助力电机

转向助力电机

转向助力电机

小齿轮式电动助力转向系统

齿条式电动助力转向系统

转向柱式电动助力转向系统

转向柱式 EPS（C-EPS）　　小齿轮式 EPS（P-EPS）　　齿条式 EPS（R-EPS）

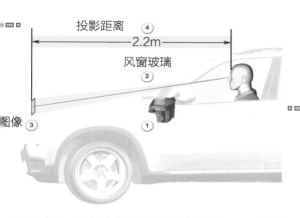

投影距离 ④
2.2m
风窗玻璃
图像 ③
①

1988 年，日本铃木汽车首次在其 Cervo 车型上装备了电动助力转向系统 EPS（捷太格特 JTEKT 研发生产），两年后，本田发布了世界上第一款搭载可变齿比电动助力转向系统。

• 1998 年上市的雪佛兰科尔维特 C5（第五代）装配了世界上第一款彩色车用 HUD。

本田 VTEC（可变气门正时及升程控制系统）技术

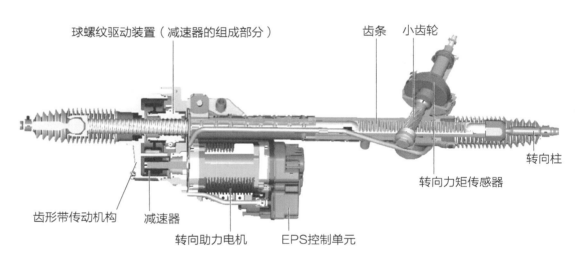

球螺纹驱动装置（减速器的组成部分）　　齿条　小齿轮

转向柱

转向力矩传感器

齿形带传动机构　　减速器

转向助力电机　　EPS控制单元

2014 年，英菲尼迪全球首创电子转向系统——DAS 线控转向（KYB 研发生产）正式搭载上市。

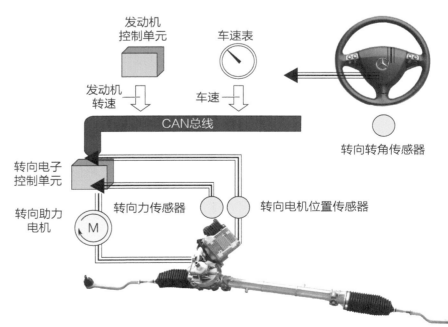

发动机控制单元　　车速表

发动机转速　　车速

CAN总线

转向转角传感器

转向电子控制单元

转向助力电机

转向力传感器　　转向电机位置传感器

M

1989 英菲尼迪汽车诞生—本田可变气门控制系统

- 英菲尼迪在美国上市。
- 本田可变气门控制系统问世。
- 欧洲地区史上首个独立的汽车导航系统"蓝宝 TravelPilot"亮相；博世在 1989 年推出了自家首款量产导航 –TravelPilot IDS。由于采用了 CD 载体，地图数据已经可以按国家录入，并且已经实现了路线的初步精确规划，虽说操作依旧烦琐，但作为欧洲首款量产语音导航，意义还是相当重大。

日产在 1985 年开启"地平线计划"，其意在北美打造豪华品牌。Infiniti 名字来自意大利语的"无穷大"，确定于 1987 年 7 月，含义是"通向无限的开放之路"。

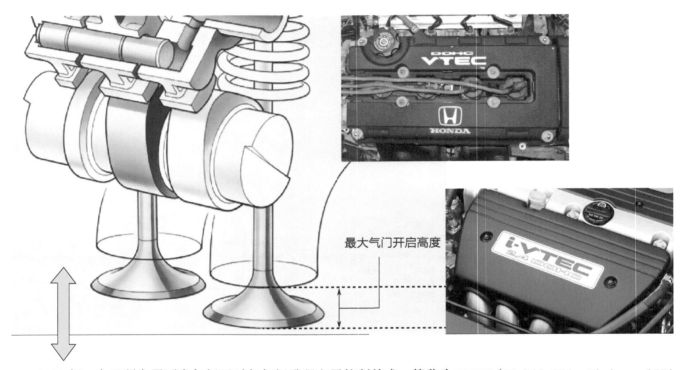

最大气门开启高度

1989 年，本田研发了可变气门正时与气门升程电子控制技术，简称为 VTEC（Variable Valve Timing and Valve Lift Electronic Control System）。它使用两组不同大小的凸轮，配合气门摇臂上的同步卡销（三段式 VTEC），就可以实现对于气门升程和正时的调节，在中、低转速用低角度凸轮，在高转速时，高角度大凸轮用来提高进气量，给发动输送更多的混合气体，从而实现高转速时的高动力性能。

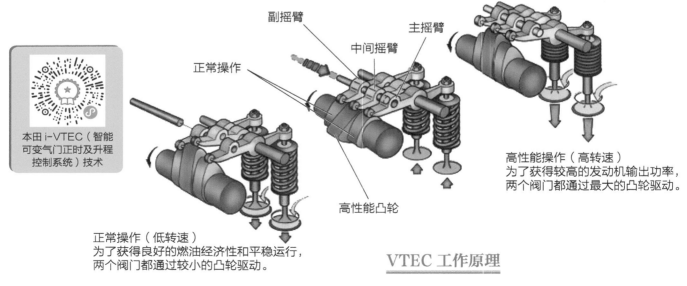

本田 i-VTEC（智能可变气门正时及升程控制系统）技术

副摇臂

主摇臂

中间摇臂

正常操作

高性能凸轮

正常操作（低转速）
为了获得良好的燃油经济性和平稳运行，两个阀门都通过较小的凸轮驱动。

高性能操作（高转速）
为了获得较高的发动机输出功率，两个阀门都通过最大的凸轮驱动。

VTEC 工作原理

Q45

M30

1989 年 11 月 8 日，全美 51 家英菲尼迪经销商同时开业，正式上市首款豪华汽车 Q45 以及一款双门跑车 M30。Q45（G50）搭载 V8（VH45DE）发动机作为动力，与 1989 年 1 月推出的雷克萨斯 LS400 属于同一级别车型。

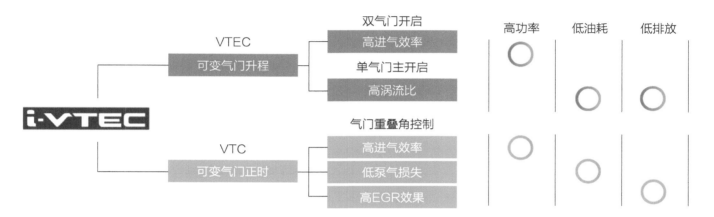

本田 i-VTEC（智能可变气门正时及升程控制系统）技术将 VTEC 和 VTC 技术有效地结合，通过 VTEC 对气门升程，VTC 对气门重叠（进气门和排气门周时开启的状态）进行周密的智能化控制，使大功率、低油耗、低排放这三个具有不同要求的性能都得到提高。

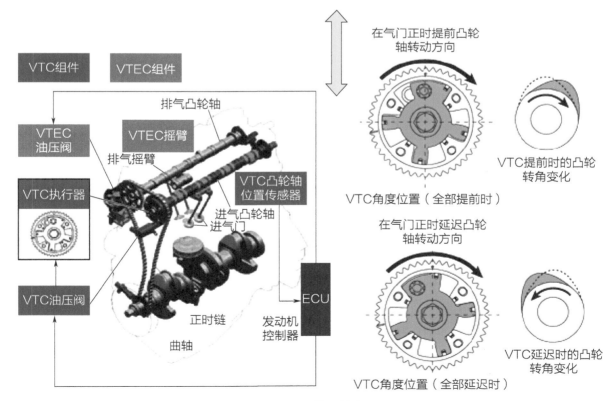

VTC 工作原理

- 本田导航系统问世。
- 无人驾驶汽车问世，激光雷达、超声波传感器、路况摄像机取代了人眼。

国际自动机工程师协会（Society of Automotive Engineers，SAE）将自动驾驶技术进行了分级，L0 属于传统驾驶，L1 和 L2 属于驾驶辅助，L3~L5 属于自动驾驶，L5 的自动驾驶技术等级也称为"无人驾驶"。

自动驾驶分级		称呼（SAE）	SAE 定义	主体			
NHTSA	SAE			驾驶操作	周边监控	支援	系统作用域
0	0	无自动化	由人类驾驶员全权操作汽车，在行驶过程中可以得到警告和保护系统的辅助	人类驾驶员	人类驾驶员	人类驾驶员	无
1	1	驾驶支援	通过驾驶环境对转向盘和加减速中的一项操作提供驾驶支援，其他的驾驶动作都由人类驾驶员进行操作	人类驾驶员系统			部分
2	2	部分自动化	通过驾驶环境对转向盘和加减速中的多项操作提供驾驶支援，其他的驾驶动作都由人类驾驶员进行操作				部分
3	3	有条件自动化	由无人驾驶系统完成所有的驾驶操作。根据系统请求，人类驾驶员提供适当的应答	系统	系统	系统	部分
4	4	高度自动化	由无人驾驶系统完成所有的驾驶操作。根据系统请求，人类驾驶员不一定需要对所有的系统请求做出应答，限定道路和环境条件等				部分
	5	完全自动化	由无人驾驶系统完成所有的驾驶操作。人类驾驶员在可能的情况下接管。在所有的道路和环境条件下驾驶				全域

等级 0

没有任何自动化驾驶特征

等级 1

可以处理单项任务，比如自动制动

等级 2

至少拥有两项自动化功能

无人驾驶车辆

等级 3

可以动态驾驶但仍需人工干预

等级 4

在某些特定环境下可以无人驾驶

等级 5

不需要驾驶员就可以自动运行

汽车自动驾驶测试

自动驾驶场景

无人驾驶场景

汽车自动驾驶技术采用视频摄像头（按数量分单目、双目、多目摄像头）、雷达传感器（按类型分超声波雷达、毫米波雷达、激光雷达）来了解周围的交通状况，并通过一个详尽的地图（通过有人驾驶汽车采集的地图）对前方的道路进行导航。

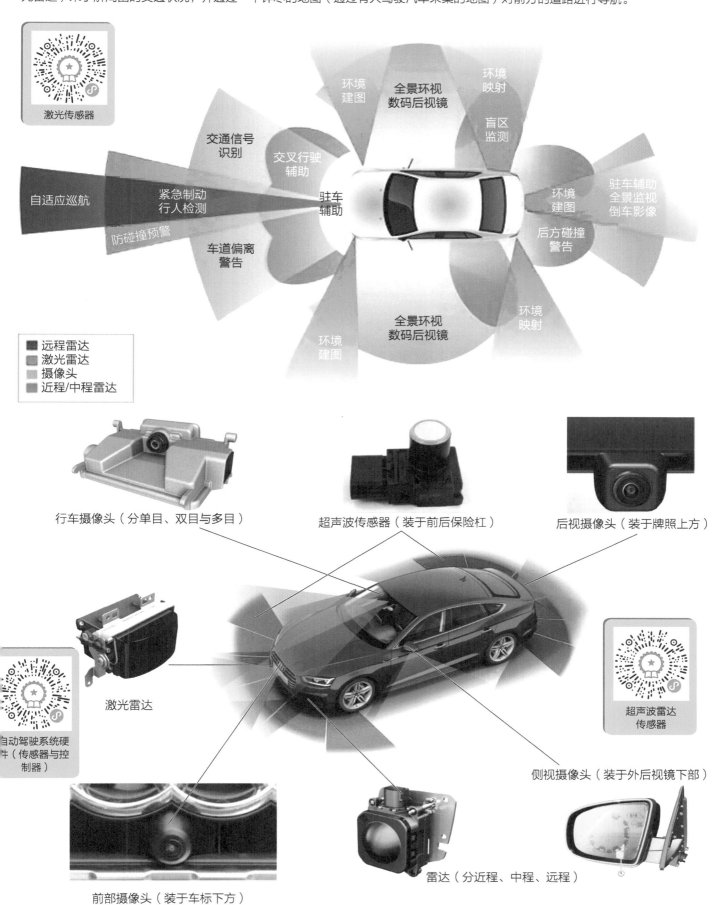

激光传感器

环境建图　全景环视数码后视镜　环境映射

盲区监测

交通信号识别　交叉行驶辅助　驻车辅助

自适应巡航　紧急制动行人检测　防碰撞预警　车道偏离警告

环境建图　驻车辅助全景监视倒车影像

后方碰撞警告

全景环视数码后视镜　环境映射

环境建图　环境建图

- 远程雷达
- 激光雷达
- 摄像头
- 近程/中程雷达

行车摄像头（分单目、双目与多目）

超声波传感器（装于前后保险杠）

后视摄像头（装于牌照上方）

激光雷达

自动驾驶系统硬件（传感器与控制器）

超声波雷达传感器

侧视摄像头（装于外后视镜下部）

前部摄像头（装于车标下方）

雷达（分近程、中程、远程）

1991 智能汽车的眼睛—双目摄像头

- 在 1991 年的东京车展，斯巴鲁向外界公布了立体摄像头概念。1992 年，发布了安装了立体摄像头的汽车。

2008 年 5 月，搭载第一代 EyeSight 系统的力狮正式上市，此时的预碰撞系统虽然能进行紧急制动，但是无法使车辆完全静止。2010 年 5 月，第二代 EyeSight 系统搭载在了第五代力狮上，其预碰撞系统可在 30km/h 速度下刹停。2013 年 10 月，斯巴鲁推出第三代 Eyesight，与第二代相比，相机像素数从 30 万提升到 100 万，两个摄像头之间的距离还是 350mm，而第一代是 300mm。帧率为 30f/s，从 CCD 图像传感器改变为彩色 CMOS 图像传感器。

Narrow (35°): 250 m (820 ft)　　Main (50°): 150 m (490 ft)　　Wide (120°): 60 m (195 ft)

斯巴鲁 EyeSight 系统

特斯拉的前视三摄模组则将所有 CMOS 放在了一块 PCB 上，而且没有负责处理的 SoC。采埃孚的 S-Cam4 则有 Mobileye 的视觉处理器支撑。特斯拉的这套三摄系统用了 On Semiconductor 的 120 万像素 AR0136A CMOS 传感器。采埃孚的 S-Cam4 三摄系统搭载了 Omnivision 的 COMS 传感器与 Mobileye 的 EyeQ4 视觉处理器。

ZF S-Cam4 三摄系统

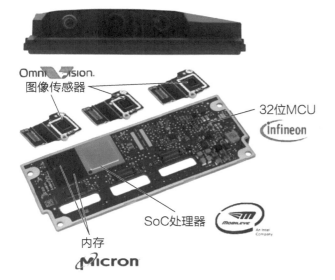

OmniVision. 图像传感器

32位MCU　Infineon

SoC处理器　MOBILEYE An Intel Company

内存　Micron

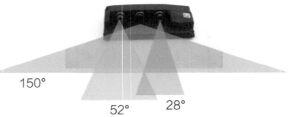

150°　52°　28°

ZF 的 S-Cam4 包括两个版本：一个三目的版本和一个单目的版本，三目包含一个 150° 的广角摄像头用于监视车辆周围环境，一个 52° 的中距摄像头和一个 28° 的远距摄像头。

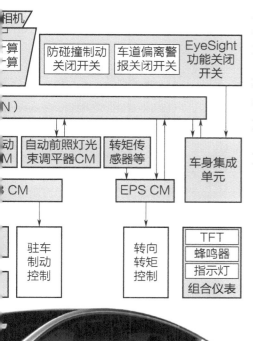

| 防碰撞制动关闭开关 | 车道偏离警报关闭开关 | EyeSight功能关闭开关 |

| 自动前照灯光束调平器CM | 转矩传感器等 | 车身集成单元 |

| EPS CM |

| 驻车制动控制 | 转向转矩控制 | TFT / 蜂鸣器 / 指示灯 / 组合仪表 |

单目估算距离主要是根据目标大小，这种方法准确度不高。双目是测量距离而非估算，双目可以在不识别目标的情况获得深度（距离）数据。目前主要的双目系统供应商有德国大陆、博世、韩国LG、日本日立和日本电装。

大陆MFS430两个摄像头之间距离为22cm，两个摄像头的FOV是53°×30°，像素为1280×960，配合大灯夜间探测距离为40m，白天为80m。宝马的双目全部由大陆汽车提供，奔驰的大部分双目也由大陆汽车提供。

博世的双目系统用于陆虎发现运动SUV、捷豹的XFL、XE之上，两个摄像头之间距离为12cm，像素数为1080×960（最新版本的分辨率提升到了1280×960），水平视角45°，垂直视角25°，最大探测距离为50m，不仅可以用于AEB，也可以用于LDW和TSR。

装在2017年7月推出型车用的双目系统，基长度估计为22cm，用2018年版的雷克萨斯系列上。

日本电装联合日本理光在2016年10月推出针对大发小型车设计的双目系统。此双目系统由电装设计，理光生产，基线长仅8cm。用在大发的TANTO上。

1992 东风汽车诞生—氙气前照灯

- 9月4日，成立于1969年的"第二汽车制造厂"更名为东风汽车公司。2006年6月21日总部从十堰迁至武汉。2017年底，东风汽车公司更名为东风汽车集团有限公司。

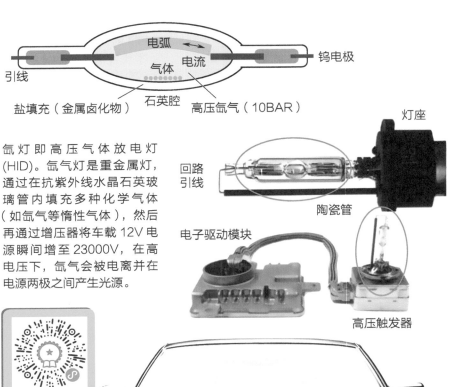

氙灯即高压气体放电灯(HID)。氙气灯是重金属灯，通过在抗紫外线水晶石英玻璃管内填充多种化学气体（如氙气等惰性气体），然后再通过增压器将车载12V电源瞬间增至23000V，在高电压下，氙气会被电离并在电源两极之间产生光源。

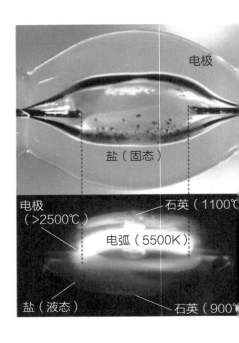

汽车照明灯光技术

BMW 750 iL

1992年，海拉与博世分别发布了其旗下的首款氙气技术前照灯，而1992年发布的宝马7系（底盘代号为E32）是世界上第一款采用氙气前照灯的车型。

有的汽车通过雾灯执行弯道灯功能，复式氙气前照灯将弯道灯集成在远光灯中，于是兼有转弯照明功能。

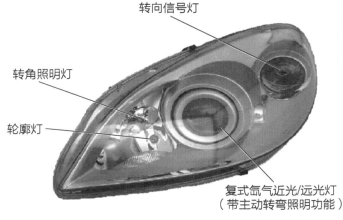

转向信号灯

转角照明灯

轮廓灯

复式氙气近光/远光灯
（带主动转弯照明功能）

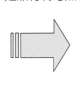

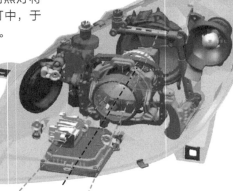

外轮转动（最大6°）   内轮转动（最大12°）

- 氙气车灯亮相，光照亮度高于卤素灯三倍，光色与日光近乎相同，寿命长达 10 余年，倍受青睐。

 东风商标设计于 1978 年夏，寓意双燕舞东风。英文 DFM 为 DONG FENG MOTOR 的缩写。

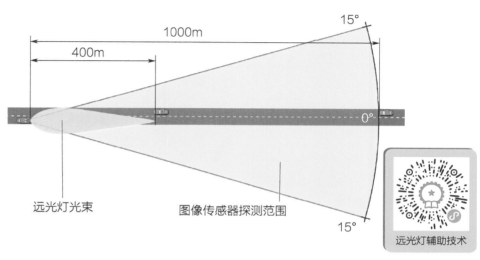

大灯辅助系统（FLA）也称自动前照灯，可在用户使用前照灯时提供远光与近光的自动切换。远光灯辅助系统根据具体情况接通或关闭两个远光灯，从而省去了用户操作远光灯的麻烦，也可以像平常一样手动接通和关闭远光灯。大灯辅助系统的功能基于一个使用图像处理算法的图像传感器。通过一个对红色／白色敏感的图像传感器接收光线成分并传输给FLA 控制单元。图像传感器位于后视镜底座，FLA 控制单元位于车内后视镜内。

远光灯光束　图像传感器探测范围

远光灯辅助技术

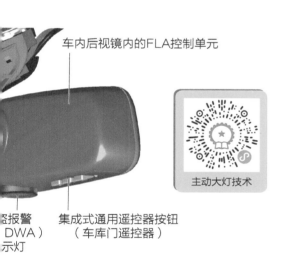

车内后视镜内的FLA控制单元

主动大灯技术

报警（DWA）示灯　集成式通用遥控器按钮（车库门遥控器）

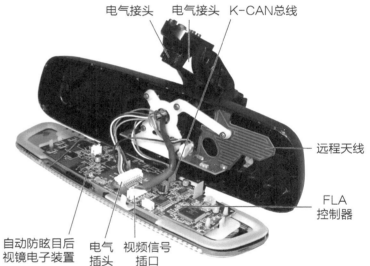

电气接头　电气接头　K-CAN总线

远程天线

FLA 控制器

自动防眩目后视镜电子装置　电气插头　视频信号插口

弯道灯在道路转弯中的辅助照明

弯道灯在十字路口的辅助照明

转弯照明灯功能

1993 停车辅助系统应用—汽车电子控制单元（ECU）

● 汽车上开始配置了"停车辅助系统"。停车时，如果车辆靠近障碍物，那么就会根据当时紧急的程度发出声音或提示的警告系统。这可以让我们在视野受限或者狭窄的地方更方便地停车。此系统是与自动驾驶相关联的 ADAS 不可或缺

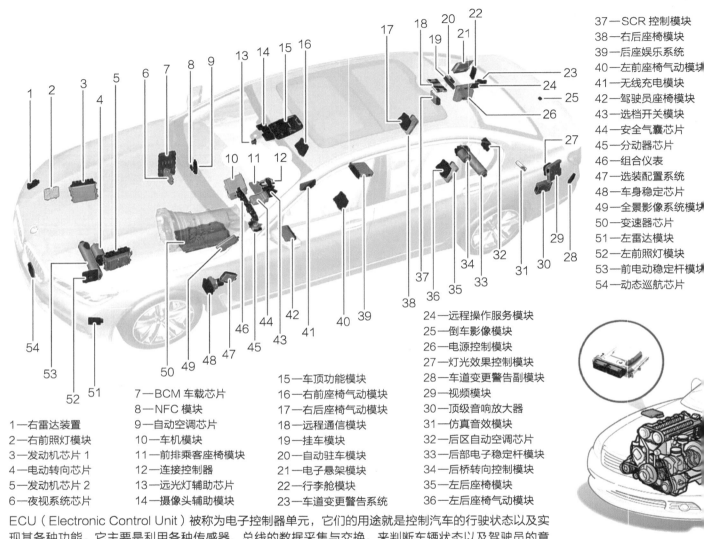

37—SCR 控制模块
38—右后座椅模块
39—后座娱乐系统
40—左前座椅气动模块
41—无线充电模块
42—驾驶员座椅模块
43—选档开关模块
44—安全气囊芯片
45—分动器芯片
46—组合仪表
47—选装配置系统
48—车身稳定芯片
49—全景影像系统模块
50—变速器芯片
51—左雷达模块
52—左前照灯模块
53—前电动稳定杆模块
54—动态巡航芯片

24—远程操作服务模块
25—倒车影像模块
26—电源控制模块
27—灯光效果控制模块
28—车道变更警告副模块
29—视频模块
30—顶级音响放大器
31—仿真音效模块
32—后区自动空调芯片
33—后部电子稳定杆模块
34—后桥转向控制模块
35—左后座椅模块
36—左后座椅气动模块

15—车顶功能模块
16—右前座椅气动模块
17—右后座椅气动模块
18—远程通信模块
19—挂车模块
20—自动驻车模块
21—电子悬架模块
22—行李舱模块
23—车道变更警告系统

7—BCM 车载芯片
8—NFC 模块
9—自动空调芯片
10—车机模块
11—前排乘客座椅模块
12—连接控制器
13—远光灯辅助芯片
14—摄像头辅助模块

1—右雷达装置
2—右前照灯模块
3—发动机芯片 1
4—电动转向芯片
5—发动机芯片 2
6—夜视系统芯片

ECU（Electronic Control Unit）被称为电子控制器单元，它们的用途就是控制汽车的行驶状态以及实现其各种功能。它主要是利用各种传感器、总线的数据采集与交换，来判断车辆状态以及驾驶员的意图，并通过执行器来操控汽车。最开始 ECU 仅仅用于控制发动机工作。

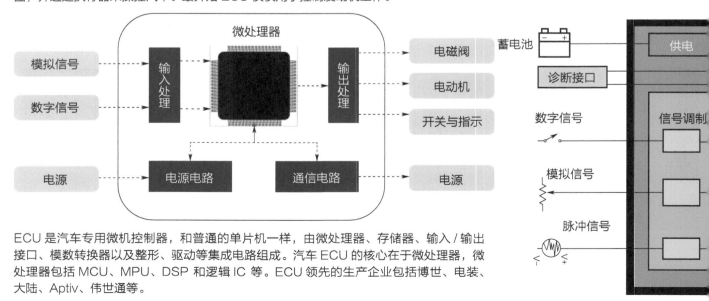

ECU 是汽车专用微机控制器，和普通的单片机一样，由微处理器、存储器、输入 / 输出接口、模数转换器以及整形、驱动等集成电路组成。汽车 ECU 的核心在于微处理器，微处理器包括 MCU、MPU、DSP 和逻辑 IC 等。ECU 领先的生产企业包括博世、电装、大陆、Aptiv、伟世通等。

的关键技术，是用传感器就可以把控周边环境的技术性先驱。

- 奥迪 A8 上使用了 5 个 ECU。

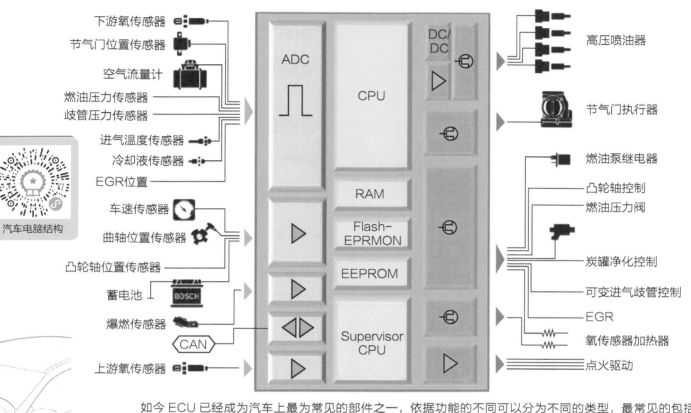

如今 ECU 已经成为汽车上最为常见的部件之一，依据功能的不同可以分为不同的类型，最常见的包括 EMS/TCU/BCM/ESP/VCU 等。高端车型里的 ECU 平均达到 50~70 个，电子结构较为复杂的车型 ECU 数量或超过 100 个。

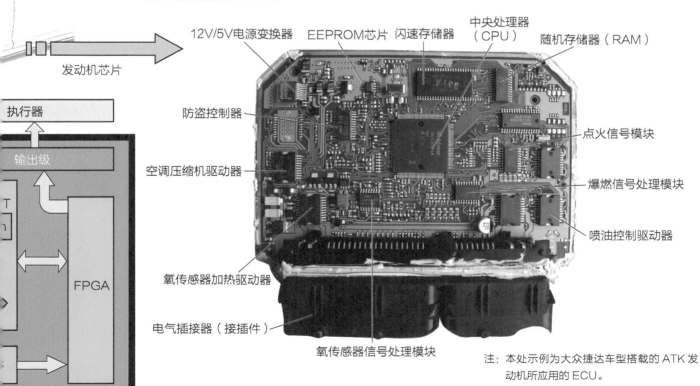

注：本处示例为大众捷达车型搭载的 ATK 发动机所应用的 ECU。

我国第一部汽车产业政策发布—丰田 RAV4 诞生

- 丰田 RAV4 正式亮相。
- 英国的戴维 . 伯恩发明了一种风力汽车，并已投入生产。
- 中国第一部汽车产业政策发布，明确了以轿车为主的汽车发展方向，首次提出鼓励汽车消费，允许私人购车，对合资

NECAR（新型电动车）是世界上首款由燃料电池驱动的汽车。这是一辆测试车，动力系统安放在了原型奔驰 MB100 轻型商用车的车厢中。驱动模块自重就高达 800kg，将奔驰 MB 100 的车厢几乎完全占据。续驶里程大约为 130km，车辆最高车速可以达到 90km/h，搭配的电动机最大输出功率为 30kW。

RAV4 的 名 称 来 自 "Recreational A Vehiclewith 4-wheel drive" 的缩写，"四轮驱动的休闲运动车"。RAV4 的 型亮相于 1989 年的东京车展，量产车

世界上第一辆燃料电池汽车

锂离子电池：输出功率为 35kW，容量1.4kW · h，回收动能并为其他车用电器供电。

电动机：最大功率100kW，最大转矩为 290N · m，最高车速可达170km/h。

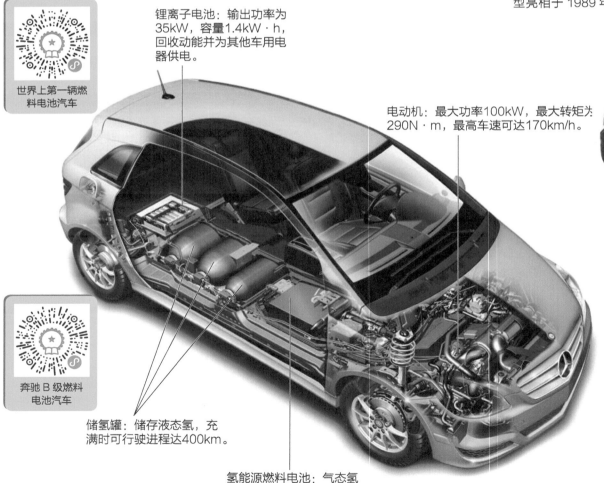

奔驰 B 级燃料电池汽车

储氢罐：储存液态氢，充满时可行驶进程达400km。

氢能源燃料电池：气态氢与空气中的氧发生反应，为电动机持续提供电能。

2009 年奔驰发布了 B 级 F-CELL 燃料电池车。该车动力系统最大输出功率为 100kW，峰值转矩 290N · m，而且在启动时即可达到峰值转矩。最高车速可达 170km/h，最高速度只比自然吸气式奔驰 B200 车型低 26km/h。

2000 第 2 代 RA

产品有了明确的国产化要求等。

- 奔驰推出了自家的第一辆燃料电池汽车，这就是 NECAR-1。续驶里程大约 130km，车辆最高车速可以达到 90km/h，搭配的电动机最大输出功率 30kW。

1994 第 1 代 RAV4

1994 年的日内瓦车展。第一代 RAV4 与□为同平台打造，搭载了第二代 Camry 使□的 2.0L 16 气门四缸发动机。分两座三门□五座五门版（1995 年推出）。

1997 第 1 代 RAV4 EV

□4 的电动版，该车装配的是镍氢电池，可储□量 27kW·h，充电一次可续驶 190km。

□4 第二代空间更大、越野性能更强，搭载全□.0L 四缸 16 气门 DOHC 发动机，带有智能□气门正时（VVT-i）功能。

2005 第 3 代 RAV4

RAV4 第三代不再与卡罗拉同平台，分为短轴距版（轴距 2560mm）和长轴距版（轴距 2660mm）。北美版可以选装第三排座椅，2009 年开始国内生产。

2012 第 4 代 RAV4 EV

第四代 RAV4 取消了安装在车尾的备胎，2016 年国产更名为"荣放"。

2019 第 5 代 RAV4

第五代 RAV4 基于 TNGA 架构，不仅提升了底盘性能，也提升了整车的气质。同时推出了 2.5L 混动发动机。

丰田 RAV4 车型
历史

1995 比亚迪汽车诞生—博世电子稳定程序（ESP）

- 比亚迪在深圳成立。
- 博世拥有专利的 ESP（Electronic Stability Program）量产。在 ABS 的功能基础上，博世相继在 1986 年开发了牵引力控制系统（TCS），在 1995 年开发了电子稳定程序（ESP）。由于博世注册了"ESP"这个名称的专利商标，

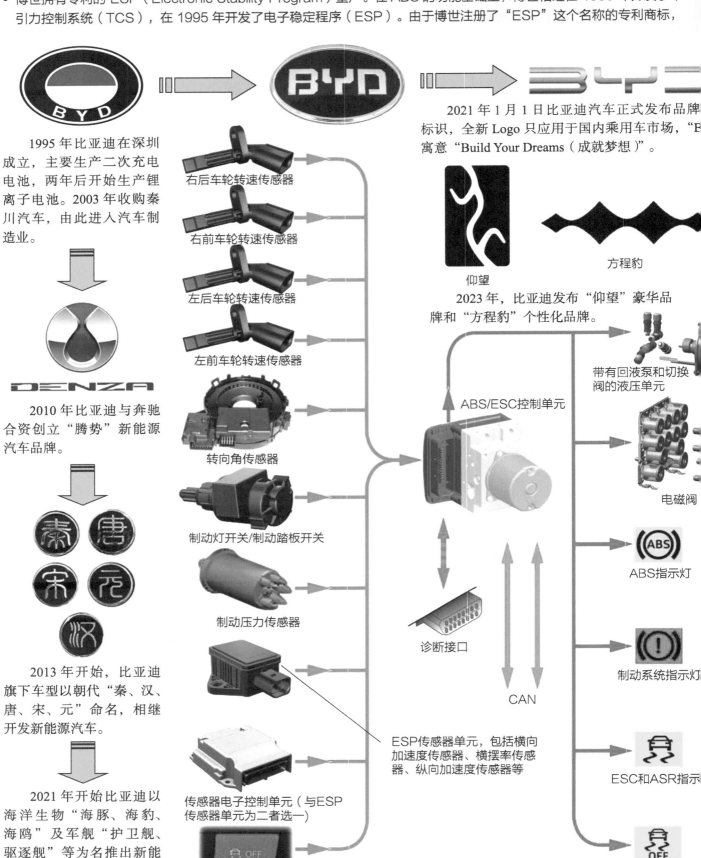

2021 年 1 月 1 日比亚迪汽车正式发布品牌标识，全新 Logo 只应用于国内乘用车市场，"E寓意"Build Your Dreams（成就梦想）"。

1995 年比亚迪在深圳成立，主要生产二次充电电池，两年后开始生产锂离子电池。2003 年收购秦川汽车，由此进入汽车制造业。

右后车轮转速传感器

右前车轮转速传感器

左后车轮转速传感器

左前车轮转速传感器

2010 年比亚迪与奔驰合资创立"腾势"新能源汽车品牌。

转向角传感器

制动灯开关/制动踏板开关

2013 年开始，比亚迪旗下车型以朝代"秦、汉、唐、宋、元"命名，相继开发新能源汽车。

制动压力传感器

2021 年开始比亚迪以海洋生物"海豚、海豹、海鸥"及军舰"护卫舰、驱逐舰"等为名推出新能源汽车。

传感器电子控制单元（与ESP传感器单元为二者选一）

ASR和ESC按键

传感器

仰望

方程豹

2023 年，比亚迪发布"仰望"豪华品牌和"方程豹"个性化品牌。

ABS/ESC控制单元

带有回液泵和切换阀的液压单元

电磁阀

(ABS) ABS指示灯

(!) 制动系统指示灯

诊断接口

CAN

ESP传感器单元，包括横向加速度传感器、横摆率传感器、纵向加速度传感器等

ESC和ASR指示

ESC和ASR指示

执行器

因而其他厂商不能把它们的电子车身稳定系统叫做 ESP，而是统一叫做 ESC（Electronic Stability Control）。

- 博世正式发布了带有定位功能的 TravelPilot RGS05 导航系统，可以说 1995 年现代导航网络已初现雏形。

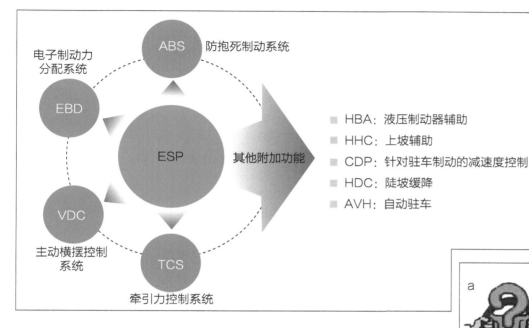

博世 ESP（电子稳定程序）车身控制技术

ESP（Electronic Stability Program，电子稳定程序）是博世公司的专利技术和注册商标，是为了进一步提高行车的主动安全性而发明的牵引力 / 制动力控制系统。第九代 ESP 除了在原有车身稳定控制上精益求精，还为车辆增添众多实用的功能。

ESP 在对危急驾驶情况作出反应前，必须获得两个问题的应答：

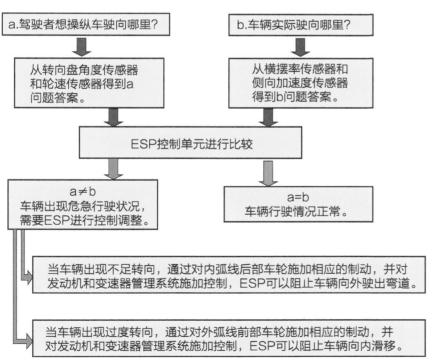

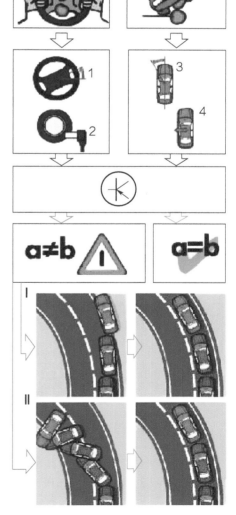

2014

2019

2022

英伦 2006

帝豪 2005

全球鹰 2008

- 李书福创建吉利集团，1997 年开始进入汽车行业，1998 年 8 月 8 日，吉利第一辆汽车"豪情"下线。2014 年取消全球鹰、帝豪、英伦品牌，回归一个吉利。

- 三菱汽车在当时现有型号为 4G93 的 1.8L 发动机基础上首次加入了电控汽油缸内直喷系统，率先发布了世界首款具有现代技术的缸内直喷式汽油机，并将"GDI"申报为注册商标。

1997—1998 年，日产及丰田陆续发布了自家"NEO-Di"和"D4"直喷技术。直到 1999 年，雷诺才发布欧洲首款具有汽油直喷技术的发动机。相比之下，同期的一些其他欧洲车企则走了捷径：PSA 集团向三菱购买了 GDI 技术用于自家 EW10 汽油机，并取名为"HPi"技术。

第一次喷

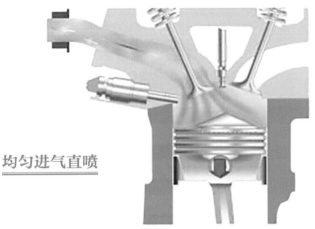

均匀进气直喷

在均匀进气模式下，在发动机负荷较大且转速较高时，进气歧管翻板就会打开，于是吸入的空气就经过上、下进气道而进入气缸。

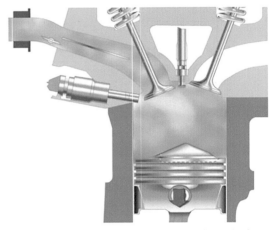
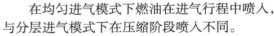

分层燃油喷射技术

在均匀进气模式下燃油在进气行程中喷入，与分层进气模式下在压缩阶段喷入不同。

分层充气直喷技术

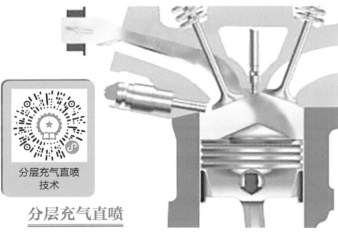

分层充气直喷

在分层充气模式时，进气歧管翻板会将下部进气道完全关闭，这样吸入的空气在上部进气道流动的速度就加快了，于是空气会呈旋涡状流入气缸内。

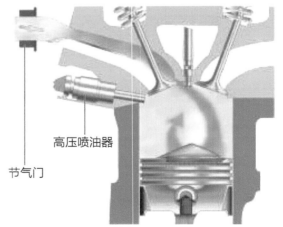

涡旋板

高压喷油器

节气门

活塞上的凹坑会增强这种涡旋流动效果，与此同时，节气门会进一步打开，以便尽量减小节流损失。

在汽油直接喷射装置中当发动机的转速低于3000转/分时以及节气门全开时，燃油与空气的混合不理想。由于采用了两次喷油，就弥补了这一不足，进气冲程中当曲轴的旋转角度为上止点前约300°时，第一次喷油开始，此时的喷油量约为总喷油量的2/3，约为1/3的剩余燃油量在压缩冲程开始之时进行喷射。

节气门全开时两次喷射

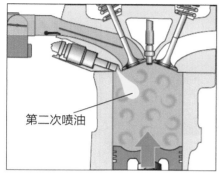

第二次喷油

使用两次喷油，可以使三元催化器的预热更快所以它能更早地达到最佳的工作温度。进气冲程中当曲轴的旋转角度为上止点前约300°时，第一次喷油开始。这有助于实现空气和燃油混合的平衡分布。当曲轴的旋转角度为上止点前约60°时，进行少量的第二次喷油，混合气体燃烧很晚而且废气温度增加。很热的废气加热了三元催化器，从而使得它更早地达到最佳的工作温度。

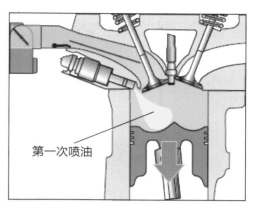

第一次喷油

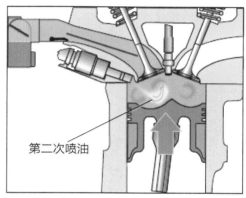

第二次喷油

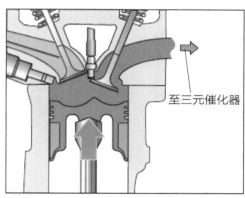

至三元催化器

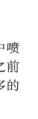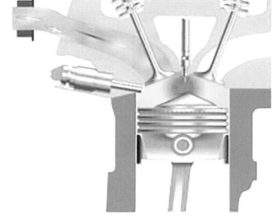

由于在进气行程中喷油，因此在点火之前使空气混合气有更多的时间实现最佳混合。

燃烧在整个燃烧室内进行，没有用于隔离的空气和再循环废气。进气行程中直接喷射燃油蒸发从进气中吸收一部分热量。这种内部冷却降低了爆燃趋势，因此可以提高发动机的压缩比和效率。

三元催化器预热时两次喷射

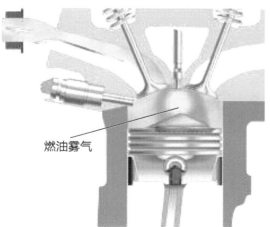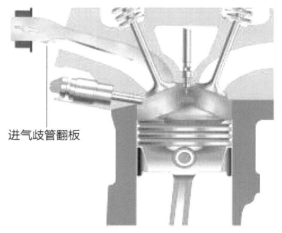

燃油雾气

进气歧管翻板

在压缩行程内接近点火前喷入燃油。此时高压喷入气流中，气流将可燃混合气输送至火花塞处。

因为喷射角度平直，所以雾状燃油实际上不与活塞顶接触。在此称为所谓的"空气导流"法。

在火花塞附近聚集了具有良好点火性能的混合气，这些混合气在压缩行程中被点燃。另外在燃烧后，被点燃的混合气与气缸壁之间会出现一个隔离用的空气层，它的作用是降低通过发动机缸体散发掉的热量。

1997

奇瑞汽车诞生—锂离子电池电动汽车诞生—动力电池

- 奇瑞汽车股份有限公司于 1997 年 1 月 8 日注册成立，总部位于安徽省芜湖市。
- 日产汽车推出了 PrairieJoy 电动汽车，这是全球第一辆装备了锂离子电池的电动车。

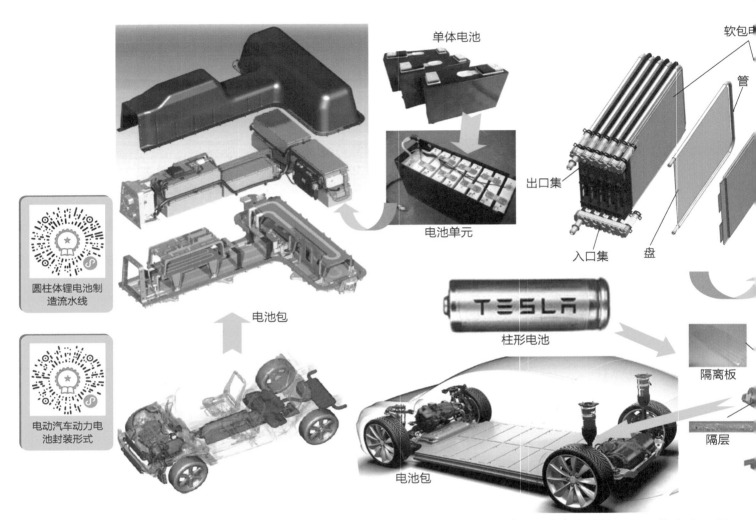

圆柱体锂电池制造流水线

电动汽车动力电池封装形式

单体电池

电池单元

电池包

软包电

管

出口集

入口集

盘

柱形电池

隔离板

隔层

电池包

    动力电池也叫高压电池，这是区别于传统 12V 车载供电的低压蓄电池的称呼。高压电池的电芯目前选用三元锂电池的为多，其次为铁锂电池、镍氢电池等。高压电池单体的封装形式常见有圆柱体、方形金属壳（硬包）、方形铝塑（软包）等，高压电池包一般安装于汽车的底部，呈方块形或 T 形布置。

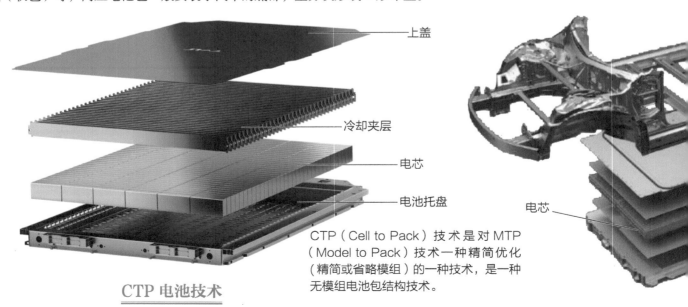

上盖

冷却夹层

电芯

电池托盘

电芯

CTP 电池技术

CTP（Cell to Pack）技术是对 MTP（Model to Pack）技术一种精简优化（精简或省略模组）的一种技术，是一种无模组电池包结构技术。

● 丰田普锐斯（PRIUS）是日本丰田汽车于 1997 年所推出世界上第一个大规模生产的混合动力车辆车款，丰田公布的初代普锐斯综合油耗为 3.57L/100km，经过不断的产品改良，最终量产后的商品车实测油耗为 31km/L（约合 3.22L/100km）。

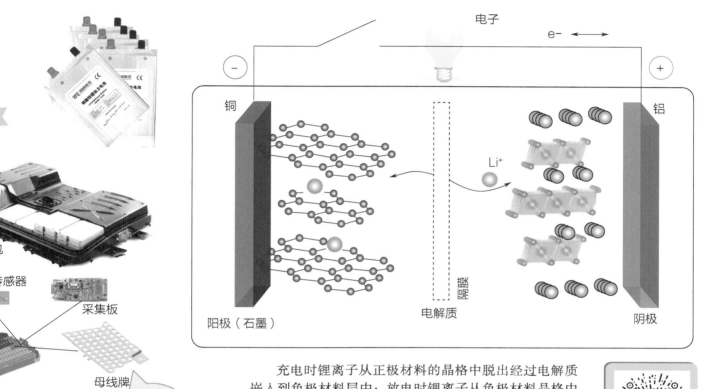

充电时锂离子从正极材料的晶格中脱出经过电解质嵌入到负极材料层中；放电时锂离子从负极材料晶格中脱出，经过电解质嵌入到正极材料中。而电子则通过外电路，形成电流。

锂离子电池工作原理

CTC（Cell to Chassis）技术是将电芯与车身、底盘、电驱动、热管理及各类高低压控制模块等集成一体的结构技术，可分为电池包底盘集成，电池单体底盘集成两种形式。

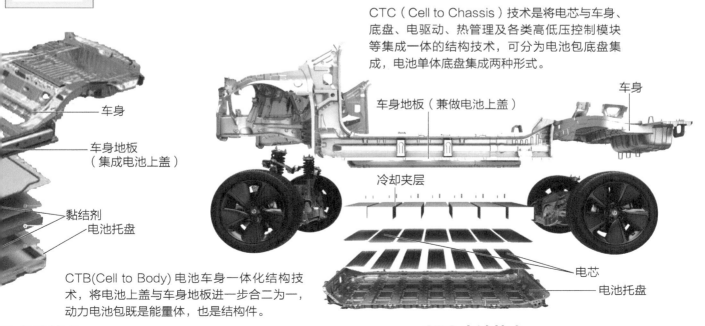

CTB(Cell to Body) 电池车身一体化结构技术，将电池上盖与车身地板进一步合二为一，动力电池包既是能量体，也是结构件。

B 电池技术　　　　　　　　　CTC 电池技术

- 首部配备无钥匙起动系统的汽车：编号 W220 的奔驰 S 级正式亮相。奔驰称该系统为 Key-Less Go 系统。首批配备 RKS（遥控钥匙进入系统）的车包括 1980 年的福特雷鸟、水星 Cougar、林肯大陆 Mark Ⅵ 以及林肯城市。首部配备 RKI 系统（遥控钥匙进入和起动）的车是 1982 年的雷诺 Fuego。

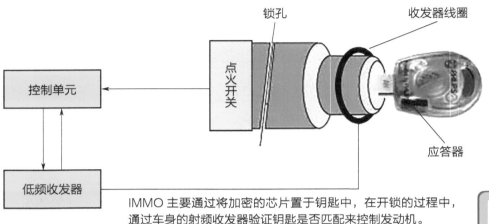

锁孔　　收发器线圈

点火开关

控制单元

应答器

低频收发器

汽车上的防盗系统可分为几类：发动机防盗锁止（immobilization，IMMO）遥控门锁（Remote Key Entry，RKE）；无钥匙进入及起动系统（Passive Entry Passive Start，PEPS）前以 IMMO 和 RKE 在原应用最为广泛。

IMMO 主要通过将加密的芯片置于钥匙中，在开锁的过程中，通过车身的射频收发器验证钥匙是否匹配来控制发动机。

汽车 PEPS（无钥匙进入及启动系统）功能

汽车发动机防盗技术（IMMO）功能

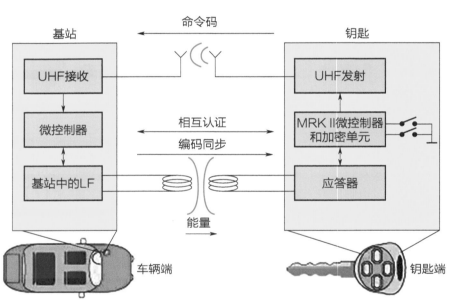

基站　　　　　　命令码　　　　　钥匙

UHF接收　　　　　　　　　　　UHF发射

微控制器　　相互认证　　MRK Ⅱ微控制器和加密单元
　　　　　　编码同步

基站中的LF　　　　　　　　　应答器

能量

车辆端　　　　　　　　　　　钥匙端

RKE 是通过按下钥匙上的按钮，钥匙端发出信号，信号中包含相应的命令信息，汽车端天线接收电波信号，经过车身控制模块 BCM 认证后，由执行器实现启 / 闭锁的动作。

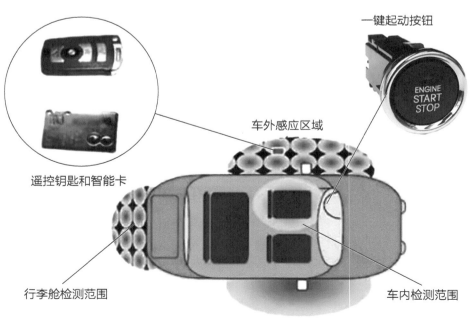

一键起动按钮

ENGINE START STOP

车外感应区域

遥控钥匙和智能卡

行李舱检测范围　　　　　　　　车内检测范围

无钥匙进入及起动系统（PEPS）在 RKE 基础之上发展起来，采用 RFID 技术，类似于智能卡。当驾驶员踏进指定范围时，该系统通过识别判断，如果是合法授权的驾驶员则自动开门。上车之后，驾驶员只需要按一个按钮即可起动发动机。

- 第一款使用 LED 前照灯组的玛莎拉蒂 3200GT 正式亮相。直至 2003 年，奥迪才在日内瓦车展上亮相了一款使用 LED 前照灯的概念车。

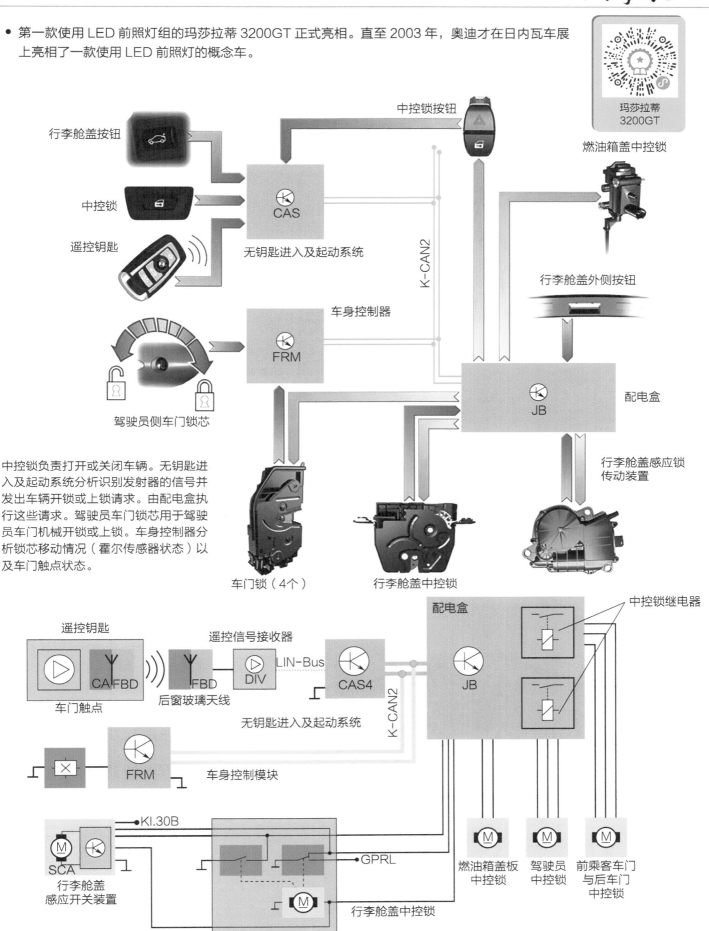

玛莎拉蒂
3200GT

行李舱盖按钮

中控锁按钮

燃油箱盖中控锁

中控锁

遥控钥匙

CAS
无钥匙进入及起动系统

K-CAN2

行李舱盖外侧按钮

车身控制器

FRM

JB
配电盒

驾驶员侧车门锁芯

行李舱盖感应锁传动装置

中控锁负责打开或关闭车辆。无钥匙进入及起动系统分析识别发射器的信号并发出车辆开锁或上锁请求。由配电盒执行这些请求。驾驶员车门锁芯用于驾驶员车门机械开锁或上锁。车身控制器分析锁芯移动情况（霍尔传感器状态）以及车门触点状态。

车门锁（4个）

行李舱盖中控锁

中控锁继电器

配电盒

遥控钥匙

遥控信号接收器

CA FBD

FBD

DIV

LIN-Bus

CAS4

JB

车门触点

后窗玻璃天线

无钥匙进入及起动系统

K-CAN2

FRM
车身控制模块

Kl.30B

GPRL

SCA
行李舱盖
感应开关装置

行李舱盖中控锁

燃油箱盖板中控锁

驾驶员中控锁

前乘客车门与后车门中控锁

- 本田首款进入中国市场的车型选定为雅阁，竣工后的工厂生产线具备了年产 3 万台的产能。1999 年，第一辆广汽本田雅阁正式下线。在国产雅阁问世后，顺势开业了中国首家汽车 4S 店。

新车标（2013） 全新车标（2022）

瑞麒（RIICH）（2009—2012） 开瑞（

奇瑞于 1997 年 1 月 8 日注册成立，总部位于安徽省芜湖市。车标由"C、A、C"三个字母组成，是 Chery Automobile Company 的缩写。

威麟（Rely）（2009—2012）

凯翼（

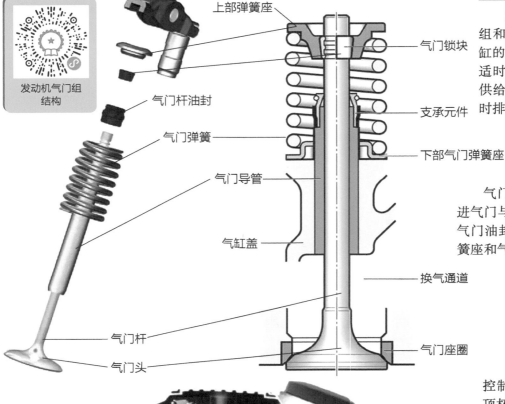

发动机气门组结构

上部弹簧座
气门锁块
气门杆油封
气门弹簧
支承元件
气门导管
下部气门弹簧座
气缸盖
换气通道
气门杆
气门头
气门座圈

发动机配气机构

　　发动机配气机构主要由气门 凹槽 组和气门传动组构成。它按照气缸的工作顺序和工作过程的要求，适时地开闭进、排气门，向气缸供给可燃混合气或新鲜空气并及时排出废气。

气门杆直径

　　气门组主要由气门（包括进气门与排气门）、气门导管、气门油封、气门弹簧、气门弹簧座和气门锁块等组成。

内

气门座角度

　　气门传动组主要由凸轮轴（通过控制气门的开闭动作）、气门挺柱、顶杯、气门摇臂、摇臂轴、凸轮轴正时齿轮、气门推杆等组成。凸轮轴正时齿

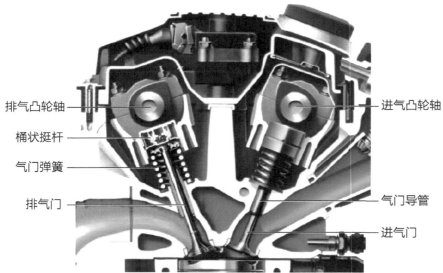

排气凸轮轴
桶状挺杆
气门弹簧
排气门
进气凸轮轴
气门导管
进气门

汽油发动机气门机构

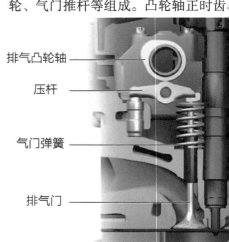

排气凸轮轴
压杆
气门弹簧
排气门

• 1999年5月18日，奇瑞第1台发动机一次点火成功。同年12月18日，奇瑞第一辆风云轿车驶下生产线。

EXEED

星途（EXEED）（2019）

JETOUR

捷途（JETOUR）（2018）

　　中空充钠气门的气门杆中部空心用金属钠填满，气门开闭时钠在气门杆内上下振动，因其比热非常高（熔点为97.7℃，沸点为883℃），可以携带气门头部热量，流到气门杆下端经冷却水散热，从而达到冷却气门的效果。

曲轴正时齿轮的作用力通过传动带或带动凸轮轴正时齿轮，将动力传递给轴，控制气门的正常开合。

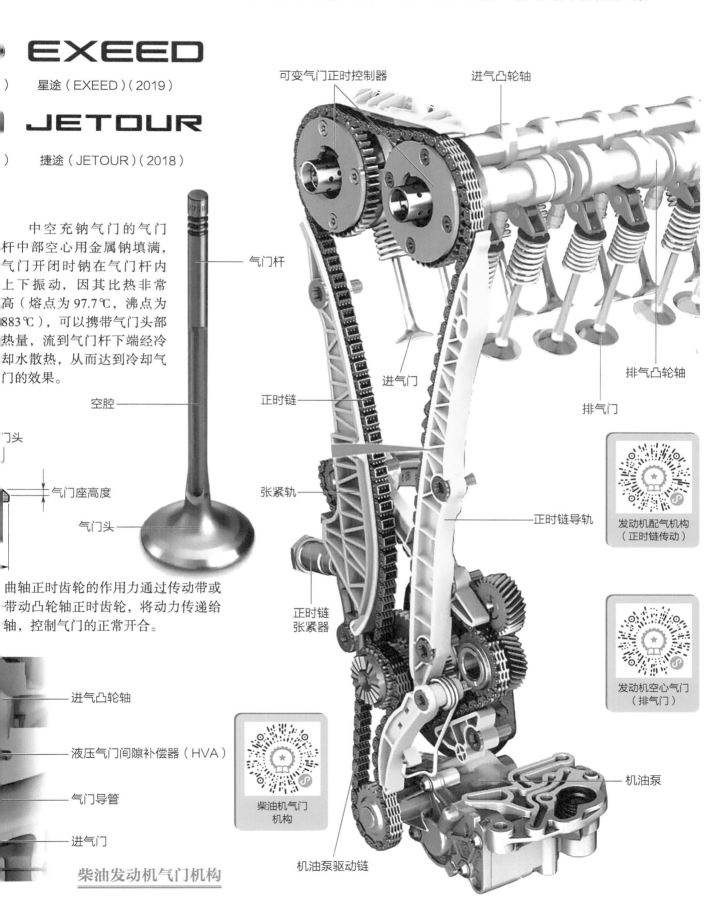

气门杆

空腔

气门头

气门座高度

气门头

进气凸轮轴

液压气门间隙补偿器（HVA）

气门导管

进气门

柴油发动机气门机构

可变气门正时控制器

进气凸轮轴

进气门

正时链

张紧轨

正时链张紧器

机油泵驱动链

排气凸轮轴

排气门

正时链导轨

机油泵

发动机配气机构（正时链传动）

发动机空心气门（排气门）

柴油机气门机构

- 世界首台结合废气涡轮增压和汽油缸内直喷技术的发动机由三菱研发面世，这台机型依然基于4G93发动机研发而来，仅搭载于帕杰罗 iO 五门车型。

总线技术及车载网络的出现，使汽车具备了更多更强的功能。为了保证各种汽车电子设备通信顺畅，又要提升效率，应将各个独立的电子设备连接成网络。为了保证信号传递的准确性和可靠性，应将原来的模拟信号转为数字信号。

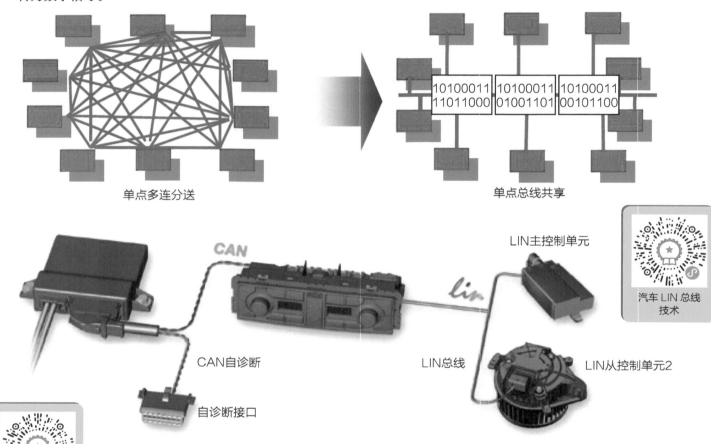

单点多连分送　　　　　　　　　　　　　　　　　单点总线共享

LIN主控制单元

汽车 LIN 总线技术

CAN自诊断　　　　　LIN总线　　　LIN从控制单元2

自诊断接口

汽车 CAN 总线的由来

LIN 为 Local Interconnect Network 的缩写，意为局部互联网络；各个 LIN 总线系统之间的数据交换是通过 CAN 数据总线进行的，而且每一次只交换一个控制单元的数据。LIN 总线系统是一根单线总线，系统允许一个 LIN 主控制单元和最多 16 个 LIN 从属控制单元之间进行数据交换。LIN 总线的数据传送速率是 1~20kbit/s（千位 / 秒）。

汽车 FlexRay 总线技术

同步通道　　　　　控制通道

①　　②　　③

异步通道

FlexRay 中的 Flex= 灵活，Ray= 鳐鱼。电子双线式总线系统；数据传输速率：最高 10 Mbit/s；"活跃"星形的拓扑结构；实时功能；实现了分部式调节并可在安全相关的系统中使用。

MOST 为 Media Oriented System Transport 的缩写，意为媒体定向系统传输；MOST 总线采用光信号传输数据，传输速率可达 25Mbit/s，环形结构；控制信号通过控制通道发送，同步通道主要用于传送音频数据，异步通道传输导航系统的图像数据。采用 MOST 总线通信；优点是导线少、重量轻、抗干扰且传输速度非常快。

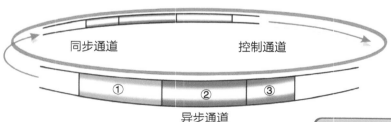

汽车 MOST 总线技术

- 宝马和戴姆勒克莱斯勒联合飞利浦和摩托罗拉成立了 FlexRay 联盟，推广 FlexRay 通信系统在全球的采用，使其成为高级动力总成、底盘、线控系统的标准协议。第一款采用 FlexRay 的量产车于 2006 年在 BMW X5 中推出，应用在电子控制减振系统中。

目前汽车上普遍采用的汽车总线有局部互联协议 LIN 和控制器局域网 CAN，正在发展中的汽车总线技术还有高速容错网络协议 FlexRay、用于汽车多媒体和导航的 MOST 以及与计算机网络兼容的蓝牙、无线局域网等无线网络技术。

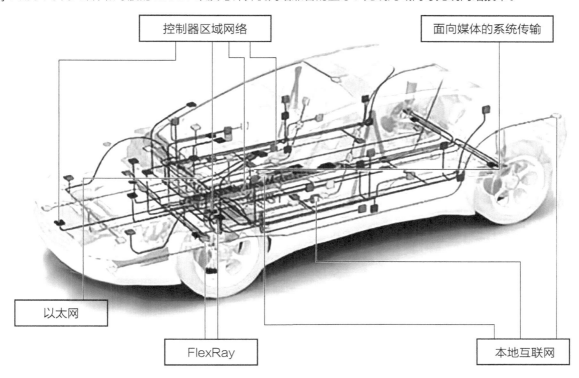

CAN 为 Controller Area Network 的缩写，意为控制器局域网络；CAN 线系统是双线系统，双线同时工作，可靠性很高；最大稳定传输速率可达 1000kbit/s (1Mbit/s)。

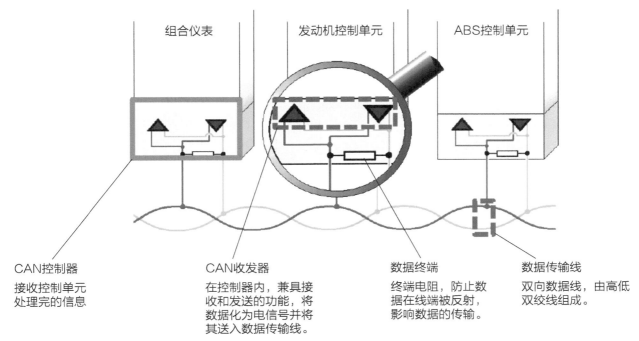

2001 年 11 月，吉利正式获得生产资质，成为我国首家民营汽车企业。很快，优利欧和被誉为"中国第一跑"的吉利美人豹问世。

吉利汽车在 2010 年 8 月 2 日完成对沃尔沃轿车业务的整体收购。

2016 年 10 月 20 日在德国柏林，吉利与沃尔沃合资成立并发布领克品牌。

吉利汽车在 2017 年 5 月收购马来西亚宝腾汽车以及旗下英国品牌路特斯。

中国汽车

一汽（吉林）	奔腾（一汽）	红旗（一汽）	北汽（北京）	幻速（北汽）	威旺（北汽）
吉利（浙江）	几何（吉利）	领克（吉利）	极氪（吉利）	极星（吉利）	远程（吉利）
比亚迪（广东）	腾势（比亚迪）	仰望（比亚迪）	方程豹（比亚迪）	荣威（上汽）	名爵（上汽）
江淮（安徽）	瑞风（江淮）	思皓（江淮）	江铃（江西）	陆风（江铃）	驭胜（江铃）
长安（重庆）	欧尚（长安）	深蓝（长安）	启源（长安）	跨越（长安）	中华（辽宁）
东风（湖北）	启辰（东风）	岚图（东风）	富康（东风）	重汽（山东）	陕汽（西安）
蔚来（上海）	小鹏（广东）	理想（北京）	哪吒（浙江）	零跑（浙江）	问界（赛力斯）

年 10 月 17 日，
和沃尔沃创立
"品牌，总部在
哥德堡。

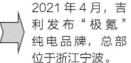

2018 年 2 月吉利成为梅赛德斯－奔驰最大股东；2019 年双方合资的 Smart 品牌成立，双方各占 50% 的股份。

2021 年 4 月，吉利发布"极氪"纯电品牌，总部位于浙江宁波。

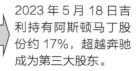

2022 年 5 月吉利认购雷诺韩国汽车 34.03% 的股份。

2023 年 5 月 18 日吉利持有阿斯顿马丁股份约 17%，超越奔驰成为第三大股东。

牌名称

昌河（江西）	长城（河北）	哈弗（长城）	魏（长城）	欧拉（长城）	坦克（长城）
星途（奇瑞）	捷途（奇瑞）	开瑞（奇瑞）	凯翼（奇瑞）	联合（安徽）	观致（浙江）
飞凡（上汽）	大通（上汽）	东南（福建）	海马（海南）	英致（重庆）	宝沃（北京）
五菱（广西）	新宝骏（广西）	宝骏（广西）	众泰（浙江）	华泰（山东）	纳智捷（浙江）
传祺（广汽）	埃安（广汽）	理念（广汽）	合创（广汽）	福田（河北）	汉腾（江西）
解放（一汽）	大运（山西）	华菱（安徽）	红岩（上汽）	宇通（河南）	金龙（福建）
野马（重庆）	创维（广东）	高合（上海）	威马（上海）	雷丁（山东）	云度（福建）

● 宝马 V8 发动机采用了进气道长度可调与进气控制技术，进排气系统控制进排气阀开启时间，并且进气阀升程（开度）、进气道长度可调。

纵涡翻板用在直喷汽油发动机上。这种翻板可以搅动吸入的新鲜空气，使之呈圆筒形转动（平行于活塞顶）。使用它可以实现分层充气模式。翻板关闭时吸入的空气形成圆筒形空气柱。聚集在火花塞中心部位。将燃油喷入这个区域，混合气被点火。燃烧室内的周边还有纯空气，这可形成绝缘作用，降低热损耗。

发动机进气量
调控技术

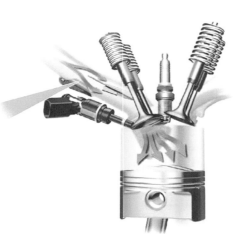

功率调节位置

两级式可变式进气管有助于提供所需要的功率和转矩特性。转换控制筒位于功率调节位置，发动机通过功率通道和转矩通道吸气。转换控制筒位于转矩调节位置，发动机只通过转矩通道吸气。

翻板打开位置

当发动机转速较高时，纵涡翻板打开，以便实现更佳的充气效率。

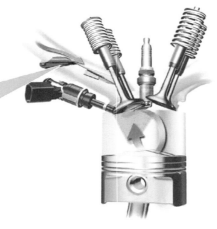

翻板关闭位置

涡旋翻板将纵涡翻板和横涡翻板结合在一起，这样就可以将纵涡通道非对称关闭，从而导致横涡充气运动和纵涡充气运动同时发生，改善发动机的充气效果。

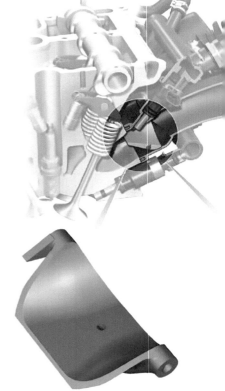

汽车发动机可变
进气系统

纵涡翻板

- 通用公司在凯迪拉克装备德尔福的卫星收音机的接收器，有 100 个数字化接收频道。

- 英菲尼迪 Q45 是世界上第一个采用语音控制的汽车，当时的语音控制仅仅可以控制导航。

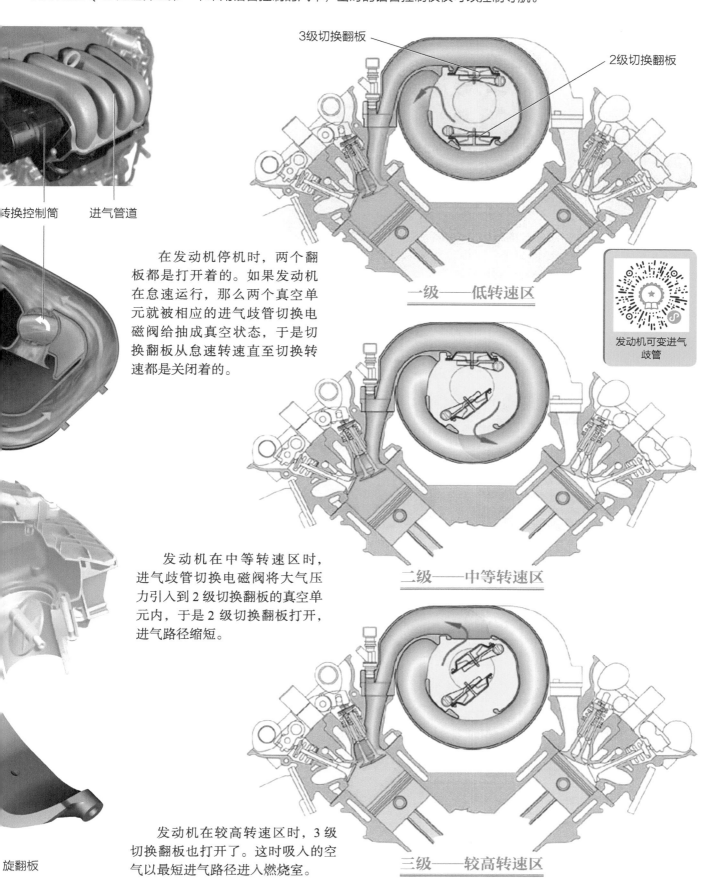

转换控制筒　　进气管道

3级切换翻板　　2级切换翻板

在发动机停机时，两个翻板都是打开着的。如果发动机在怠速运行，那么两个真空单元就被相应的进气歧管切换电磁阀给抽成真空状态，于是切换翻板从怠速转速直至切换转速都是关闭着的。

一级——低转速区

发动机可变进气歧管

发动机在中等转速区时，进气歧管切换电磁阀将大气压力引入到 2 级切换翻板的真空单元内，于是 2 级切换翻板打开，进气路径缩短。

二级——中等转速区

发动机在较高转速区时，3 级切换翻板也打开了。这时吸入的空气以最短进气路径进入燃烧室。

旋翻板

三级——较高转速区

2003 特斯拉汽车诞生—特斯拉车型及电池技术

- 特斯拉（Tesla），是一家美国电动汽车及能源公司，产销电动汽车、太阳能板及储能设备。总部位于帕洛阿托（Palo Alto），2003 年 7 月 1 日，由马丁·艾伯哈德和马克·塔彭宁共同创立，创始人将公司命名为"特斯拉汽车"，以纪念物理学家尼古拉·特斯拉。2004 年，埃隆·马斯克进入公司并领导了 A 轮融资。

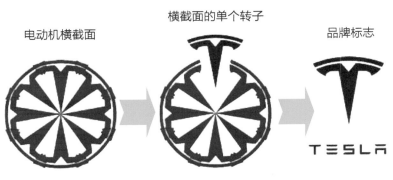

电动机横截面　　横截面的单个转子　　品牌标志

特斯拉的标志由品牌名称"Tesla"的首字母"T"变形而来，该标志形象取自电动汽车主要部件之一的电动机的横截面。

特斯拉 Model S（2012）

四门纯电动豪华轿跑车 Model S 于 2012 年推出。

豪华纯电动 SUV Model X 于 2012 年推出。

Model 3 于 2016 年推出。[]版于 2019 年 11 月在上海超级[]下线。

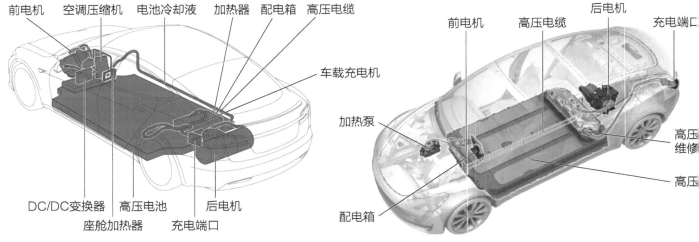

前电机　空调压缩机　电池冷却液　加热器　配电箱　高压电缆

车载充电机

DC/DC变换器　高压电池　　后电机
座舱加热器　　充电端口

Model S 高压部件

前电机　　高压电缆　　后电机　　充电端口

加热泵

高压维修

配电箱

高压

Model X 高压部件

- 法国雷诺在 2003 年推出的 Kangoo Elect'Road，搭载由 Saft 公司制造的镍镉（NiCd）电池、永磁直流电机和双缸汽油发动机。

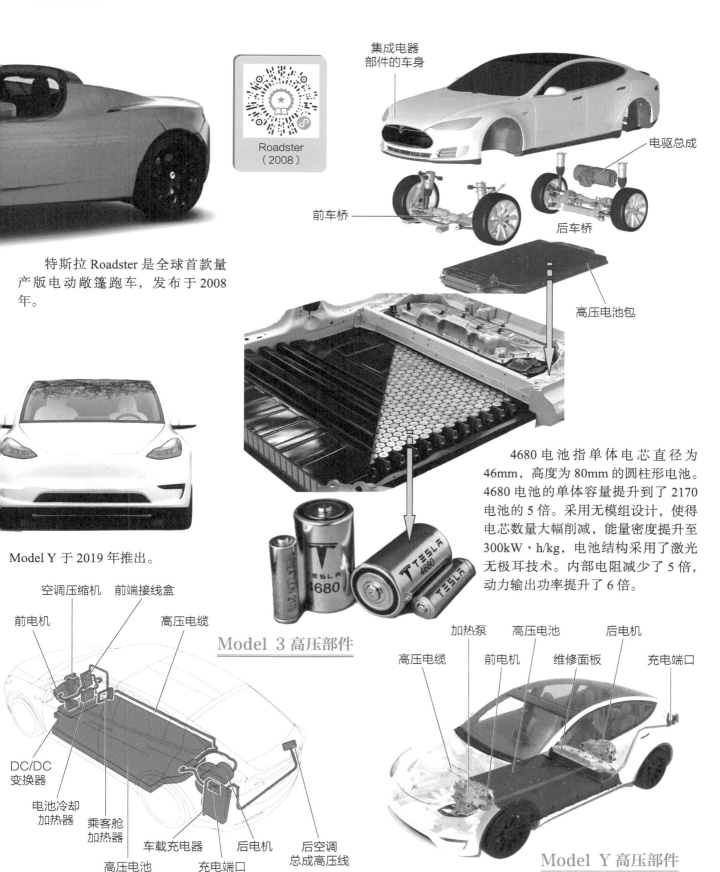

Roadster
（2008）

集成电器部件的车身

电驱总成

前车桥

后车桥

高压电池包

特斯拉 Roadster 是全球首款量产版电动敞篷跑车，发布于 2008 年。

Model Y 于 2019 年推出。

4680 电池指单体电芯直径为 46mm，高度为 80mm 的圆柱形电池。4680 电池的单体容量提升到了 2170 电池的 5 倍。采用无模组设计，使得电芯数量大幅削减，能量密度提升至 300kW·h/kg，电池结构采用了激光无极耳技术。内部电阻减少了 5 倍，动力输出功率提升了 6 倍。

Model 3 高压部件

空调压缩机　前端接线盒
前电机　　　　　高压电缆
DC/DC 变换器
电池冷却加热器
乘客舱加热器
高压电池　　车载充电器　后电机
充电端口　后空调总成高压线

Model Y 高压部件

加热泵　高压电池　后电机
高压电缆　前电机　维修面板　充电端口

LED 车灯—灯光控制技术

● LED 照明进入汽车，由于 LED 具有功耗更低、价格更低、寿命更长、元件不易破碎等优点。因此 LED 光源（不仅限于前照灯）有如下好处：节能、寿命超长耐用性好、LED 元件体积紧凑便于布置和造型设计、响应速度快亮度衰减

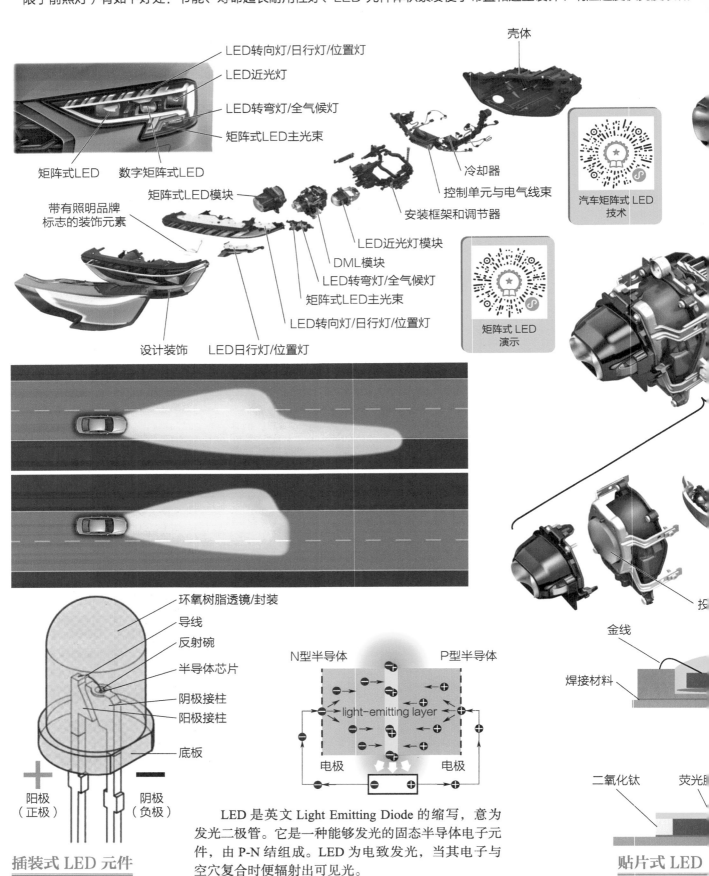

LED转向灯/日行灯/位置灯
LED近光灯
LED转弯灯/全气候灯
矩阵式LED主光束
壳体
矩阵式LED   数字矩阵式LED
矩阵式LED模块
冷却器
控制单元与电气线束
安装框架和调节器
带有照明品牌标志的装饰元素
LED近光灯模块
DML模块
LED转弯灯/全气候灯
矩阵式LED主光束
LED转向灯/日行灯/位置灯
设计装饰   LED日行灯/位置灯

汽车矩阵式 LED 技术
矩阵式 LED 演示

环氧树脂透镜/封装
导线
反射碗
半导体芯片
阴极接柱
阳极接柱
底板

＋
阳极（正极）

－
阴极（负极）

插装式 LED 元件

N型半导体   P型半导体
light-emitting layer
电极   电极

LED 是英文 Light Emitting Diode 的缩写，意为发光二极管。它是一种能够发光的固态半导体电子元件，由 P-N 结组成。LED 为电致发光，当其电子与空穴复合时便辐射出可见光。

金线
焊接材料
二氧化钛   荧光膜
贴片式 LED

低等。早在 2008 年雷克萨斯 LS 车型就第一次使用了 LED 灯组作为车辆的前照灯。之后各个厂商都开始对 LED 的使用进行跟进，其中应用最为广泛的就是 LED 日间行车灯。

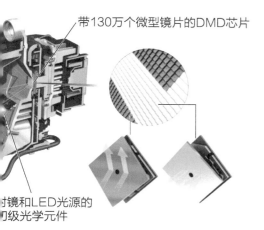

带130万个微型镜片的DMD芯片

反射镜和LED光源的初级光学元件

2013 年，奥迪 A8 成为全球第一辆采用矩阵光柱（Matrix Bean）技术的车型，矩阵光柱远光灯由 25 个光段组成，这些光段相互重叠在一起，构成了远光光束。采用矩阵光柱技术，可以使得各个光段独立接通或者关闭（就是彼此之间没联系，各自单独工作）。

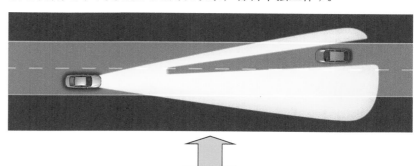

前方车辆以及对向来车由摄像头控制单元识别。识别出来后确定其与本车的角度和距离。这些数据被传达至矩阵光柱控制单元。控制单元计算出哪些远光灯光段可以接通以及哪些远光灯光段必须要关闭，从而不会引起其他车辆驾驶员炫目。这些信息被传至前大灯内的功率模块，功率模块会对远光灯的 LED 进行相应的操控。

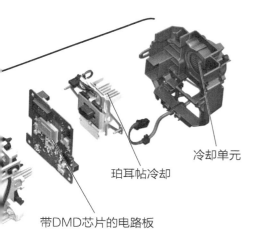

冷却单元

珀耳帖冷却

带DMD芯片的电路板

反射镜和LED光源的初级光学元件

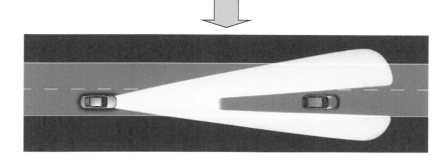

前方车辆遮光区域　　正常照明区域　　交通限速标志

荧光粉

固晶硅胶

支架

基板

芯片　　焊接材料

基板

驾驶辅助用摄像头

2005

奇瑞销量登顶—电动汽车补能技术

- 2005 年，奇瑞是中国品牌汽车中销量最高的一家。2007 年 8 月，奇瑞迎来了第一百万辆汽车下线。2009 年 3 月，奇瑞启动多品牌战略，包括奇瑞、开瑞、瑞麒、威麟四个子品牌。

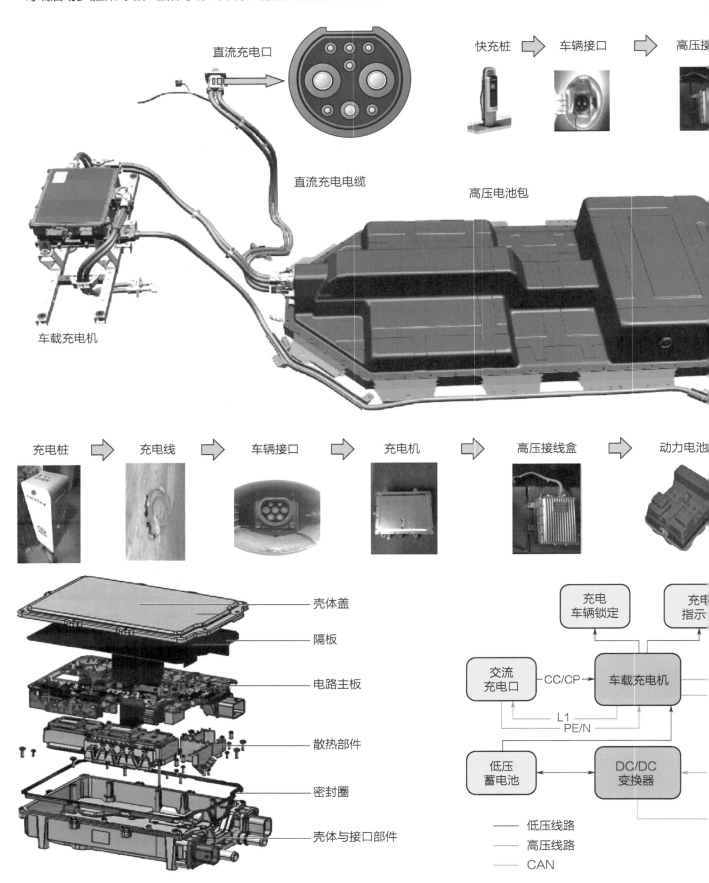

直流充电口

快充桩　车辆接口　高压接

直流充电电缆

高压电池包

车载充电机

充电桩　充电线　车辆接口　充电机　高压接线盒　动力电池

壳体盖

隔板

电路主板

散热部件

密封圈

壳体与接口部件

充电车辆锁定

充电指示

交流充电口 —CC/CP— 车载充电机

L1
PE/N

低压蓄电池

DC/DC变换器

—— 低压线路
—— 高压线路
—— CAN

• 比亚迪申请非接触感应式充电器专利，使用了电磁感应技术。

动力电池

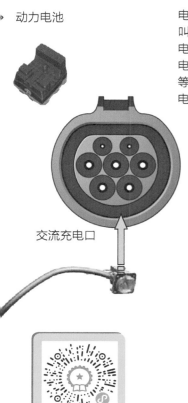

交流充电口

电动汽车的充电系统一般有交流和直流两种充电方式，交流充电也叫慢充，交流充电主要是通过交流充电桩、壁挂式充电盒或家用供电插座接入交流充电口，通过高压电控总成将交流电转为直流高压电给动力电池充电。直流充电也叫快充，在公共场所和高速服务区等地安装充电站一般是这种类型。直流充电主要是通过充电站的充电柜将直流高压电直接通过直流充电口为动力电池充电。

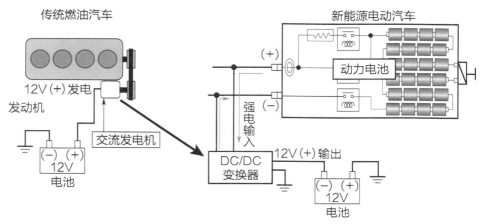

DC/DC 变换器的功能是将动力电池的高压直流电源降为 12V 低压直流电源，其作用有两个：一是电池电压在使用过程中不断下降，用电器得到的电压是一个变化值，而通过 DC/DC 变换器后用电器可以得到稳定的电压；二为给辅助（低压）蓄电池补充电能。

动力电池包

电池管理器

整车控制器

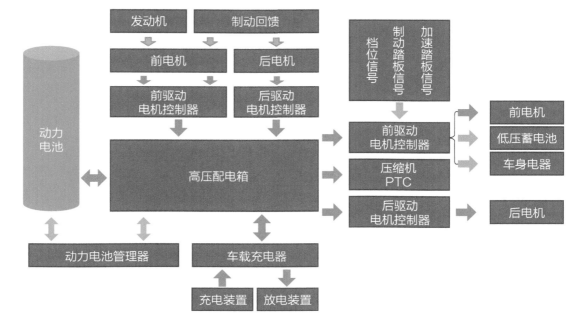

高压配电箱总成的主要功能是通过对接触器的控制来实现将高压电池的高压直流电供给整车高压电器，以及接收车载充电机或非车载充电机的直流电来给高压电池充电，同时含有其他辅助检测功能，如电流检测、漏电监测等。

2006 雷克萨斯推出 8 档自动变速器

- 雷克萨斯在 2006 年首次推出了装配 8 档自动变速器的 LS460L（型号 AA80E），之后又装配在了 GS460 上，这套 8 档自动变速器是丰田自主研发的。而宝马、奥迪、劳斯莱斯等车型则是在 2009 年才推出装备 8 档变速器的车型，

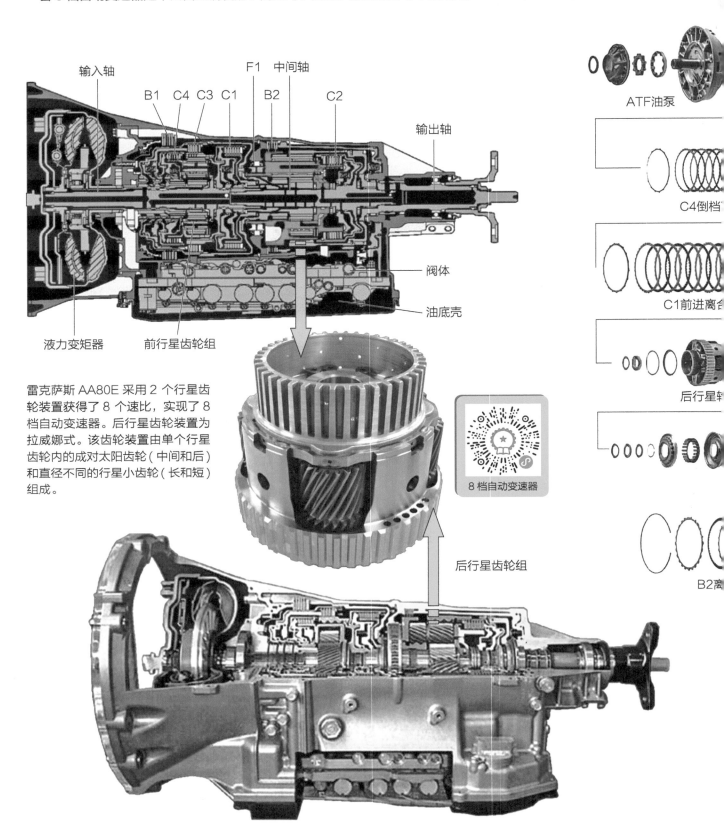

输入轴

F1 中间轴

B1 C4 C3 C1 B2 C2

输出轴

ATF油泵

液力变矩器

前行星齿轮组

阀体

油底壳

C4倒档

C1前进离合

后行星

雷克萨斯 AA80E 采用 2 个行星齿轮装置获得了 8 个速比，实现了 8 档自动变速器。后行星齿轮装置为拉威娜式。该齿轮装置由单个行星齿轮内的成对太阳齿轮（中间和后）和直径不同的行星小齿轮（长和短）组成。

8 档自动变速器

后行星齿轮组

B2离

这些车型搭载的 8 档变速器是德国 ZF 公司生产的。

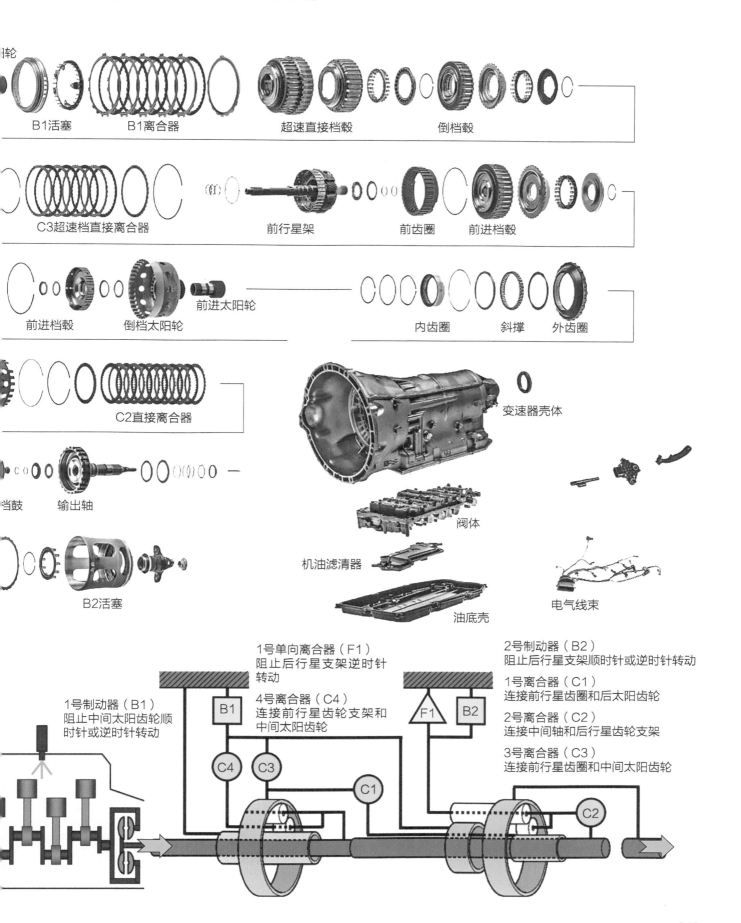

轮

B1活塞　　B1离合器　　超速直接档毂　　倒档毂

C3超速档直接离合器　　前行星架　　前齿圈　　前进档毂

前进档毂　　倒档太阳轮　　前进太阳轮　　内齿圈　　斜撑　　外齿圈

C2直接离合器

当鼓　　输出轴

变速器壳体

阀体

机油滤清器

B2活塞

电气线束

油底壳

1号单向离合器（F1）
阻止后行星支架逆时针
转动

2号制动器（B2）
阻止后行星支架顺时针或逆时针转动

1号制动器（B1）
阻止中间太阳齿轮顺
时针或逆时针转动

4号离合器（C4）
连接前行星齿轮支架和
中间太阳齿轮

1号离合器（C1）
连接前行星齿圈和后太阳齿轮

2号离合器（C2）
连接中间轴和后行星齿轮支架

3号离合器（C3）
连接前行星齿圈和中间太阳齿轮

B1　F1　B2

C4　C3　C1　C2

- 丰田汽车生产及销量超过美国通用（GM）成为全球最大的汽车厂商。
- 8月9日，比亚迪深圳生产基地落成，中高级轿车F6下线。

2007年，法国文图瑞（Venturi）在巴黎车展上展出了一款"自驱式"电动车：Venturi Eclectic。小型的22hp（16kW）50N·m的电力发动机，由位于车顶的面积为2.5m²的太阳能电池板为其提供电能。续驶里程为50km且时速能够达到50km/h。在行驶一整天之后且仅在风能驱动的情况下，该车还可行驶15km的路程。

自驱型电动车
Venturi Eclectic

铁路公路双模
汽车 DMV

日本北海道旅客铁道公司（JR Hokkaido Railway Company）制造公路和铁路两用车，DMV装备有用于公路的轮胎和用于铁路的轨道车轮，两种模式之间的切换时间不超过15s，最高时速70km，车厢长7~8m，宽2m，高2.6m，重6.2t。

飞行舱式概念
汽车

萨博X飞行（Saab Aero X）概念车采用了飞机驾驶舱的顶棚设计，两侧车门、风挡、车顶全都融为一体，使整个驾驶空间就像喷气式飞机的驾驶舱。

- 8月28日时任科技部部长的万钢在"中国汽车自主品牌发展战略研讨会"上指出："发展清洁型新能源汽车是我国汽车产业的战略发展方向"。

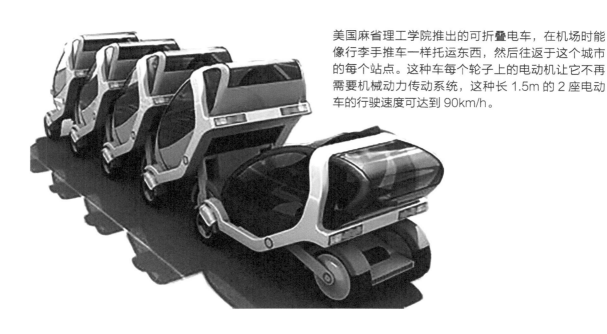

美国麻省理工学院推出的可折叠电车,在机场时能像行李手推车一样托运东西,然后往返于这个城市的每个站点。这种车每个轮子上的电动机让它不再需要机械动力传动系统,这种长1.5m的2座电动车的行驶速度可达到90km/h。

2007年,国家发展和改革委员会制定了《新能源汽车生产准入管理规则》(下称《规则》)。该《规则》首次对新能源汽车进行定义:新能源汽车指采用非常规的车用燃料作为动力来源(或使用常规的车用燃料、采用新型车载动力装置),综合车辆的动力控制和驱动方面的先进技术,形成的技术原理先进、具有新技术、新结构的汽车。

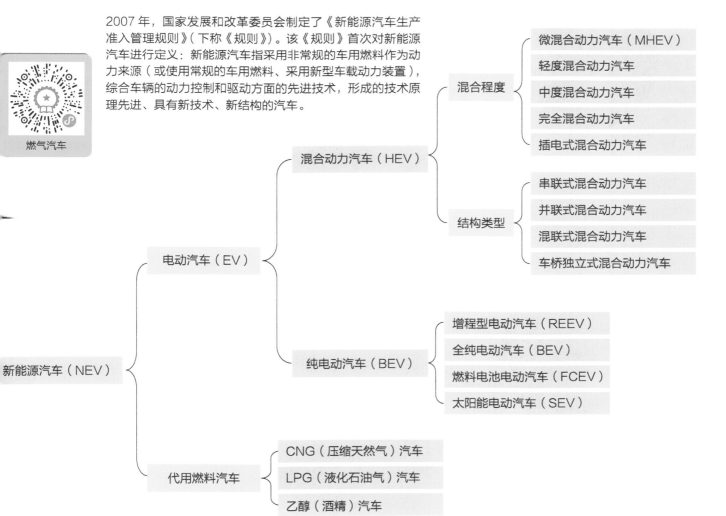

燃气汽车

新能源汽车（NEV）
- 电动汽车（EV）
  - 混合动力汽车（HEV）
    - 混合程度
      - 微混合动力汽车（MHEV）
      - 轻度混合动力汽车
      - 中度混合动力汽车
      - 完全混合动力汽车
      - 插电式混合动力汽车
    - 结构类型
      - 串联式混合动力汽车
      - 并联式混合动力汽车
      - 混联式混合动力汽车
      - 车桥独立式混合动力汽车
  - 纯电动汽车（BEV）
    - 增程型电动汽车（REEV）
    - 全纯电动汽车（BEV）
    - 燃料电池电动汽车（FCEV）
    - 太阳能电动汽车（SEV）
- 代用燃料汽车
  - CNG（压缩天然气）汽车
  - LPG（液化石油气）汽车
  - 乙醇（酒精）汽车

2008 激光前照灯开始应用—插电式混动汽车（PHEV）

- 激光前照灯凭借更大的照射范围，恶劣天气下更好的照射效果而被列入车灯的选择。宝马 i8 成为全球第一辆搭载激光前照灯技术的量产车型。
- 比亚迪第一辆量产的插电式混动汽车 F3DM 上市，它搭载了比亚迪第一代双模技术。

激光大灯包括激光光源、反射镜、黄磷滤镜以及反射碗四个部分。其工作原理就是让激光经历"射出、穿透、两次反射"总共四个过程，首先三束蓝色激光先从激光器射出，然后经过激光反射镜，接着聚焦到黄磷滤镜产生白光，之后在反射碗上再反射一次，最终形成集中照射的圆锥形光束射出车外。

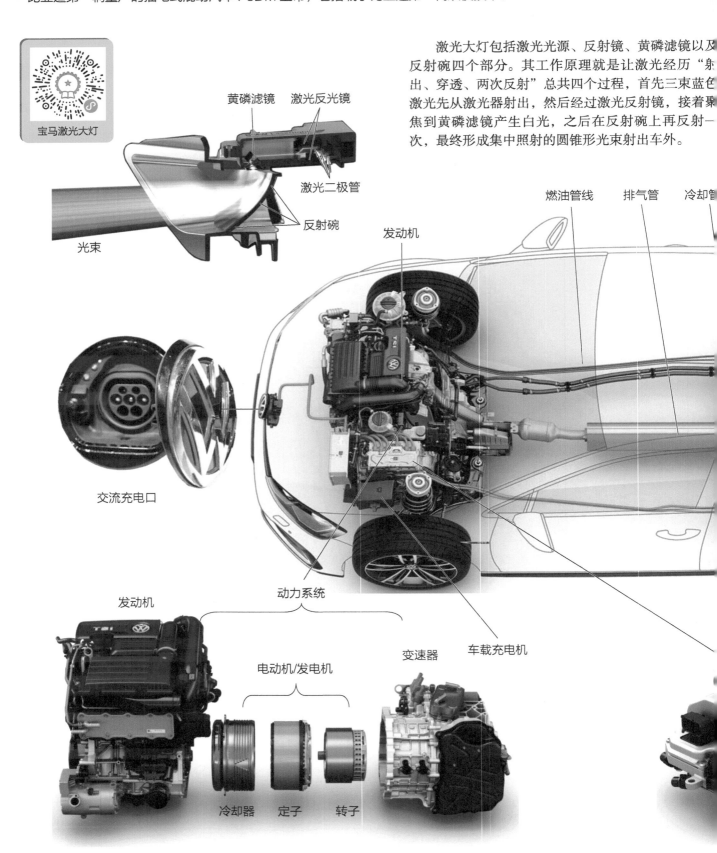

宝马激光大灯

黄磷滤镜　激光反光镜

激光二极管

反射碗

光束

燃油管线　排气管　冷却管

发动机

交流充电口

发动机　　动力系统

车载充电机

电动机/发电机　变速器

冷却器　定子　转子

- 泊车辅助系统亮相，此系统可以自动把控停车的空间，自动地、准确地操纵转向盘，从而将车辆移到停车处。但是，在当时加速和减速是由驾驶员来控制的。

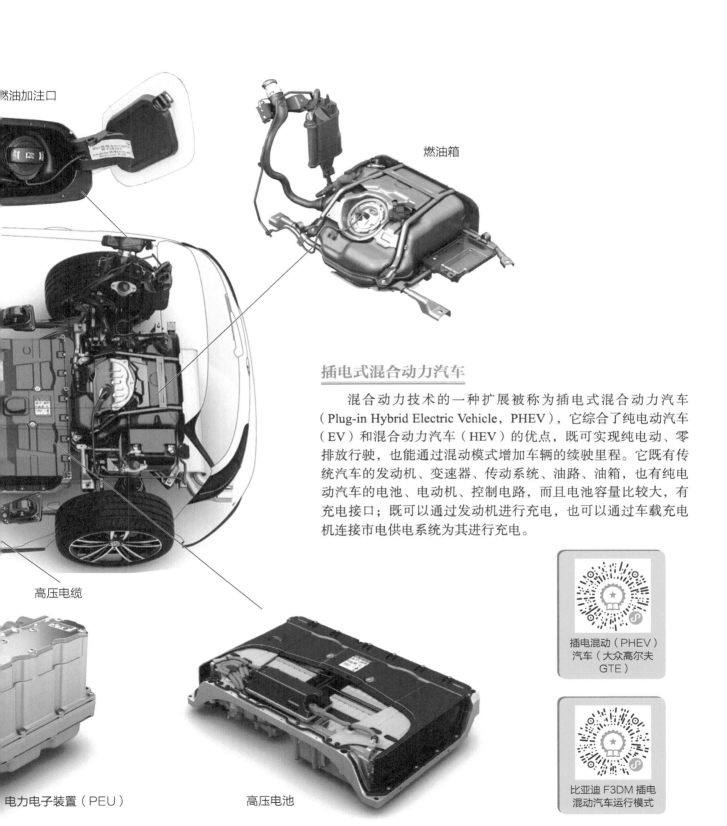

燃油加注口

燃油箱

高压电缆

电力电子装置（PEU）

高压电池

插电式混合动力汽车

混合动力技术的一种扩展被称为插电式混合动力汽车（Plug-in Hybrid Electric Vehicle，PHEV），它综合了纯电动汽车（EV）和混合动力汽车（HEV）的优点，既可实现纯电动、零排放行驶，也能通过混动模式增加车辆的续驶里程。它既有传统汽车的发动机、变速器、传动系统、油路、油箱，也有纯电动汽车的电池、电动机、控制电路，而且电池容量比较大，有充电接口；既可以通过发动机进行充电，也可以通过车载充电机连接市电供电系统为其进行充电。

插电混动（PHEV）汽车（大众高尔夫GTE）

比亚迪 F3DM 插电混动汽车运行模式

- 在 2009 年，中国以 300 多万辆的优势首次超越了美国，成为世界汽车产销第一大国。那一年，中国汽车产销量分别为 1379 万辆和 1364 万辆，同比增长接近 50%。而美国当年的累计销量仅为 1043 万辆。中国成为世界汽车第一产

2020 年我国发布的《节能与新能源汽车技术路线图 2.0》提出，到 2035 年节能汽车（主要指油电混合动力汽车）与新能源汽车（主要指插电式混动汽车、增程式电动汽车与纯电电动汽车）年销量各占 50%，传统能源动力乘用车（主要指使用汽油与柴油的燃油汽车）将全部转化为混合动力，占比达到 100%。

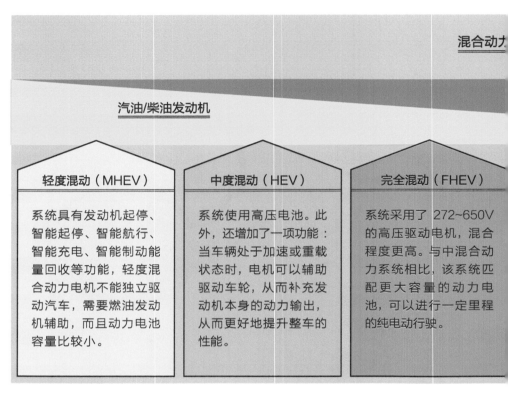

混合动力

汽油/柴油发动机

轻度混动（MHEV）	中度混动（HEV）	完全混动（FHEV）
系统具有发动机起停、智能起停、智能航行、智能充电、智能制动能量回收等功能，轻度混合动力电机不能独立驱动汽车，需要燃油发动机辅助，而且动力电池容量比较小。	系统使用高压电池。此外，还增加了一项功能：当车辆处于加速或重载状态时，电机可以辅助驱动车轮，从而补充发动机本身的动力输出，从而更好地提升整车的性能。	系统采用了 272~650V 的高压驱动电机，混合程度更高。与中混合动力系统相比，该系统匹配更大容量的动力电池，可以进行一定里程的纯电动行驶。

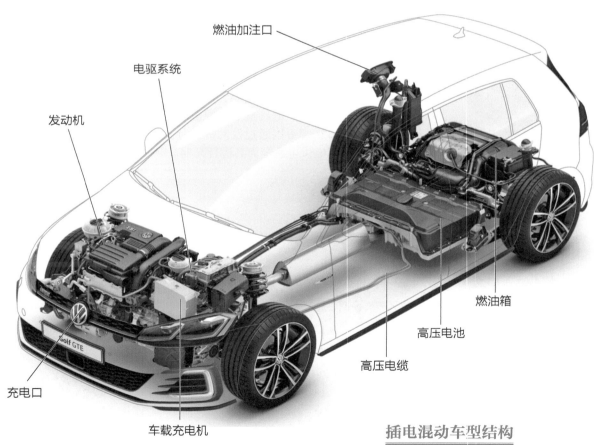

燃油加注口
电驱系统
发动机
充电口
车载充电机
燃油箱
高压电池
高压电缆

插电混动车型结构

销大国后便再也没跌落下来，在 2017 年到达了巅峰，年产销量双双突破 2800 万辆，逼近 3000 万大关。

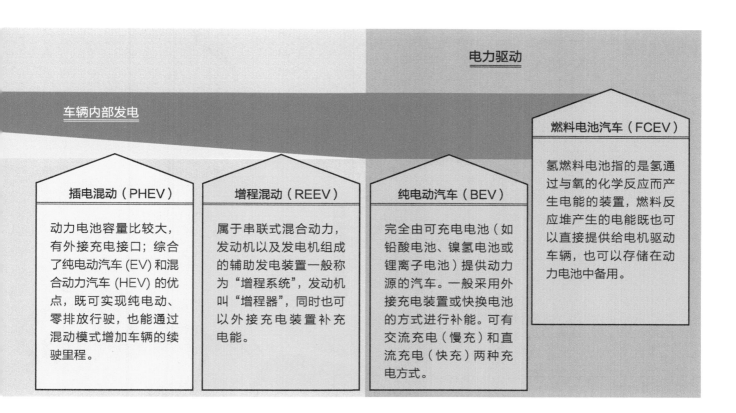

电力驱动

车辆内部发电

插电混动（PHEV）

动力电池容量比较大，有外接充电接口；综合了纯电动汽车 (EV) 和混合动力汽车 (HEV) 的优点，既可实现纯电动、零排放行驶，也能通过混动模式增加车辆的续驶里程。

增程混动（REEV）

属于串联式混合动力，发动机以及发电机组成的辅助发电装置一般称为"增程系统"，发动机叫"增程器"，同时也可以外接充电装置补充电能。

纯电动汽车（BEV）

完全由可充电电池（如铅酸电池、镍氢电池或锂离子电池）提供动力源的汽车。一般采用外接充电装置或快换电池的方式进行补能。可有交流充电（慢充）和直流充电（快充）两种充电方式。

燃料电池汽车（FCEV）

氢燃料电池指的是氢通过与氧的化学反应而产生电能的装置，燃料反应堆产生的电能既也可以直接提供给电机驱动车辆，也可以存储在动力电池中备用。

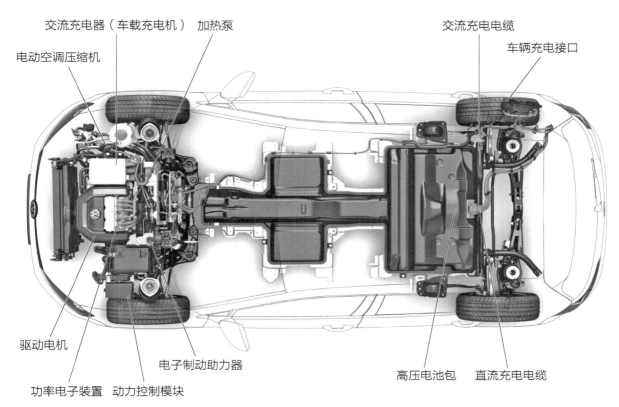

交流充电器（车载充电机） 加热泵 交流充电电缆

电动空调压缩机 车辆充电接口

驱动电机

电子制动助力器

功率电子装置 动力控制模块 高压电池包 直流充电电缆

纯电动汽车结构

2010 吉利收购沃尔沃—电动汽车电驱系统

- 2010 年 3 月 28 日，中国浙江吉利控股集团有限公司在瑞典哥德堡与福特汽车签署最终股权收购协议，获得沃尔沃轿车公司 100% 的股权以及相关资产（包括知识产权）。至此吉利集团正式收购沃尔沃轿车。

电动机 / 发电机由转子、定子组成，受电机控制器的驱动，其所需能源来自高压电池。

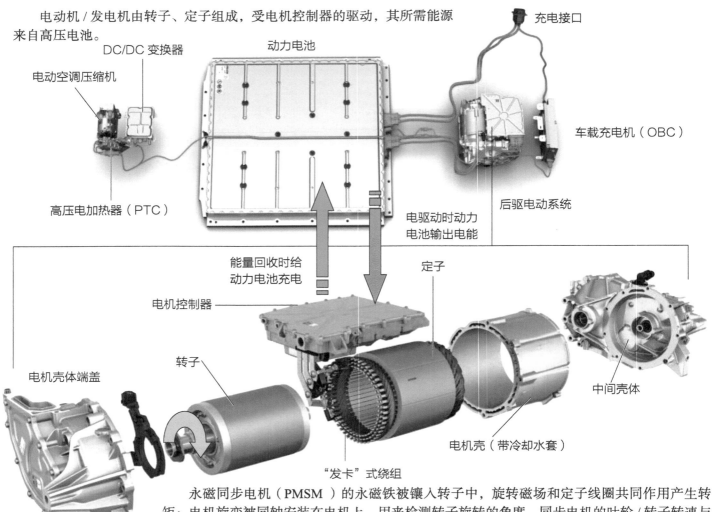

DC/DC 变换器
电动空调压缩机
动力电池
充电接口
车载充电机（OBC）
高压电加热器（PTC）
后驱电动系统
电驱动时动力电池输出电能
能量回收时给动力电池充电
定子
电机控制器
电机壳体端盖
转子
中间壳体
电机壳（带冷却水套）
"发卡"式绕组

永磁同步电机（PMSM）的永磁铁被镶入转子中，旋转磁场和定子线圈共同作用产生转矩；电机旋变被同轴安装在电机上，用来检测转子旋转的角度。同步电机的叶轮 / 转子转速与旋转场转速相同。转子转速仅由极对数量和频率决定（滑差 =0）。"异步"一词指的是旋转场转速和转子转速之间的差异。这两个转速彼此异步。电机轴上的机械负载越大，转速差（以 % 表示的滑差）以及电机线圈消耗的功率就越大。若无此转速差，异步电机不会产生任何转矩。

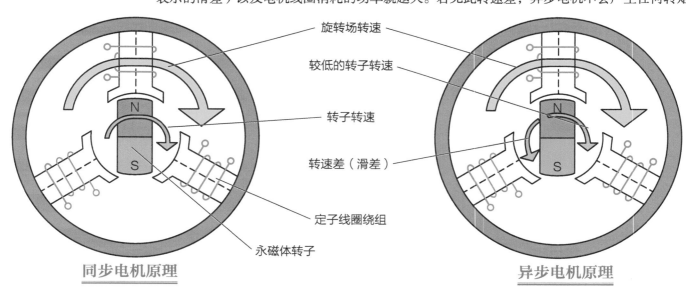

旋转场转速
较低的转子转速
转子转速
转速差（滑差）
定子线圈绕组
永磁体转子

同步电机原理

异步电机原理

256

- 日产推出了世界上第一台量产搭载永磁同步电机的电动车聆风（LEAF），
该套电驱系统在 2011 年获得了"沃德全球十佳发动机"大奖。

日产 LEAF 电动
汽车生产线

　　电机控制器是一个将电池的直流电转换为交流电并驱动电机的设备，英文简称为 PCU（Power Control Unit）。由于在交流转换成直流的过程中，交流频率和电压可以改变，控制参数可以有很高的自由度。在减速阶段，电机作为发电机应用。它可以完成由车轮旋转的动能到电能的转换，为电池充电。

三相同步电机工作原理

三相异步电机工作原理

本田 10 档自动变速器

电动汽车电驱系统（奥迪 ETRON）

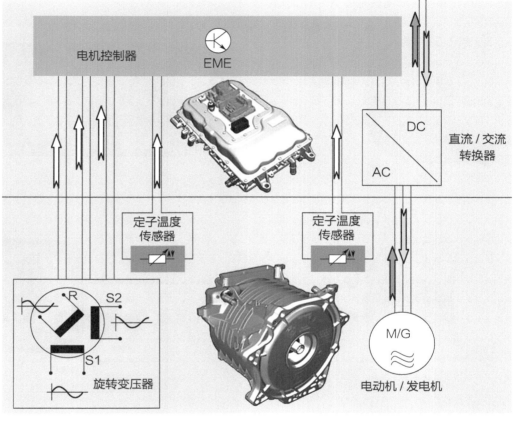

电动汽车电驱控制器

　　三相交流同步电机是永久磁铁滚轮（轴）与磁铁定子（筒状）的磁吸引力而旋转的电机。子的磁场（N 极、S 极）切换速度，等同于滚轮旋转速度（同步电机）。定子的旋转磁场相一致，子将因为磁场的变化而生旋转。

（三相）交流电被送到定子，使之产生旋转磁场。

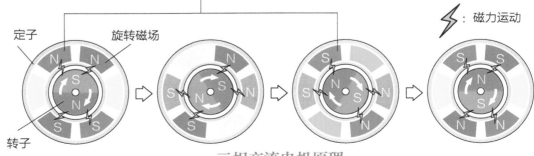

三相交流电机原理

电子扫描雷达—高级驾驶辅助系统（ADAS）

● 福特与德尔福联合发布了多模态（Multimode）电子扫描雷达 ESR，该器件成为适应性巡航控制（ACC）系统的重要组成。

自适应巡航（ACC）

　　ACC 系统是在定速巡航装置的基础上发展而来的。雷达技术被用来实现 ACC 的基本功能。发射出去的雷达波束碰到物体表面后会被反射回来。从发射信号到接收到反射信号所需要的时间取决于物体之间的距离。图 B 中的两车距离是图 A 中的两倍。那么图 B 中反射信号号到达接收器所需时间就是图 A 中的两倍。

自适应巡航技术
（ACC）

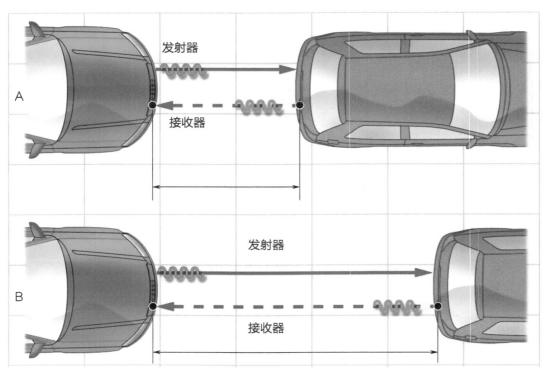

自动紧急制动（AEB）

　　AEB 系统使用前视摄像头单元衡量与前方行驶车道内的车辆距离：如果有碰撞发生的危险，控制模块通过 CAN 通信发出视觉警告信号和蜂鸣警告信号到组合仪表；如果驾驶员不施加制动，控制模块发送一个紧急制动请求到 ABS 控制单元；ABS 执行器施加制动力到制动器，并将尽快停车。

交通拥堵辅助

自动紧急制动
（AEB）

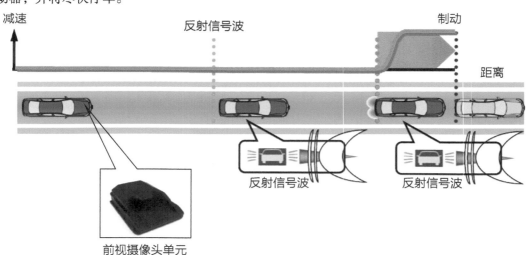

前视摄像头单元

- 德国工程师 Dirk Gion 和 Stefan Simmerer 研制成功世界第一款由风能驱动的汽车 "风力探测者 (Wind Explorer)" 并完成了穿越澳大利亚的测试。

通拥堵辅助（TJA）

交通拥堵辅助系统，是 ACC 的拓展功能，由 C 自适应巡航、预碰撞安全系统（Front Assist） 道保持系统共同实现，可以在拥堵路况下实 动跟停，同时增加了轻微转向调整的功能。

道保持辅助系统（LKAS）

车道保持辅助系统借助前部摄像头进行车道 ，通过修正转向干预，帮助车辆在各种行车 下保持在车道内。如果道路上有车道标线， 车道与车道标线之间存在足够明显的对比， 识别道路走向；为驾驶员提供关于车道保持 系统工作状态的视觉信息；实施修正性或者 性的转向干预；如果车道保持辅助系统的转 预不足以修正转向，则会通过振动转向盘警 驶员；如果驾驶员松开转向盘超过设定的时 则会向驾驶员发出一个视觉和声音警告（转 向盘离手识别）；当驾驶员 有意变道（例如超车）时， 系统功能将受限。

车道保持辅助
系统

车道变更辅助（ALC）

自动变道辅助是基于车道居中保持系统而扩 展出来的辅助驾驶系统，当车辆处于畅通的高速 路段行驶时，一旦车速超过设置时速后，驾驶员 按下转向灯拨杆，系统就会自动对行驶环境进行 监测判断，辅助驾驶员变道驶入相邻车道内。

车道变更辅助
系统

左侧相邻车道上
逐渐驶近的车辆

左侧相邻车道上
速度相同的车辆

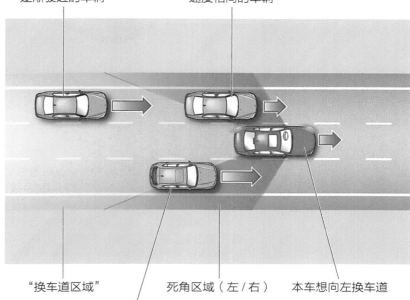

"换车道区域"　　　死角区域（左/右）　　本车想向左换车道

右侧相邻车道上速度更快的车辆

遥控驾驶（如移车）

遥控驾驶功能可以为狭窄通道和车位处通行 与泊车提供便利。通过显示屏钥匙上的触摸显示 屏和遥控驻车按钮进行遥控移车操作。这样可对 功能进行直观操作，并通过所需操作和系统限制 为驾驶员提供直接反馈。

遥控移车技术

待驶入区域　　　带显示屏的遥控钥匙　　被控车辆

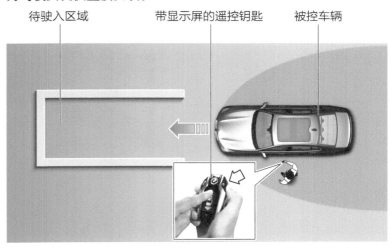

2012 ZF 研制出 9 档自动变速器

- 德国 ZF（采埃孚）2012 年研制的 9 档变速器 9HP 是一台带差速器的横置变速器。9HP 具有两个型号：输入转矩 280N·m 以下的 9HP28 主要匹配 1.4T、1.6T 乃至 2.0T 之类的中小排量增压发动机或者 3.0L 排量以下的自然吸

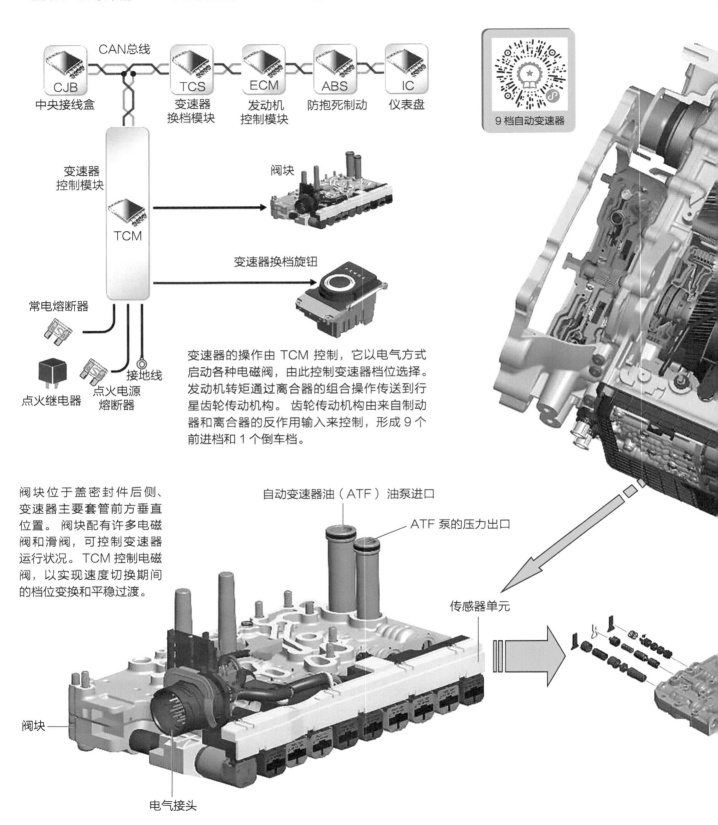

CAN总线

CJB	TCS	ECM	ABS	IC
中央接线盒	变速器换档模块	发动机控制模块	防抱死制动	仪表盘

9 档自动变速器

变速器控制模块

TCM

阀块

变速器换档旋钮

常电熔断器

点火继电器

点火电源熔断器

接地线

变速器的操作由 TCM 控制，它以电气方式启动各种电磁阀，由此控制变速器档位选择。发动机转矩通过离合器的组合操作传送到行星齿轮传动机构。齿轮传动机构由来自制动器和离合器的反作用输入来控制，形成 9 个前进档和 1 个倒车档。

阀块位于盖密封件后侧、变速器主要套管前方垂直位置。阀块配有许多电磁阀和滑阀，可控制变速器运行状况。TCM 控制电磁阀，以实现速度切换期间的档位变换和平稳过渡。

自动变速器油（ATF）油泵进口

ATF 泵的压力出口

传感器单元

阀块

电气接头

气发动机，9HP48 则用来与 2.0T 及以上的涡轮增压发动机、3.0L 以上排量更大的自然吸气发动机组成搭档。2013 首款应用于吉普自由光车型，其次是 2014 款的路虎揽胜极光。

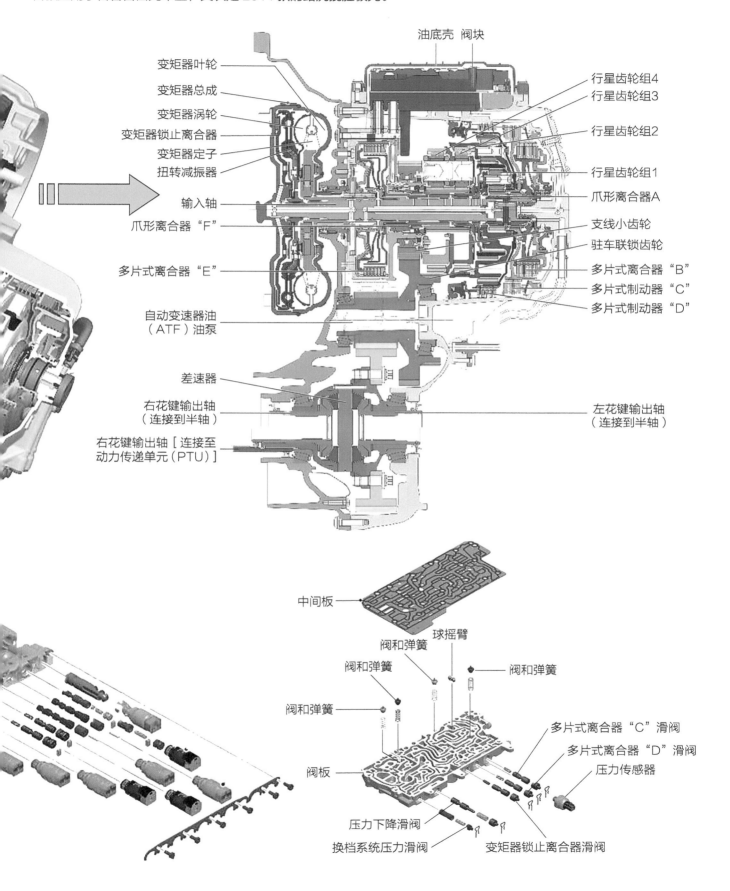

油底壳　阀块

变矩器叶轮
变矩器总成
变矩器涡轮
变矩器锁止离合器
变矩器定子
扭转减振器
输入轴
爪形离合器"F"
多片式离合器"E"
自动变速器油（ATF）油泵
差速器
右花键输出轴（连接到半轴）
右花键输出轴［连接至动力传递单元（PTU）］

行星齿轮组4
行星齿轮组3
行星齿轮组2
行星齿轮组1
爪形离合器A
支线小齿轮
驻车联锁齿轮
多片式离合器"B"
多片式制动器"C"
多片式制动器"D"
左花键输出轴（连接到半轴）

中间板
阀和弹簧
球摇臂
阀和弹簧
阀和弹簧
阀和弹簧
阀板
多片式离合器"C"滑阀
多片式离合器"D"滑阀
压力传感器
压力下降滑阀
换档系统压力滑阀
变矩器锁止离合器滑阀

• 2013 年 2 月，世界第一辆量产版氢燃料电池车 iX35 FCV 在现代汽车韩国蔚山工厂正式下线。

1. 车辆起动时，储氢罐内的氢会通过管道供给车前部的燃料电池堆栈。

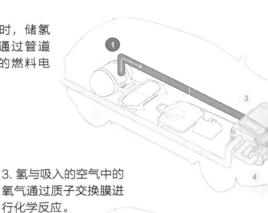

3. 氢与吸入的空气中的氧气通过质子交换膜进行化学反应。

世界上第一台商用燃料电池汽车

iX35 FCV 由三个主要部分组成：位于车头的燃料电池和动力系统（功率为 100kW），中部的逆变器和动力电池，后部的 2 个储氢罐（可以储存 5.64kg 氢，压力为 70MPa）。

燃料电池堆（产生电压）

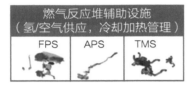

燃气反应堆辅助设施（氢/空气供应，冷却加热管理）
FPS　APS　TMS

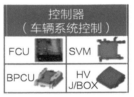

控制器（车辆系统控制）
FCU　SVM
BPCU　HV J/BOX

电源（转换分配）
LDC
BHDC
逆变器（带MCU）
电动机
GDU

燃料电池综合模块

高压电池　储氢罐系统

电池系统（补充电源）

储氢罐（高压氢气存储）

BPCU（鼓风机和泵控制单元）

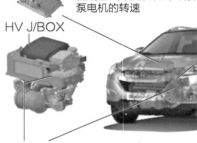

• 控制空气鼓风机和冷却液泵电机的转速

HV J/BOX

FCU（燃料电池控制单元）

• 控制空气和氢气供应，管理堆
• 控制结冰点启动，冷却燃料电
• 监测燃料电池堆栈和诊断系统
• 诊断燃料电池系统，执行故障修

FPS—燃料处理系统　TMS—热管理系统　APS—空气处理系统　FCU—燃料电池控制单元　SVM—堆栈电压监控器　BPCU—鼓风机和泵控制单元　HV J/BOX—高压接线盒　LDC—低压 DC/DC 变换器　BHDC—双向高压 DC/DC 变换器　MCU—电机控制单元（变频器包括 MCU）　GDU—齿轮差速器

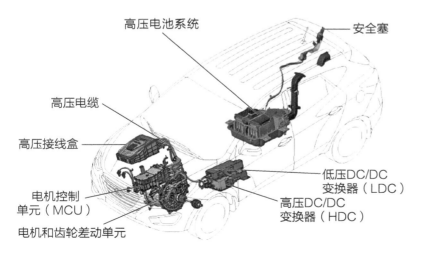

高压电池系统
安全塞
高压电缆
高压接线盒
电机控制单元（MCU）
电机和齿轮差动单元
低压DC/DC变换器（LDC）
高压DC/DC变换器（HDC）

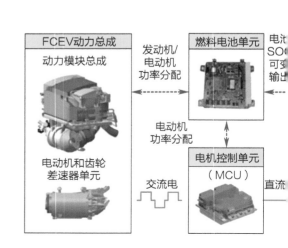

FCEV动力总成
动力模块总成
发动机/电动机功率分配
燃料电池单元
电池SOC可变输出
动力模块总成
电动机功率分配
电动机和齿轮差速器单元
电机控制单元（MCU）
交流电
直流

2. 车辆起动时，储氢罐内的氢会通过管道供给车前部的燃料电池堆栈。

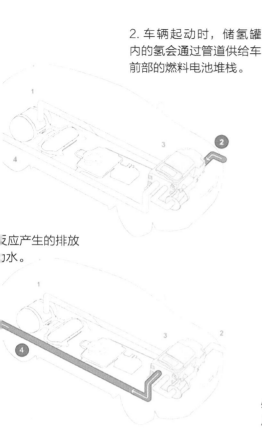

返应产生的排放
力水。

（内置逆变器的电机控制单元）
- 控制输出电机的输出转矩

LDC（低压DC/DC变换器）
- 控制12V电源的充电

3HDC（双向高压DC/DC变换器）
- 控制燃料电池与辅助电池的电力分配

能量流控制数据（CAN）

电池系统
系统（BMS）
冷却风扇转速控制

电池管理系统

空气冷却
冷却风扇
（PRA）

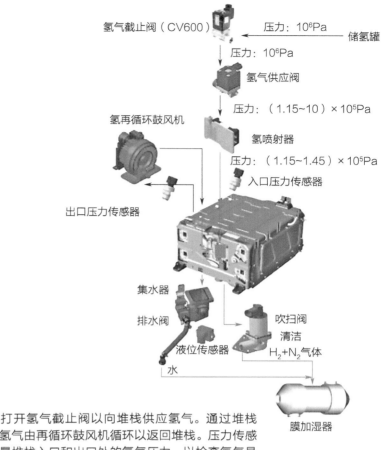

氢气截止阀（CV600）　　压力：10⁶Pa　　储氢罐

压力：10⁶Pa

氢气供应阀

压力：（1.15~10）×10⁵Pa

氢再循环鼓风机

氢喷射器

压力：（1.15~1.45）×10⁵Pa

入口压力传感器

出口压力传感器

集水器
排水阀
液位传感器

吹扫阀
清洁
H₂+N₂气体
水

膜加湿器

必须打开氢气截止阀以向堆栈供应氢气。通过堆栈后，氢气由再循环鼓风机循环以返回堆栈。压力传感器测量堆栈入口和出口处的氢气压力，以检查氢气是否保持在一定水平。阳极产生的水流向集水器。如果水位传感器检测到水达到一定水位，则打开排水阀将水排放到加湿器中。

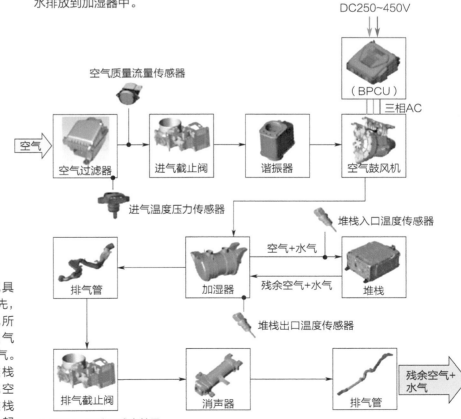

DC250~450V

（BPCU）

三相AC

空气质量流量传感器

空气

空气过滤器　　进气截止阀　　谐振器　　空气鼓风机

进气温度压力传感器

堆栈入口温度传感器

空气+水气

排气管　　加湿器　　残余空气+水气　　堆栈

堆栈出口温度传感器

供应到堆栈的空气具有两种功能。首先，它提供电池组发电所需的氧气。环境空气中约含20%的氧气。其次，空气帮助堆栈排放水蒸气。用完空气中的氧气后，堆栈将空气和水蒸气一起排出。

排气截止阀　　消声器　　排气管　　残余空气+水气

- FCU：驱动和感应单元
- FCU→BPCU：空气鼓风机RPM命令

- 苹果在日内瓦车展公布了正式版的车载系统 CarPlay，奔驰、沃尔沃、法拉利成为首批应用的厂商。
- 2014 年 1 月 6 日，谷歌与通用、本田、奥迪、现代和 NVIDIA 联合宣布，共同成立"开放汽车联盟"（Open Automotive Alliance），旨在将谷歌开源系统 Android 应用于汽车领域。

苹果 CarPlay 运行演示

- 2014 年 11 月，李斌在上海创立蔚来汽车公司。

- 2014 年，何小鹏等人在广州创立互联网电动汽车品牌——小鹏。

驱动电机的冷却方式根据其冷却散热方式的不同，可以归纳为空气冷却、液体冷却和混合冷却三种。空气冷却分为自然风冷和强制风冷，采用强制风冷的方式，根据空气的循环方式又可以把强制风冷分为开放式风冷和封闭式风冷两种。液体冷却可根据冷却介质不同，分为水冷和油冷两种方式，其中水冷占了绝大多数的纯电动市场，油冷在混合动力车型上较为常见。

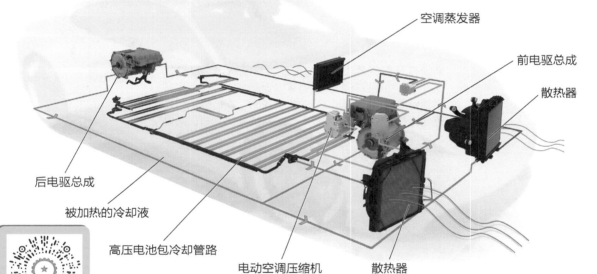

空调蒸发器

前电驱总成

散热器

后电驱总成

被加热的冷却液

高压电池包冷却管路

电动空调压缩机

散热器

前电驱总成

膨胀和截止阀

制冷剂供给

冷却液通道
热交

电动汽车动力电池温度管理

新能源汽车热管理系统包括座舱热管理（制热和制冷）、电池系统热管理（制热和制冷）以及电机电控冷却系统三部分。

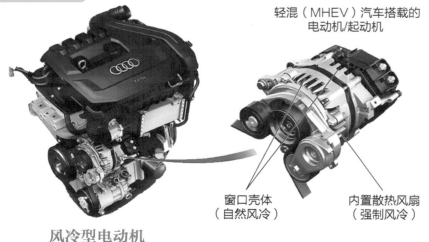

轻混（MHEV）汽车搭载的电动机/起动机

窗口壳体
（自然风冷）

内置散热风扇
（强制风冷）

风冷型电动机

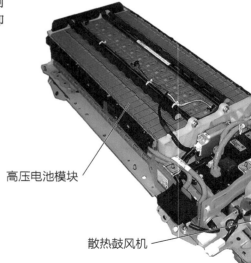

高压电池模块

散热鼓风机

风冷型高压电池

- 日产推出智能后视镜，它可以实现液晶显示与传统后视镜之间切换。该后视镜能够在必要时利用液晶屏将车后视野清晰展现，驾驶员也可将其调整为传统后视镜模式。这款智能后视镜中集成了内置液晶显示器模块，能够在需要时主动激活，并在传统玻璃显示器的位置显现出来。

电动汽车电驱冷却系统

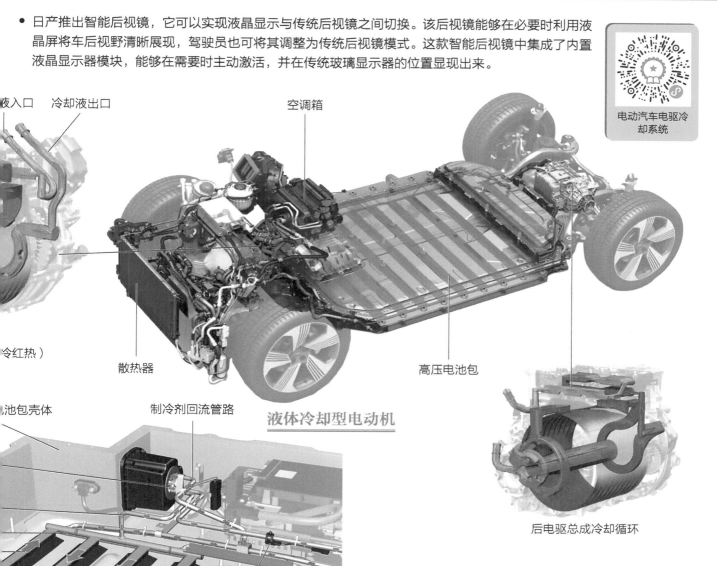

液入口　冷却液出口　空调箱

（冷红热）

散热器　高压电池包

后电驱总成冷却循环

池包壳体　制冷剂回流管路

液体冷却型电动机

簧条　制冷剂温度传感器

液冷型高压电池

　　高压电池冷却系统通过入口管路流入的制冷剂分别进入两个冷却通道并在冷却通道内吸收电池模块的热量。回流管路用于带走电池模块的热量输送至散热器。温度传感器信号用于控制和监控冷却功能。

　　当电动汽车多日停放在 0℃ 以下的户外时，应在行驶前和／或充电前使电池加热至最佳温度水平。对电池进行加热时会启用高电压系统并使电流经过加热丝。加热丝沿冷却通道布置。由于冷却通道与电池模块接触，因此加热线圈内产生的热量会传至电池模块和电池。

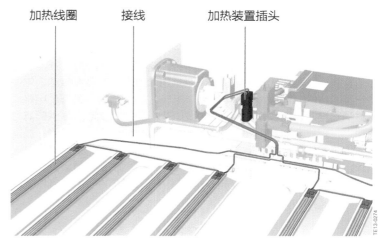

加热线圈　接线　加热装置插头

高压电池加热

265

- 百度发布了自己的手机车机互联方案 CarLife。这套方案兼容苹果和安卓终端，可以让用户以更安全的方式在车机屏幕上使用地图、音乐、电话等功能，功能类似 CarPlay。

- 本田对外展示了全球首款横置前驱布局的 10AT 变速器。它基于平行轴式 5/6AT 变速器打造，换档速度比 6AT 快了 30%，加速性能也提高了 14%，还能实现跨越 4 个档位的"跳档"操作。本田 10AT 自动变速器有四个行星齿轮系、3 个离合器、3 个制动器和 1 个双向离合器，并允许档位改变（10 个前进档，1 个倒档）。发动机输出通过变矩器、轴（保持行星齿轮系）和离合器、差速器总成以及分动器总成（将动力传递到驱动轮，带 AWD）传递。

- 根据具体道路情况，可以自动加速减速以及可以控制转向盘操作的"交通堵塞系统"的商业化应用在一些车型中也已悄然推进。

- 2015 年 7 月，李想（"汽车之家"创始人）于北京创立理想汽车公司。

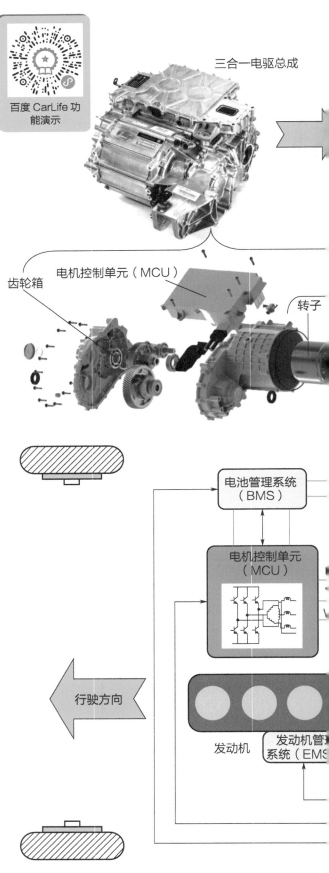

电力电子单元（Power Electronic Unit，PEU），也称为动力控制单元，功率电子装置，随着日趋集成化，也称为多合一电控总成。常被集成的其他系统有 MCU（电机控制单元），DC/DC（直流变换器），OBC（车载充电机），PDU（高压配电箱），BMS（电池管理系统），VCU（整车控制器），PTC（车载加热器）等。多合一集成后的电机控制功能包括：为集成控制器各个支路提供配电，如熔断器、TM 接触器、电除霜回路供电、电动转向回路供电、电动空调回路供电等；为控制电路提供电源（如 VCU），为驱动电路提供隔离电源；接收控制信号，驱动 IGBT 并反馈状态，提供隔离及保护；接收 VCU 控制指令并做出反馈，检测电机系统转速、温度等传感器信息，通过指令传输电机控制信号；为电机控制器提供散热，保障控制器安全。功率电子装置连接在前桥和后桥上低温冷却循环管路上。这样能对功率电子装置内部的各部件起到良好的冷却作用。

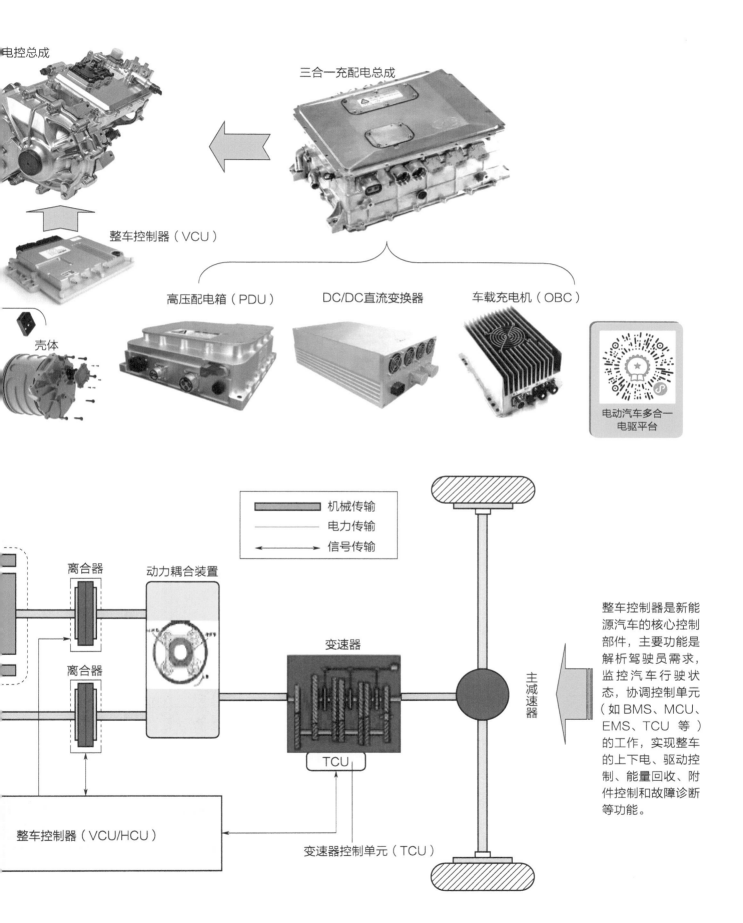

电控总成

三合一充配电总成

整车控制器（VCU）

壳体

高压配电箱（PDU）　　　　DC/DC直流变换器　　　　车载充电机（OBC）

电动汽车多合一电驱平台

机械传输
电力传输
信号传输

离合器　　　动力耦合装置

离合器

变速器

TCU

整车控制器（VCU/HCU）

变速器控制单元（TCU）

主减速器

整车控制器是新能源汽车的核心控制部件，主要功能是解析驾驶员需求，监控汽车行驶状态，协调控制单元（如BMS、MCU、EMS、TCU等）的工作，实现整车的上下电、驱动控制、能量回收、附件控制和故障诊断等功能。

● "自动泊车系统"开始商业化落地。这套系统可以自动控制转向盘和制动，可以自动驾驶到指定的停车区域。而且，到达停车位置之后，还可以自动泊车，将发动机关闭。

通用和福特联手，开发了代号为 10R80 的 10AT 变速器，其中"10"表示有 10 个前进档位，"R"为纵置平台的后驱或四轮驱动，"80"则是代表着可承受最大的输入转矩为 800N·m。这款变速器齿比范围仅为 7.34，其中前 6 档位是减速传动比，第 7 档位直接档，8~10 档为超速档。第一档传动比为 4.70:1，第 10 档传动比则为 0.64:1，所以整体齿比范围为 7.34。

离合器组包括一个单向离合器与 6 个摩擦离合器，可以利用 6 个换档电磁阀控制离合器来实现切换档位。

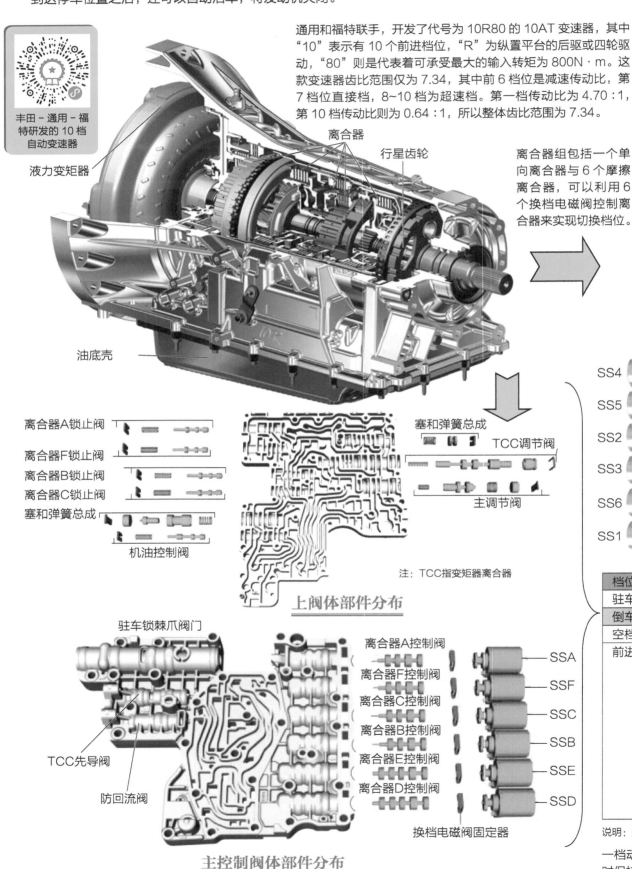

丰田-通用-福特研发的 10 档自动变速器

液力变矩器

离合器

行星齿轮

油底壳

离合器A锁止阀
离合器F锁止阀
离合器B锁止阀
离合器C锁止阀
塞和弹簧总成

机油控制阀

塞和弹簧总成
TCC调节阀
主调节阀

注：TCC指变矩器离合器

上阀体部件分布

驻车锁棘爪阀门

TCC先导阀

防回流阀

离合器A控制阀 — SSA
离合器F控制阀 — SSF
离合器C控制阀 — SSC
离合器B控制阀 — SSB
离合器E控制阀 — SSE
离合器D控制阀 — SSD

换档电磁阀固定器

主控制阀体部件分布

SS4
SS5
SS2
SS3
SS6
SS1

档位		齿轮	SS
驻车		P	开
倒车		R	开
空档		N	开
前进		D1	开
		D2	开
		D3	开
		D4	开
		D5	开
		D6	开
		D7	关
		D8	关
		D9	关
		D10	关

说明：换档电磁阀（SS）

一档动力流（举例）：
时保持静止。外壳和

- 雷克萨斯 LC500 成为世界上第一款搭载 10AT 变速器的量产（2017 年）车型。

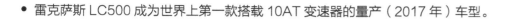

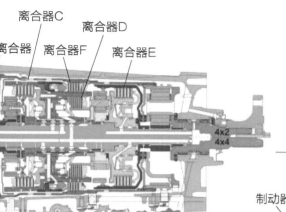

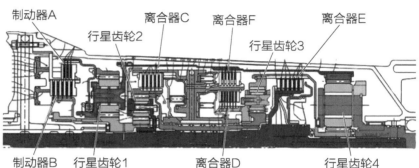

离合器 C　离合器 D
离合器　离合器 F　离合器 E

行星齿轮1　行星齿轮2　　行星齿轮3　　行星齿轮4

制动器A　　离合器C　　离合器F　　　　离合器E
　行星齿轮2
制动器B　行星齿轮1　　　离合器D　　　行星齿轮4

离合器 F 工作原理（举例）：4 号环形齿轮将通过机械方式连接到 1 号行星齿轮架和连接到离合器 F。当离合器 F 接合时，4 号环形齿轮可通过离合器 C 连接到 2 号环形齿轮。4 号环形齿轮还可通过离合器 D 连接到 3 号行星齿轮架。

1号行星齿轮架
离合器F活塞　离合器F
4号环形齿轮
SSF
离合器F接合油路　离合器F锁止阀　离合器F控制阀

S3	SS4	SS5	SS6	TCC8
关	关	关	开	
关	开	关	开	
关	关	关	开	
开	关	开	关	调节
开	开	关	关	调节
开	开	开	关	调节
开	开	关	开	调节
开	开	开	开	调节
关	开	开	开	调节
开	开	开	开	调节
开	开	开	开	调节
开	关	开	开	调节
开	开	关	开	调节

关闭时释放油压。

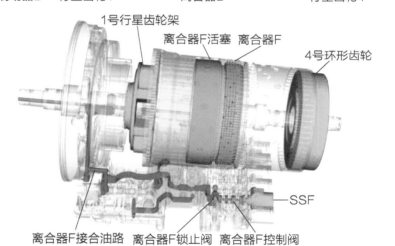

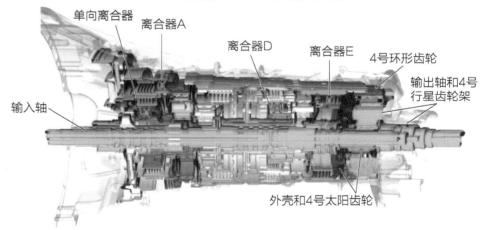

单向离合器　离合器A
　　　　　　　　离合器D　　离合器E
　　　　　　　　　　　　　　　4号环形齿轮
输入轴　　　　　　　　　　　　输出轴和4号行星齿轮架
外壳和4号太阳齿轮

E 时，允许将转矩从输入轴传递到外壳和 4 号太阳齿轮。当同时接合离合器 A 和单向离合器 (OWC) 时，4 号环形齿轮在车辆加速 4.69 的减速齿轮比来驱动输出轴和 4 号行星齿轮架的小齿轮。接合离合器 D 时会减少松开的离合器的摩擦损耗，但不会影响动力流。

激光雷达与 L3 级自动驾驶—混合动力汽车（HEV）

- 奥迪发布全球首款量产的 Level 3 自动驾驶汽车——奥迪 A8，它也是全球首款搭载激光雷达的量产车。该车使用的激光雷达由法国领先的汽车零部件制造商法雷奥（Valeo）开发和生产。

　　混合动力汽车一般指同时使用内燃机与电动机作为动力装置的车辆。按发动机与电驱系统的连接方式可以分为串联、并联、混联等形式，按电驱系统的介入强度可以分为轻混、中混与全混车型。油电混动指以发动机为主且不能外接充电的混动形式，插电混动一般在油电混动（一般为混联式完全混动）上加装了插入式充电装置，纯电动续驶里程更长。增程式电动车的发动机也称为增程器，在动力系统主要作用为将热能转换为电能输出给电动机，并给动力电池充电，属于可插电的串联式混动方式。

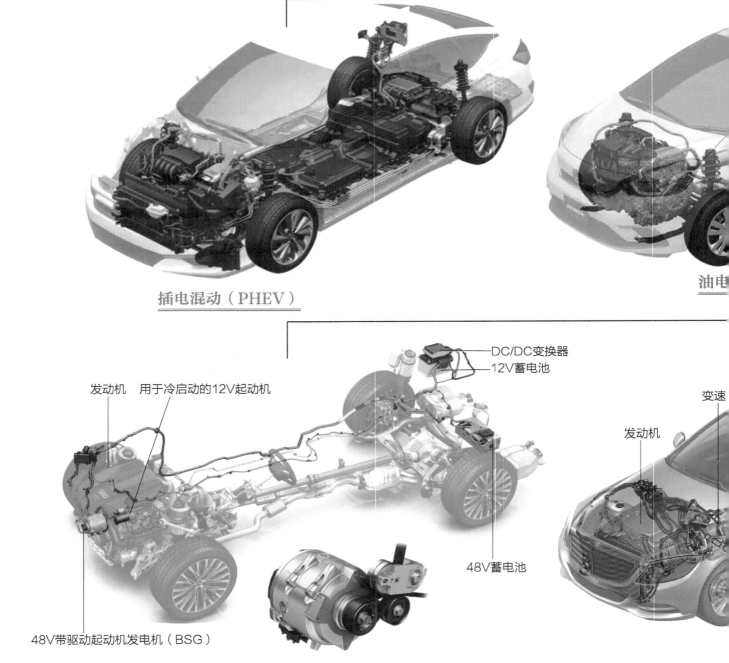

插电混动（PHEV）

油电

DC/DC变换器
12V蓄电池

发动机　用于冷启动的12V起动机

48V蓄电池

发动机

变速

48V带驱动起动机发电机（BSG）

轻度混动（MHEV）　　　　　　　　　　中度混动（MH

- 戴姆勒 – 奔驰在法兰克福国际车展（IAA）上展出 GLC F-CELL 原型车，这是世界上第一款采用燃料电池和插电式混合动力技术的电动汽车。
- 2017 年丰田 HEV 车型全球累计销量突破 1000 万辆。

世界上第一辆采用燃料电池与插电混动技术的汽车（奔驰 GLC F-CELL）

Hybrid 这个词来源于拉丁语 hybrida，意思是杂交或者混合的意思。在技术层面，Hybrid 这个词指一种系统，该系统将两种不同的技术组合在一起来使用。

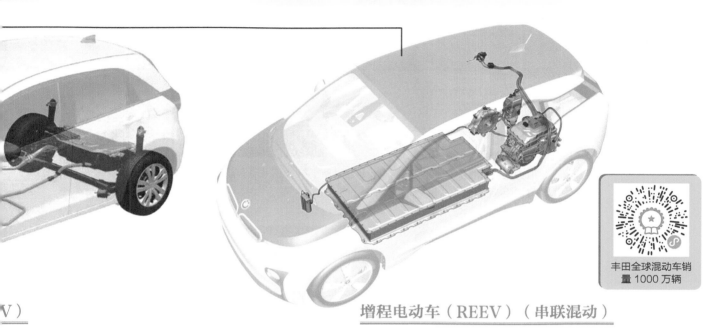

丰田全球混动车销量 1000 万辆

V）

增程电动车（REEV）（串联混动）

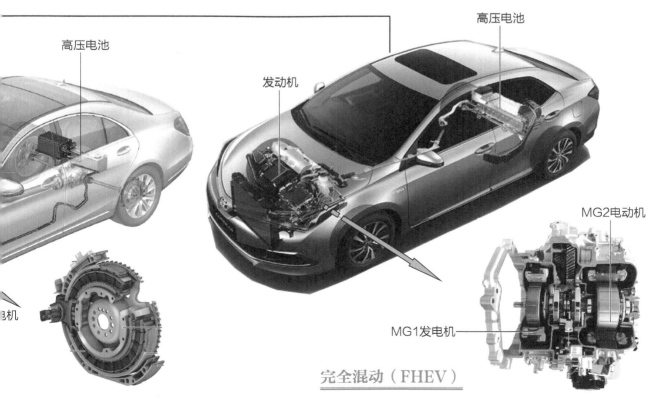

高压电池

高压电池

发动机

MG2电动机

MG1发电机

机

完全混动（FHEV）

- 凯迪拉克超级巡航技术亮相，当时它是全球唯一一个允许双手脱离转向盘的自动驾驶技术，尽管这项技术只允许在部分高速路况下驾驶员双手摆脱转向盘将车自动驾驶。
- 花费 13 年时间研发的日产 VC-TURBO 发动机亮相，它是全球首台可变压缩比发动机，其压缩比可以实现从 8：1 到 14：1 的转变，帮助车辆在燃油经济性和动力之间取得完美平衡。
- 现代胜达后座成员警报系统利用盲区监测系统帮助车内成员避免在后方有来车时打开车门。当后排成员打开车门时，这套系统将会自动落锁，从而避免可能到来的碰撞发生。

世界上第一台配备虚拟外后视镜的汽车

雷克萨斯旗下的 ES 中型轿车在 2018 年推出，配备结合摄像机的虚拟数字化车外后视镜，也是世界第一台配备此种虚拟后视镜的量产车型。

后视镜发明者是美国人 Elmer Clinton Adolph Berger（埃尔默·克林顿·阿道夫·伯杰），在 1921 年获得了该后视镜的发明专利，他将专利命名为 Cop-Spotter，并安装到车上使用。

全球第一款配备电动折叠外后视镜的汽车

日产第五代 Laurel C32

20 世纪 50 年代，英国的车企开始将门边镜作为选配件。日本在 1959 年的法律就规定了 6m 以下的车辆只需安装右侧车外镜即可，6m 以上就必须安装左右镜，1962 年才开始强制要求安装左右车外镜。20 世纪 60 年代，欧美车企开始大范围采用门后视镜。1984 年，全球第一款配备电子折叠后视镜的车型为日产第五代 Laurel C32。

- 虚拟后视镜技术首次应用于量产车型上。
- 2014 年方运舟于浙江创立合众新能源汽车公司，2018
  年协同张勇创立"哪吒"品牌。

哪吒 Neta GT

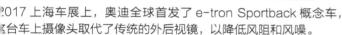

2017 上海车展上，奥迪全球首发了 e-tron Sportback 概念车，该台车上摄像头取代了传统的外后视镜，以降低风阻和风噪。

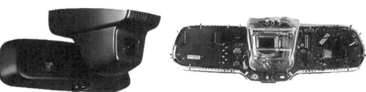

自动防眩目后视镜最早是在 20 世纪 50 年代制造的，1980 年首次投入商业使用。

2014 年 3 月举行的日内瓦车展上，日产汽车率先推出了具备流媒体显示功能车内后视系统，取名 Nissan Intelligent Mobility。

在玻璃和镜子的每一侧都有两个导电层。在导电层之间是电解质、离子存储层和电致变色层。添加到自动调光镜中的电致变色材料可以使电压改变其反射和吸收光的方式。

操控按钮

电动总成

左镜面

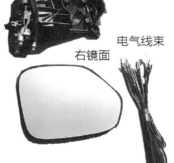
右镜面

电气线束

电动式外后视镜的镜片后面装有驱动机构，它由小型可逆式直流电动机、减速齿轮、电磁离合器组成，驾驶员可在车内控制开关对外后视镜进行上下左右调整，并可以电动折叠。

- 一汽-大众独立了捷达品牌。
- 理想ONE于2019年4月正式上市，是理想汽车第一款正式投放市场的车型，这是一款增程型电动汽车。

大众捷达车型在1979年开始亮相于法兰克福车展，同年9月开始生产。第二代车型于1991年在一汽大众长春工厂投产下线，截至2018年，捷达累计销量超440万辆，2019年2月26日，大众集团在德国沃尔夫斯堡总部发布捷达品牌为旗下全新子品牌，3月22日，一汽-大众正式宣布捷达品牌的诞生。

增程式电动汽车动力电池制造流水线

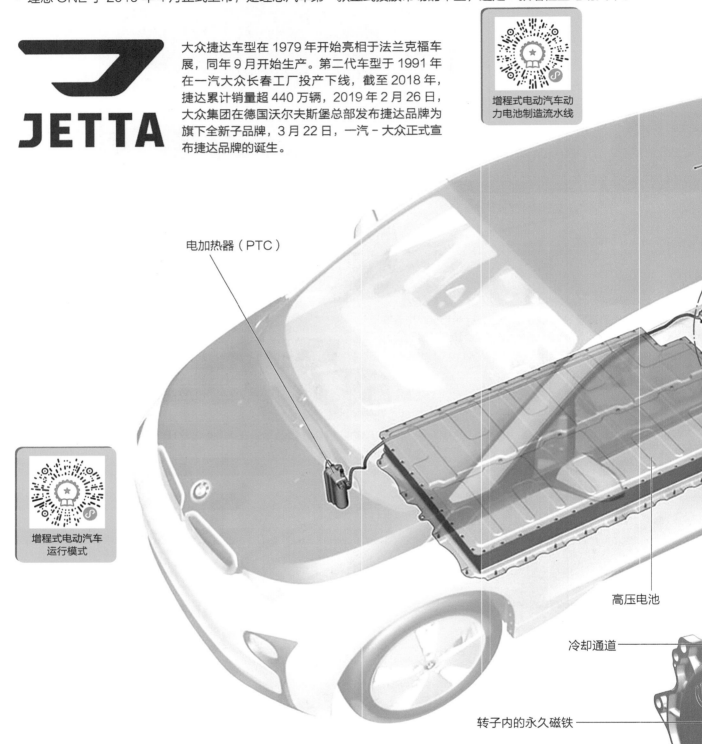

电加热器（PTC）

增程式电动汽车运行模式

高压电池

冷却通道

转子内的永久磁铁

电动汽车永磁同步电机生产线

定子

增程式电动汽车（REEV）实际上就属于串联式混合动力汽车（SHEV），这种车辆的驱动力只来源于电动机。结构特点是发动机带动发电机发电，电能通过电机控制器输送给电动机，由电动机驱动汽车行驶。另外，动力电池也可以单独向电动机提供电能驱动汽车行驶。

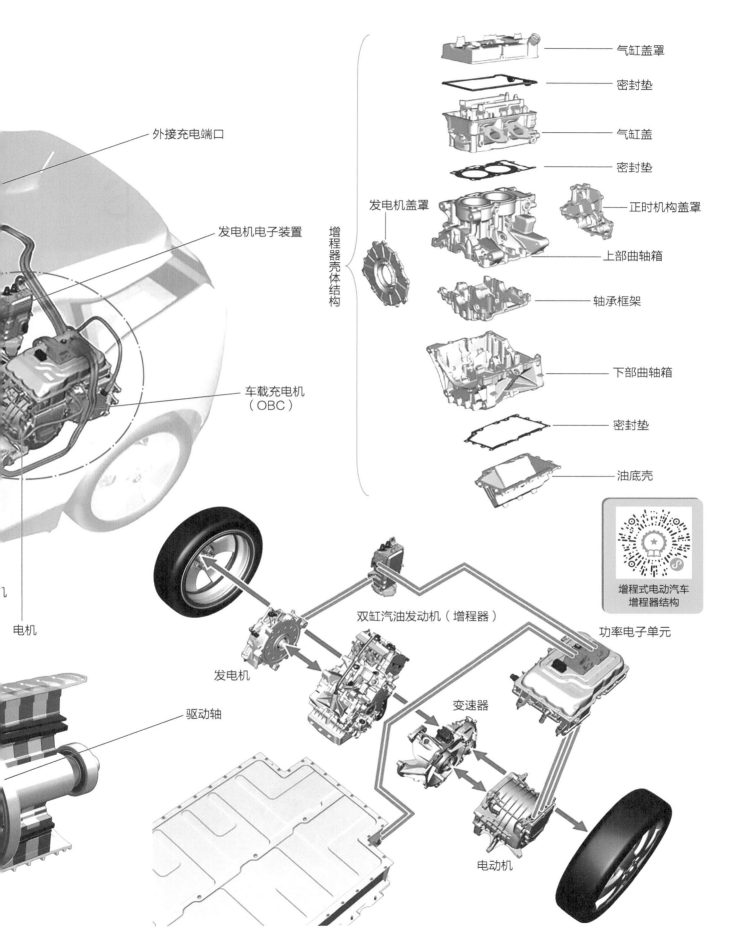

外接充电端口

发电机电子装置

车载充电机
（OBC）

增程器壳体结构

气缸盖罩

密封垫

气缸盖

密封垫

发电机盖罩

正时机构盖罩

上部曲轴箱

轴承框架

下部曲轴箱

密封垫

油底壳

增程式电动汽车
增程器结构

电机

驱动轴

发电机

双缸汽油发动机（增程器）

变速器

功率电子单元

电动机

275

● 高合 HiPhi X 采用了可进化全电动 NT 展翼门系统，该系统拥有 6 扇车门及 6 个电机，同时还拥有 12 个监控雷达，1 个雨量传感器和 1 套车身控制计算平台，以此来实现全程免接触的开启方式。在车门解锁方式上，高合 HiPhi X 可

导航系统通过卫星定位系统（GPS）的数据计算车辆当前位置。GPS 是一种可以准确确定位置、速度和时间的卫星定位系统。GPS 由 24 颗 NAVSTAR GPS 卫星构成，这些卫星在 20200 km 的高度处分布在 6 个轨道面上，每隔 12h 绕地球一周。

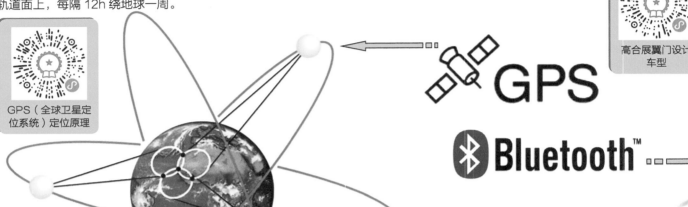

GPS（全球卫星定位系统）定位原理

高合展翼门设计车型

在带有集成式 SIM 卡和应急运行特性的车辆上，TCB 一直充当车载网络失灵时（通过独立电池应急供电）的调制解调器。无论是 BMW 远程售后服务还是 ConnectedDrive 服务（ASSIST、ONLINE、远程和互联网）均使用该调制解调器以及所连接的鳍形天线内的远程通信系统天线。紧急呼叫 GSM 天线一直是一个独立部件，通过硬线与 TCB 连接，还有一个话筒和一个紧急呼叫扬声器也是如此。

TCB（远程通信盒）与鳍形天线

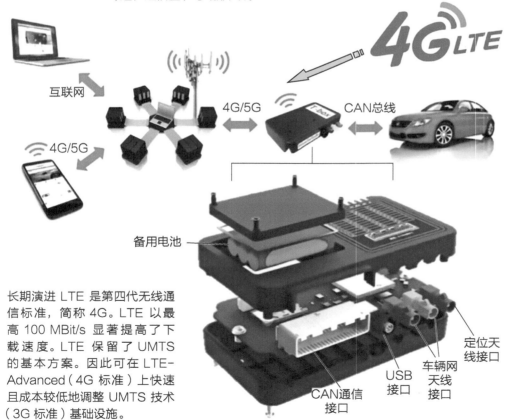

互联网

4G/5G

4G/5G

CAN总线

Wi-Fi 无线传输技术

备用电池

长期演进 LTE 是第四代无线通信标准，简称 4G。LTE 以最高 100 MBit/s 显著提高了下载速度。LTE 保留了 UMTS 的基本方案。因此可在 LTE-Advanced（4G 标准）上快速且成本较低地调整 UMTS 技术（3G 标准）基础设施。

CAN通信接口

USB接口

车辆网天线接口

定位天线接口

通过人脸识别解锁开门，车辆在 B 柱位置设有扫描设备，用户正对 B 柱 5cm 左右的位置隔空挥手唤醒设备，即可通过面部识别解锁并自动开启主驾车门。

Bluetooth™ 是瑞典的爱立信（Ericsson）公司开发的支持设备短距离通信（一般是 10m 之内）的无线电技术。使用 2.45GHz 的波段来进行通信，该波段在全世界范围内都是免费的。

汽车蓝牙应用示例

汽车 NFC 使用示例

NFC 卡片钥匙

近距离通信系统（NFC）可通过无线通信技术在不超过 4cm 的短距离传输数据，该系统于 2002 年由 Philips® 和 Sony® 研发。它以 13.56MHz 的 RFID（无线射频识别）技术为基础。NFC 可在不触发操作按钮或按钮组合的情况下提供多种非接触通信方式。

在英语中用 "Wi-Fi" 表示 WLAN。因此术语 "Wi-Fi" 及相关标识通常与 WLAN 热点一起使用。WLAN 热点可使客户通过其智能设备（智能电话、平板电脑、计算机等）以及用于后座区娱乐系统的触控平板电脑自由访问互联网。

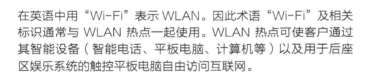

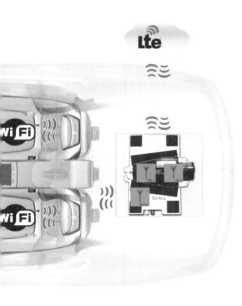

2021 新能源新十五年规划发布—电动汽车行业热词

● 《新能源汽车产业发展规划（2021—2035年）》正式发布，明确坚持电动化、网联化、智能化发展方向，到2025年，

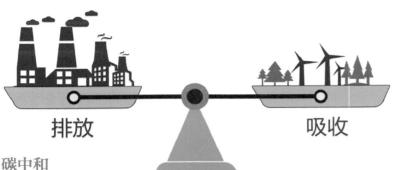

碳达峰

在某一个时点，二氧化碳的排放达到峰值不再增长，之后逐步回落。我国承诺在2030年前达到碳达峰，2060年实现碳中和。

2025年
（第一阶段）
● 绿色低碳循环发展的经济体系初步形成
● 重点行业能源利用效率大幅提升

203
（第
● 经济社转型取
● 重点科效率达

碳中和

在一定时间内产生的温室气体排放总量。通过植树造林、节能减排等方式，抵消自身产生的二氧化碳排放量，实现二氧化碳"零排放"。

"双积分政策"，即《乘用车企业平均燃料消耗量与新能源汽车积分并行管理办法》

谁提出：五部委，包括工业和信息化部、财政部、商务部、海关总署、检验检疫总局
谁来做：境内乘用车企业

推出时间：2017年9月28日
施行时间：2018年4月1日

What **Why** **Who** **How** **When** **How much**

旨在建立节能与新能源汽车管理长效机制，促进汽车产业健康发展

－建立积分核算制度和积分管理平台
－明确积分核算方法
－实行积分并行管理

生产量3万辆以上的传统能源乘用车从2019年度开始设定积分比例要求，2019年、2020年积分比例要求分别为10%、12%

什么是汽车行业"双积分"

什么是"碳中和"

什么是"碳达峰"

乘用车企业平均燃料消耗量积分（CAFC积分）

2016年、2017年CAFC积分和NEV积分抵扣关系为：

1

新能源汽车积分（NEV积分）

1

燃油车年销售量>3万辆的车企每生产一辆燃油车，就必须拿一定比例的钱购买新能源积分；卖的越多，购买积分的钱比例越高。

车企每生产一辆电动车，除了获得正常的收益，还可得到传统车企的补贴。

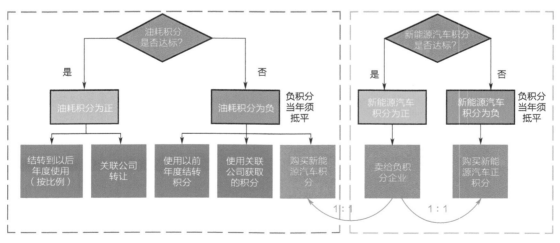

双积分

汽车双积分就是平均燃料消耗量积分加新能源汽车积分。两种积分之间可以进行交易、抵偿、转让。

纯电动乘用车新车平均电耗降至 12.0kW · h/100km 以及新能源汽车新车销售量达到汽车新车销售总量的 20% 左右。

轻量化			智能制造与关键装备		
轻量化设计	轻量化材料	轻量化工艺	企业级/车间级信息系统	实体工厂	虚拟工厂

2060年
（第三阶段）

● 绿色低碳循环发展的经济体系和清洁低碳安全高效的能源体系全面建立

● 能源利用效率达到国际先进水平

● 碳中和目标顺利实现，生态文明建设取得丰硕成果，开创人与自然和谐共生新境界

节能汽车				纯电动与插电式混合动力汽车				燃料电池汽车				智能网联汽车		
混合动力	动力系统	传动系统	电子电气	动力电池	驱动电机	机电耦合技术	整车集成	燃料电池电堆	燃料电池系统	动力系统与整车集成	氢基础设施	车辆关键技术	信息交互	基础支撑

动力电池		电驱动总成		充电基础设施	
	正极材料		驱动电机		智能充电
	负极材料		电机控制器		充电安全
	电解液		变/减速器		电能互动
	隔膜				云平台大数据

电动化
新能源，环境保护

- 混动
- 纯电
- 清洁能源
- 燃料电池

智能化
移动的智能终端

- 感知硬件
- 计算芯片
- 核心算法
- 政策支持

网联化
车联网，V2X

- 人机交互
- 智慧交通
- 车联服务
- 通信技术

共享化
出行新商业模式

- Robotaxi
- 网约车
- 分时共享
……

新四化

汽车新四化首次被提出于 2017 年在上海汽车集团举办的前瞻技术论坛，具体包括电动化、智能化、网联化、共享化。

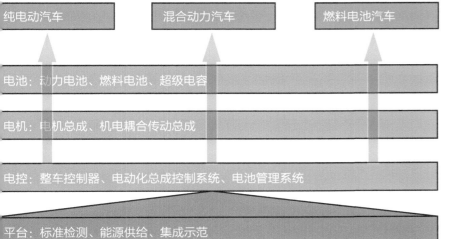

三纵三横

三纵指纯电、插电与氢能三种类型的新能源汽车，三横指电池、电机与电控三种关键部件。

节能与新能源汽车技术路线图

2.0 版本确定了"总体技术路线图 + 节能汽车、纯电动和插电式混合动力汽车、氢燃料电池汽车、智能网联汽车、汽车动力电池、新能源汽车电驱动总成系统、充电基础设施、汽车轻量化、汽车智能制造与关键装备"的"1+9"技术布局。

《新能源汽车产业发展规划（2021—2035）》发展愿景

2021—2035 年新能源汽车产业发展规划

2025年

- 纯电动乘用车新车平均电耗降至12.0kW · h/100km
- 新能源汽车新车销量占比达20%
- 高度自动驾驶智能网联汽车实现限定区域和特定场景商业化应用

2035年

- 纯电动汽车成为新销售车辆主流
- 公共领域用车全面电动化
- 燃料电池汽车实现商业化应用
- 高度自动驾驶智能网联汽车规模化应用

- 2022 年 4 月 3 日，比亚迪宣布："根据公司战略发展需要，自 2022 年 3 月起停止燃油汽车整车生产。未来在汽车版

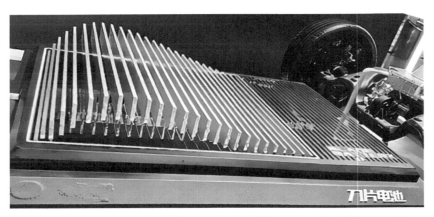

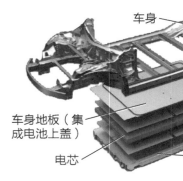

车身

车身地板（集成电池上盖）

电芯

2022 年 5 月，比亚迪推出 CTB
池封装技术；CTB（Cell To Bod
又称为"电池车身一体化技术
CTB 技术可以提升电池包的体积
量密度和质量能量密度，可以提升
全性和操纵性。

比亚迪刀片电池

比亚迪于 2020 年 3 月 29 日发布了采用磷酸铁锂技术的刀片电池（The blade battery），该电池首先搭载于其自产车型"汉"。相较传统电池包，"刀片电池"的体积利用率提升了 50% 以上。刀片电池弥补了磷酸铁锂电池能量密度的劣势，能量密度达到了 332W·h/kg，循环充放电的次数达到了 3000 次以上，比普通的三元锂离子电池高出了 1000 多次。

四缸汽油发动机（增

比亚迪多合一电驱总成集成了驱动电机、减速器与多合一控制器［电机控制器（MCU）+ 车载充电器（OBC）+ 直流变换器（DC/DC）+ 整车控制器（VCU）+ 配电箱（PDU）+ 电池管理器（BMS）］。

盖板

整车控制器（VCU）

电池管理器（BMS）

电机控制器（MCU）

配电箱（PEU）

电机（定子）

车载充电器（OBC）

电机（转子）

减速器

左轮边

电机（壳体）

轮边

比亚迪仰望 U8 及 U9 这两款车型配备了四轮独立轮边电机。轮边电机采用扁线绕组技术加油冷散热，最高转速可达 20500r/min。

块将专注于纯电动和插电混动汽车业务。"

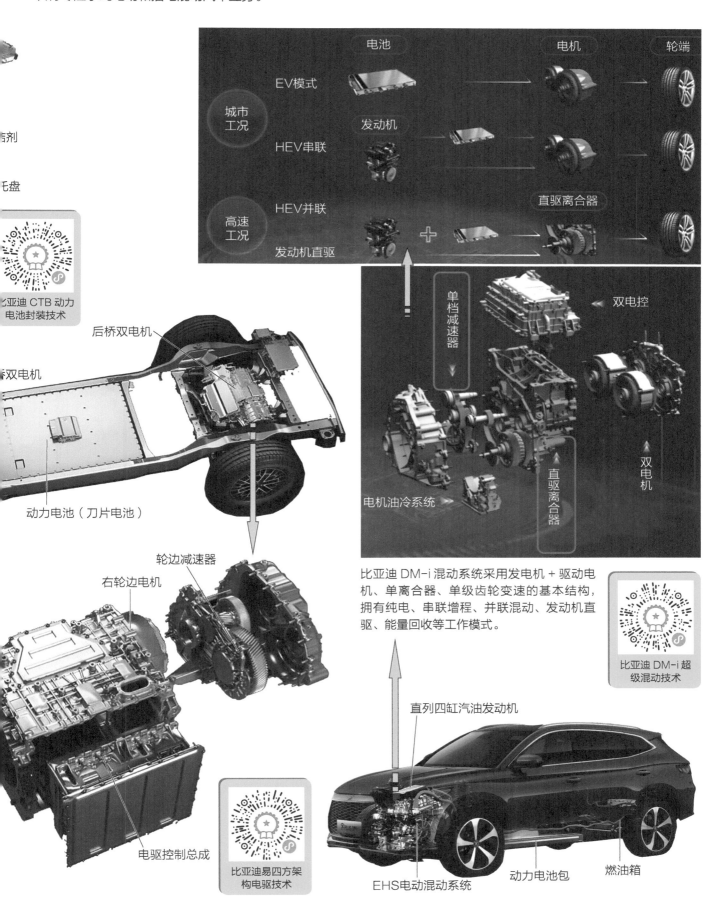

电池　电机　轮端

EV模式

城市工况

HEV串联　发动机

HEV并联　直驱离合器

高速工况

发动机直驱

单档减速器

双电控

双电机

电机油冷系统

直驱离合器

比亚迪 CTB 动力电池封装技术

后桥双电机

双电机

动力电池（刀片电池）

轮边减速器

右轮边电机

电驱控制总成

比亚迪易四方架构电驱技术

比亚迪 DM-i 混动系统采用发电机 + 驱动电机、单离合器、单级齿轮变速的基本结构，拥有纯电、串联增程、并联混动、发动机直驱、能量回收等工作模式。

比亚迪 DM-i 超级混动技术

直列四缸汽油发动机

EHS电动混动系统　动力电池包　燃油箱

- 2023 年 1 月 5 日，比亚迪发布旗下高端汽车品牌"仰望"，同时发布了仰望 U8、仰望 U9 两款车型。

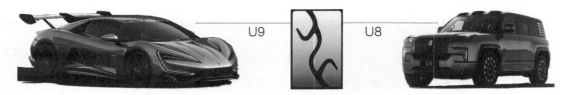

U9　U8

车联网是指以车内网、车际网和车载移动互联网为基础，按照约定的通信协议和数据交互标准，在车、路、行人及互联网间进行无线通信的系统网络。车辆通过卫星导航系统、射频识别、传感器、摄像头图像处理等装置自动完成自身环境和状态信息的采集，通过互联网技术，车辆可以将自身的各种信息传输汇聚到中央处理器，对车辆数据做进一步的分析处理。

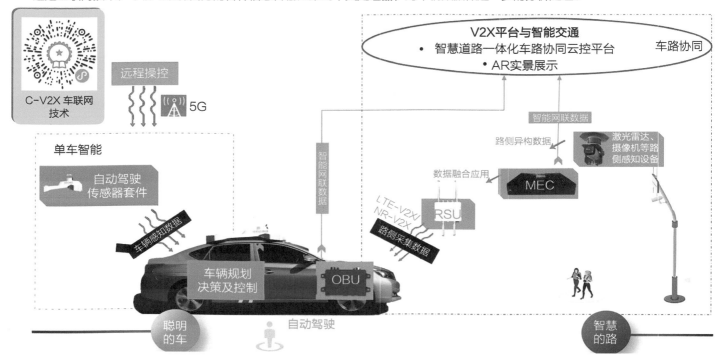

T-BOX（Telematics BOX），又称 TCU（车联网控制单元），是安装在汽车上用于控制跟踪汽车的嵌入式系统，包括 GPS 系统、移动通信外部接口电子处理单元、微控制器、移动通信单元以及存储器，主要有总线信号收集和服务器通信两大类功能，可实现汽车与 TSP 服务商的互联，通过手机 APP 端发送控制命令。

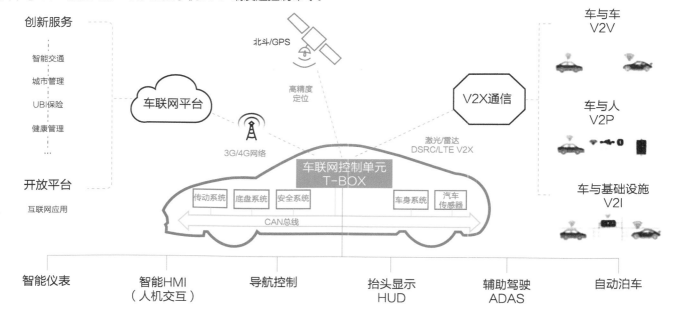

比亚迪仰望 U9
电动超跑

比亚迪仰望豪华
大型电动 SUV

智能网联汽车（Intelligent and Connected Vehicle，ICV）是指搭载先进的车载传感器、控制器、执行器等装置，并融合现代通信与网络技术，实现车与 X（车、路、人、云等）智能信息交换、共享，具备复杂环境感知、智能决策、协同控制等功能，可实现安全、高效、舒适、节能行驶，并最终实现替代人来操作的新一代汽车。V2X 通信技术（Vehicle to Everything）是指车与车之间（V2V）、汽车与行人（V2P）、汽车与道路基础设施（V2I）、以及汽车借助移动网络与云端（V2N）进行信息交换的一种通信方式。其主要有 2 种路线：基于 Wi-Fi 改变和进化来的 DSRC 通信技术与基于边缘蜂窝网络的 C-V2X 通信技术。

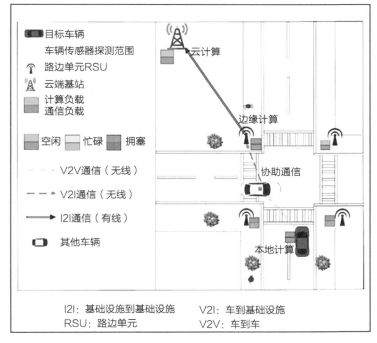

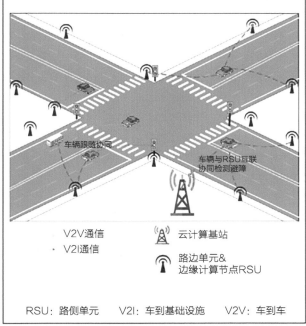

每一辆车辆作为一个独立的个体连入车联网系统当中，车辆的中控系统、网关系统以及电控系统是车联网的重要硬件基础，主要组成：中控系统包括空调控制系统、车载娱乐信息系统、车载导航定位系统；网关系统包括 T-Box（主要包括 GPS/AGPS、SIM，部分自带电源的低功耗 GPS）、网关；电控系统包括汽车数字化仪表、车身控制模块 BCM、电池管理系统 BMS、行车电子控制单元 ECU、发动机管理系统 EMS。

智能网联汽车

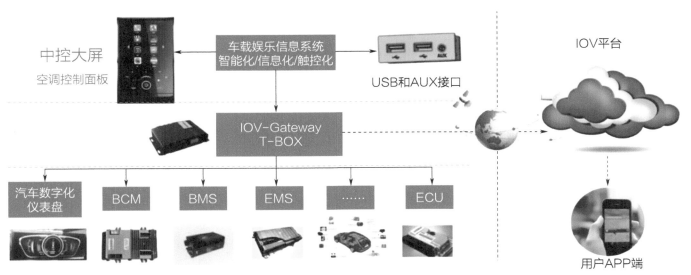

参 考 文 献

［1］王晓晨. 汽车跑起来：汽车发展的历史［M］. 北京：中国少年儿童出版社，2019.

［2］上海汽车博物馆. 四轮物语：汽车冷历史通关指南［M］. 上海：上海人民出版社，2021.

［3］朱绍中，陈翌. 汽车简史［M］. 上海：同济大学出版社，2008.

［4］周苏. 电动汽车简史［M］. 上海：同济大学出版社，2009.

［5］张代兵，王爽. 飞行汽车简史［M］. 北京：化学工业出版社，2022.

［6］陈新亚. 汽车发明的故事［M］. 北京：化学工业出版社，2022.

［7］王永安，吴丽萍. 画说大发明：火车·汽车篇［M］. 西安：未来出版社，1997.

［8］凌永成. 智能汽车技术［M］. 北京：机械工业出版社，2023.

［9］陈庆樟. 电动汽车技术及应用［M］. 北京：机械工业出版社，2022.

［10］陈飞，符强，杨冬根. 混合动力汽车技术［M］. 成都：电子科技大学出版社，2020.

［11］崔胜民. 一本书读懂新能源汽车［M］. 北京：化学工业出版社，2019.

［12］杨宽. 一本书读懂电动汽车［M］. 北京：化学工业出版社，2020.

［13］张金柱. 图解汽车原理与构造［M］. 北京：化学工业出版社，2016.

［14］瑞佩尔. 新能源汽车结构与原理［M］. 北京：化学工业出版社，2019.

［15］瑞佩尔. 电动汽车电池、电机与电动控制［M］. 北京：化学工业出版社，2022.

［16］瑞佩尔. 汽车构造原理从入门到精通［M］. 北京：化学工业出版社，2023.

［17］瑞佩尔. 汽车构造图册［M］. 北京：化学工业出版社，2023.

［18］武志斐. 智能网联汽车技术概论［M］. 北京：北京理工大学出版社，2022.

［19］徐景波. 汽车总线技术［M］. 2版. 北京：中国人民大学出版社，2021.

［20］欧阳波仪，黄宁，黄河，等. 汽车科技与文化［M］. 北京：化学工业出版社，2021.

［21］高大威. 汽车驱动电机原理与控制［M］. 北京：清华大学出版社，2022.

［22］李文杰. 汽车品牌与文化［M］. 北京：北京理工大学出版社，2019.

［23］何继亮. 车林外史：世界汽车品牌通俗演义［M］. 广州：广东人民出版社，2011.

［24］徐景波. 汽车总线技术［M］. 2版. 北京：中国人民大学出版社，2021.

［25］祝加琛，于君华. 汽车制造不神秘［M］. 北京：机械工业出版社，2020.

［26］陈新亚. 汽车标志和识别大全［M］. 北京：化学工业出版社，2022.

［27］陈新亚. 汽车为什么会跑：图解汽车构造与原理［M］. 3版. 北京：机械工业出版社，2017.

［28］陈新亚. 看图秒懂汽车原理［M］. 北京：化学工业出版社，2022.

［29］陈新亚. 看图秒懂电动汽车［M］. 北京：化学工业出版社，2023.

［30］刘建东. 汽车是什么：200个汽车名词术语详解［M］. 北京：机械工业出版社，2011.

［31］朱派龙. 图解汽车专业英语［M］. 北京：化学工业出版社，2018.

［32］宋进桂，徐永亮. 新能源汽车专业英语［M］. 北京：机械工业出版社，2021.

［33］周湛学. 图解机械原理与构造：机器是怎样工作的［M］. 北京：化学工业出版社，2022.

［34］瑞佩尔. 智能汽车无人驾驶与自动驾驶辅助技术［M］. 北京：化学工业出版社，2021.

［35］MICHAEL W，MUKUL P. 青少年现代科普图典［M］. 高东明，孙晓春，赵国强，译. 长春：北方妇女儿童出版社，2002.